北原糸子
Kitahara Itoko

筑摩選書

震災と死者

東日本大震災・関東大震災・濃尾地震

震災と死者——東日本大震災・関東大震災・濃尾地震　目次

震災と死者——東日本大震災・関東大震災・濃尾地震

はじめに

　本書『震災と死者』というタイトルはあまり穏やかとは言えないし、歓迎される話題でもない。震災はともかくも、死者という文字を書名にあげることには迷いがあった。それを敢えてここにあげたのは、東日本大震災で二万人弱の死者のうち、津波による溺死者とされた人たちのその後があまりにも悲惨な状態に置かれたことにショックを受けたからである。東日本大震災から一〇年を迎え、震災発生当時の様子の鮮明な記憶は遺族以外には薄らいでいく時期だと思っていた。しかし、コロナウイルスの感染者が世界で、六一六七万人を超え、死者数は一四四万人、日本国内の累計感染者一四万六三六二人、死亡者二一二三人という新聞報道（二〇二〇年一一月二九日）に、毎日なぜだ！　と思うほど感染者と死者が急速に増加している。アメリカの埋葬すべき遺体の保管冷凍車がずらりと並ぶ映像などをみると、感染が第三波に入ったとされる今、「死」が再び身近に迫ってくるような感じがする。

　ウイルスという見えない存在の先にある得体の知れない死への恐怖は、西欧中世のパンデミックで人口が大幅に減ったというペスト禍に襲われた人たちが抱いた恐怖に通じるものがあるのかもしれない。中世の人々は、この恐怖から逃れたいと、神の到来を希求する千年王国が近づく信仰を抱いた。しかし、二一世紀の文明社会では、このパンデミックは、中国武漢でのコロナウイルス発生以来、一年を経ずして、このウイルスの分析やワクチンの製造が進み、特性が解明されつつあると報じられている。コロナ以降の世界を展望する識者たちは、人との接触を避けることがコロナ予防や感染拡大防止の第一義的鉄則だと言い、この徹底策によって世界的規模で社会の仕組みが変わっていくことを予測する。しかしその一方では、コロナ感染がもたらす経済格差がどこまで社会的底辺を拡大化するのか、予想もできない。この意味において、コロナウイルスの蔓延は紛れもなく、災害だと言える。

しかしながら、このコロナ禍で人と人との接触を断ち切らねばならない点は、災害復旧に労力の提供やボランティア活動が大きな力を発揮してきた自然災害の場合と大きく異なる。ひたすら自粛しかないというあり方でこのパンデミックに対して人類は対抗できるのか、これまで社会が築いてきた「文明」への挑戦をどう克服するのか、今、世界全体が岐路に立たされている。

そうした意味からすると、三・一一から一〇年を過ぎる現在、原子炉爆発というあり得ないことが起きて放射能汚染によって故郷を失う事態になったことも含め、東日本大震災が残した課題をもう一度振り返り考えてみる必要があるのではないだろうか。

冒頭に述べたように、わたしは、東日本大震災での津波による大量死と、その後の処置にショックを受け、この問題について現地で聞き取りを行ってきた。本書はそのことを中心に、Ⅰ部「東日本大震災――死者の行方と避難の実態」、Ⅱ部「関東大震災――死者供養と寺院移転」、Ⅲ

部「濃尾地震——天野若圓と震災紀念堂」の三部構成で歴史を振り返るべく、問題を組み立ててみた。

以下、各部のおおよその構成を説明しておきたい。

Ⅰ部では、第１章から第５章まで東日本大震災での死者の問題を中心に論じた。第６章は、放射能汚染によって故郷を追われた大熊町の記録である。第１章「消防団員の東日本大震災」では地震発生と同時に現場での瓦礫片付けの途上、遺体に出合う消防団員たちの苦悩を述べる。第２章「死者の行方」では、宮城県名取市閖上町で津波により寺の住職の流死や本堂の倒壊、墓石の流失などをどのように処理して寺院復興を成し遂げたのか、行政担当者の対応策について述べる。第３章「東日本大震災と仏教系メディア」では、行政が担当する枠外に位置付けられて、被害統計なども得られない寺院について、仏教系メディア各紙がどのように寺院の震災被害を伝え、その対応策を施したのかを分析する。第４章「東日本大震災がもたらした死者に関わる問題群」では、地震の揺れや津波で電源喪失する中、大量に発生した死者の火葬ができずに一旦仮埋葬（土葬）の措置を採らざるを得なかった自治体へ聞き取りをした結果のまとめである。第５章「自治体記録誌の死者の記述について」では、死者を仮埋葬した事実などについては自治体の震災記録誌がほとんどこの事実を記述していないことに疑問を感じ、千人規模の死者が出た自治体の報告書の分析と、それぞれの自治体の担当者に聞き取りした内容をまとめた。第６章「『大熊町震災記録誌』が伝える原発事故と住民避難」は、福島第一原発六基のうち、四基を抱える大熊町の、住民に限らず町ごと移転の実際を、記録誌から読み取ったものである。

Ⅱ部第7章、第8章では関東大震災に関する二篇の論考で構成した。第7章「関東大震災の寺院被害と復興」では、真言宗智山派の本山智積院が蔵する内部史料を閲覧する貴重な機会が得られ、関東圏で被害の大きかった智山派寺院の対応を分析した。第8章「関東大震災と寺院移転問題」では、寺院の郊外移転問題を扱う。五〇カ寺を超える末寺が境内にあった築地本願寺は、本願寺も被害を受けたものの檀家の反対で郊外移転をせず現地に再建されたが、末寺のうち四八カ寺は郊外移転を果たした。そのうちの二カ寺の移転の実際と、浅草の誓願寺とその塔頭でほとんど田島町一町を占めた寺院の一一カ寺の郊外移転について分析した。関東大震災の寺院移転は墓地の跡地を宅地化し、帝都復興事業における都市計画の遂行を促す大事業の一環として行われたため、維新期の寺院移転とは異なり、墓石に限らず、遺骨を含め、跡地に痕跡を残させない徹底した移転事業が行われた。死者の問題に直接関わる事柄ではないが、寺院側と復興局との墓地移転に関わる対応について過去の事例を取り上げた。

Ⅲ部第9章、第10章においては、濃尾地震二年後の三回忌に震災紀念堂を建立した真宗本願寺派天野若圓《じゃくえん》について、その伝記的記述を交え、震災紀念堂建立に至る経緯を追った。紀念堂に納められた「死亡人台帳」の意味を考察し、明治中期の地方において、人の死がどのように捉えられていたのかを考察した。

Ⅰ部は東日本大震災における「死」の問題を中心に考察したが、Ⅱ部、Ⅲ部では必ずしも直接に「死」を扱うものではないものの、東日本大震災以前の自然災害における大量死を社会はどのように捉え、どのように死者を葬って来たのか、過去に遡ってもう一度振り返ってみることも必要ではないかと考えた。

記録があってこそ、過去を振り返り、考えることも可能である。コロナ禍では、感染していなくても入院した高齢者に親族が顔を合わせることができない状態で、患者が孤立化して回復が遅れるということもあると聞く。さらには、コロナ感染によって死亡した人たちのその後がどのように処遇されたのか、現在、ほとんど情報が公にされていないし、調べる手がかりも与えられていない。責任の機関で記録を残しておくことを願うばかりである。

Ⅰ 東日本大震災——死者の行方と避難の実態

東北地方太平洋沖地震では、福島の第一原子力発電所の水素爆発という最悪の事態により、住民に限らず、町そのものが避難・移転する事態に立ち至った。発生当初は、津波被害によって大量の死者が出た岩手・宮城と、原発事故の福島の住民の被害とはどのように違うのかについて議論はあったものの、避難から復旧・復興、あるいは除染への流れがそれぞれ流動的で、総体がとらえきれず、議論が不十分のままであった。しかし、一〇年後の今、原発事故による故郷喪失・住民離散、さらに除染問題、賠償問題に翻弄される福島の被災者と、カッコつきの「復興」ではあっても一応の復興段階に達したとされ、予算措置もなくなる岩手、宮城の被災者とでは、抱えている問題の質が異なることは誰の目にも明らかになった。

岩手、宮城の沿岸部の津波による死者は、時間差をもって収容され続けているため、いまなお二五〇〇人以上の行方不明者が存在する。しかし、この問題はそれだけに終わらず、遺体は警察による検死後遺族に引き渡されたものの、墓地・寺の流失や倒壊などで遺骨を埋葬できないという事態が生じた。

このI部では、岩手県の最南部のリアス式海岸で津波によって一〇〇〇人規模の死者が出た陸前高田市と釜石市、宮城県太平洋沿岸部の各自治体の「震災誌」の記録を検証しつつ、自治体の担当者への聞き取りなどを通じて明らかになった津波の死者の行方を追うことにする。原発事故で避難を余儀なくされた福島県双葉郡の帰還困難区域にある自治体は、除染の進み具合によって現地での復興への着手には時間の落差が大きく、いまなお、震災は終わっていない。したがって、「震災誌」刊行は全般に遅れている現状だ。ここでは、二〇一七年に刊行された『大熊町震災記録誌』を手がかりに、双葉郡の八町が置かれた状況を考えることにしたい。

第1章　消防団員の東日本大震災——「これはただ事ではない」

1　消防団員が直面した過酷な現実

『消防団の闘い』

東日本大震災の死者は二万人を超え、いまなお二〇〇〇人を超える行方不明者が存在する。被災自治体への聞き取り調査によると消防団は自衛隊の到着以前に避難者の避難所への誘導を行い、瓦礫撤去と同時に発見される遺体の収容に従事せざるを得なかったという。その生々しい活動の記録は『消防団の闘い——3・11東日本大震災』にまとめられている。

わたしは災害史研究者として二〇年ほど前から、明治三陸津波（一八九六年）や昭和三陸津波（一九三三年）で津波に襲われた岩手、宮城の村々がいかにして再生、復興してきたのかを、津波碑や現地に残された資料や集落の聞き取りなどを通じて調査してきた。そして東日本大震災の被

県	死者	行方不明者	殉職者
岩手県	118	1	90
宮城県	107	1	83
福島県	27		24
合計	252	2	197

表１－１　消防団員の死者・行方不明者、殉職者
（『消防団の闘い』38頁）

害の甚大さに衝撃を受け、二〇一一年七月から現地調査に入った。そこで聞き取った事実と『消防団の闘い』を重ね合わせ、災害発生時の現場で消防団員が置かれた過酷な状況に改めて大きな衝撃を受けた。

消防団員たちの当時の過酷な状況は表１－１に表れている。被災三県で出動した消防団員の総数は不明だが、二五四名の死者のうち殉職者は約八〇％にのぼっている。

岩手県で最も団員の死亡者が多かったのは陸前高田《りくぜんたかた》市五一名（うち殉職者三四名）、次いで大槌町《おおつちちょう》一六名（うち殉職者一四名）、釜石《かまいし》市一四名（うち殉職者八名）である。宮城県では石巻《いしのまき》市二六名（うち殉職者一八名）、名取《なとり》市二〇名（うち殉職者一六名）、福島県では相馬《そうま》市一〇名で、全員が殉職者であった。

岩手、宮城両県では千人規模の死者が出た自治体がある。それぞれの自治体の対応については第五章で詳述するが、ここでは統計的な処理による概要からはわからない個別の具体的事実に触れておく。『消防団の闘い』に見られる現場で奮闘した団員たちの姿から、当時の過酷な現実について考えてみることにしたい。

テレビでは放映されない現実

『消防団の闘い』の岩手、宮城両県の消防団の報告では各自治体の人口、世帯数に次いで死者数、行方不明者、全半壊戸数などの数値が挙げられるとともに、団員の所属する分団の管轄範囲や団員数、組織など日常の活動基盤についての記述もあり、彼らがどのような環境下で東北地方太平洋沖地震の発災を迎えたのかを理解できるよう構成されている。

ほとんどの報告者が、経験したことのない激しい揺れに「これはただ事ではない」と感じたという。地元にいた団員たちは直ちに水門閉鎖に向かったが、揺れによる門扉《もんぴ》のゆがみなどで苦労した。水門に向かう途中で避難者の誘導や救助に当たったが、瓦礫に道がふさがれ、広報活動もままならない。この段階ですでに広報車に乗ったまま津波に巻き込まれる、何カ所もある水門の閉鎖にポンプ車で向かう途中で犠牲になるなど、多くの団員が犠牲になっていた。携帯電話の不通、発信機の故障、電源の喪失などのため情報が得られなかったことは、活動に大きな支障をきたした。

引き波の後、津波が次々と押し寄せる危険のなか、避難者を誘導するなどの活動が続いた。翌日には市役所・消防団本部から瓦礫に覆われた道の啓開《けいかい》を要請されたが、水が引かないことには作業ができない。瓦礫の量は想像を超えており、重機がなければ撤去できない状態だったという。地元の建設業者などから重機を提供され、道路の啓開が可能になるのは幸運な事例であった。

また、火災もあちこちで発生していた。気仙沼《けせんぬま》など何日も燃え続けていたところはテレビで何度も報じられたが、各地で集合住宅・一戸建ての火災、山火事などが起き、延焼を防ぐにも水がないという事態についての報道はなかった。

「これは団員が行うべき仕事なのか」

団員たちは瓦礫を撤去するなかで多くの遺体を発見するが、遺体の取り扱いについての取り決めは各分団でまちまちであった。また、自衛隊の到着が早かったところとそうでないところでは分団の活動に大きな違いが出た。

千人規模の死者が出た大槌町、釜石市、陸前高田市、気仙沼市、石巻市、女川町《おながわちょう》、東松島市などで各団員は「これは団員が行うべき仕事なのか」という疑問も持ちつつ、遺体捜索・収容などをやらざるを得ない状況に追い込まれている。団員の自宅も流され、妻や息子、孫など親族が津波によって行方不明になったケースも少なくない。そうした悲劇を内に抱えつつ、団員としての活動に従事したことも言葉少なに語られている。

2　瓦礫撤去、道路啓開、遺体捜索

瓦礫撤去と遺体捜索

以上、『消防団の闘い』から消防団が直面した問題をひと通り見てきたが、ここではもう少し具体的な問題について紹介しておく。

消防団には約半世紀前のチリ津波（一九六〇年）を体験した六〇代の団員が多く、当初は津波と言っても、足元が水に浸かる程度だろうと考えていたという。そのため、チリ津波を経験していた住民はなかなか逃げようとせず、津波の翌日には家ごと住民がいなくなっていた例も珍しくなかった。

こうした状況下で多くの遺体が発見されることになるが、安置場所が整わないうちは毛布などを掛けて安全な場所に移動させておくしかなく、団員たちはいやおうなく遺体の収容、安置所への搬送などに従事することになった。東日本大震災では被災地が広域にわたり、自衛隊の出動を依頼しても直ちに応えられなかったため、消防団や自治体職員など地元で対応可能なところがやらざるを得なかった。

しかし幸いなことに、地元の建設会社などから重機の提供がある場合には作業が効率的に進んだ。たとえば大船渡市《おおふなと》（第一〇分団）では隣の住田町《すみたちょう》の林業会社から重機三台、建設会社からダンプ車などの提供を受け、一二〜一三日から現地入りした自衛隊とともに行方不明者を捜索し、三月末には一段落している。

しかし死者、行方不明者が一八〇〇人にも及んだ陸前高田市の場合、自衛隊が当初の予定通りに到着せず、その間の一週間ほどは消防団員が林業会社から借りた重機五台などを操作し、道路の啓開を行っている。被害の少なかった山間部から、集中的に死者が発生した高田町《たかたちょう》へ通い、瓦礫撤去、遺体捜索が四月三〇日まで続いた（横田地区）。団員たちはまさか自分たちが遺体捜索をするとは思っていなかったが、身内を亡くした多くの人たちのため、一刻も早く見つけるという思いで捜索したという。

気仙沼市の場合、団員は地域の人と顔見知りであったため、遺体捜索は精神的に辛いということで中止を要請したという。四階建ての町役場が水没した女川町では七分団のうち第三分団（浦《うら》宿《しゅく》地区）以外、消防団としての活動ができないほど甚大な被害を受けたが、支援に到着した和歌山県の消防緊急援助隊に遺体捜索を任せ、四月二二日に作業を終了した。

平成の大合併で矢本町《やもとちょう》と鳴瀬町《なるせちょう》が合併した東松島市では犠牲者が野蒜《のびる》地区に集中し、大曲浜《おおまがりはま》や野蒜新町地区は全滅し、死者は一一〇〇人を超えた。島嶼部の宮戸《みやと》地区へ通じる橋の崩落で宮戸地区が孤立し、指定避難場所はすべて被災しているという状況下で団員は奮闘し、食べ物を口にしたのは三日目、家族の安全を確認できたのは一週間後であった。いずれの被災地でも団員たちは非常に厳しい状況のなかで活動した。

大川小学校の捜索

死者三〇〇〇人以上、行方不明者五〇〇人以上を出した石巻市は、被災自治体として広く知られるようになった。なかでも大川小学校の悲劇の現場は、北上川の河口付近を管轄する河北消防の担当域であった。同市の河北《かほく》地区は水害常習地ではあったものの、ハザードマップでは安全地帯とされていたが、大川小学校のある釜谷《かまや》地区では一六九人が死亡し、二四人の行方不明者が出た。釜谷地区より海側の北上川河口に立地する長面《ながつら》地区の死者・行方不明者はそれより九〇人ほど少なく、一〇五人であったという。

河北分団はまず生存者の避難を優先して船で運び、救急車で病院や避難所へ搬送した。一三日からは一七〇〜一八〇人の全団員が集結し、重機も一六台以上が集まり、大川小学校の生徒の捜索に当たった。小学生の足ではそう遠くに行くはずがないだろうということで山狩りを中心に捜索し、この段階では子供たちは生存していると思っていたという。二〇日間以上にわたって相当数の団員が現場に入り、もう人はいないと確認できるまで捜索したという。

こうした遺体捜索は四月三〇日でひとまず終了したが、五、六月の土日には大川小学校の山際から長面地区までを捜索し、大川小学校の児童一〇八人のうち生存者三四人を除く七〇人の死亡を確認した。四人の行方不明者は一人となり、教職員一三人のうち九人の死亡が確認され、三人が助かった。八月二八日までの捜索で延べ四八〇〇人の団員が活動したという。

被災現場のあれこれ

東日本大震災における消防団員の体験談では、一般の新聞などでは知り得ない現実についても語られている。たとえば現場では盗難が多く発生し、流出した金庫を一カ所に集めておいたが中身が全部抜き取られる、あるいは放置された車からガソリンが抜き取られるなどといった例も珍しくなかったという。こうした事態に対処するため消防団は巡回し、地区の治安を守らねばならなかった。

地域行政の拠点である役所が津波の直撃を受けて浸水した場合、団員はポンプで排水作業を行った。避難所へいち早く避難した住民たちの食糧確保もままならず、備蓄品の配布、支援物資の避難所への配送なども団員が担った。

役場が水没し、職員が多数亡くなった南三陸町《みなみさんりくちょう》では内陸部の登米《とめ》市に避難所の確保を依頼し、登米市中学校の体育館に三七〇人の住民が避難した。そこでは自治会を結成して生活ルールを決め、一カ月ほど過ごすことができたという。テレビでこのことが報じられると、多くの援助物資が届いた。

このように沿岸部と内陸部の日頃からの地域的連携は重要で、テレビで全国的に現場の状況が報じられると、たちまち支援物資の流れが変わったことが報告されている。自治体に集まる義援金の差にもそれと同様の事情が作用していることは、わたしもたびたび被災地で耳にしている。

3　これからの消防団

消防団員の危機感

消防団員のなかには、東日本大震災で消防団としての活動を経験したことについて、地域に役立った自らの行動を評価している人が多いが、消防団として求められている活動内容からすれば、これほどの災害に対して極めて貧弱な装備しか備えていないことを嘆く声もまた大きい。たとえば通信機器が機能せず、情報がまったく把握できなくなったときに双方向の通話ができる通信機器、アルミ製のボートなどといった救助用具に対する要望があるが、根本的な現場の悩みは若い団員が入団してこないことだという。

『消防団の闘い』にはインタビューを受けた人々の年齢や団歴が記されているが、分団長などの立場にいる人々からの聞き取りが中心であったため、比較的に高齢である。年齢層は七〇代が一人、六〇代が二〇人、五〇代が三一人、四〇代が九人の計六三人で、団員歴は三〇〜三五年の間に集中している。いまやベテラン揃いで、次世代を担う人を育成し、地域を守る仕組みを存続していくことを危ぶむ声も出ている。

分団長レベルでは農業、漁業、造園業、建築会社経営など地元に職場を持つ人も多いが、団員の多くはサラリーマンで職場は地元から離れているため、非常時の集合は限られた人数になってしまう。東日本大震災の場合も詰所に駆け付け、水門閉鎖に向かう人数は限られていた。

遺体は誰が引き継いだか

先に触れた遺体のその後について、ここで補足しておきたい。消防団の人々が処置に当たった遺体のその後を引き継いだのは行政の職員で、彼らもまた大きな苦悩を背負った。特に大量の死者が出た自治体では火葬場が機能せず、遺体を火葬にできないままであったが、身元不明の遺体が腐敗していくのを放置しておくわけにはいかなかった。

これについては個々の自治体の判断に任されたが、一旦仮埋葬（土葬）という処置を取ったケースも少なくなかった。遺族への配慮から、多くの自治体はこうした事実を自治体が発行する総括的記録集などにまとめていない。担当者が思い出すことさえ辛く、記録に残す作業に関わりたくないという心情も理解できる。

災害による死者の埋葬について記録されたものが極めて少ないのは、社会の関心がそこへ向けられてこなかったからであろう。人々は決して「死」をおろそかにしたわけではなく、それはあくまで親族や地域のなかでカバーされ、社会的に問題化しなかったと言うほうが正しいかもしれない。しかしいまや、かつてのように家族、親族の「死」をともに弔うしきたりも途絶えがちで、「死」は社会から隠されていく傾向が強い。

わたしが『消防団の闘い』を高く評価する理由はこの点にある。ここでは東日本大震災の被災現場でさまざまな困難に立ち向かい、遺体に向き合わざるを得なかった消防団員の体験が率直に語られ、記録されている。

第2章
死者の行方

1　歴史に見る死者の行方

関東大震災における寺院被害と移転問題

東日本大震災による死者は、一一五年前に二万二〇〇〇人の犠牲者を出した明治三陸津波（一八九六年）に次ぐ大量死をもたらした。近代日本における最大の災害死は言うまでもなく、一〇万五〇〇〇人余の犠牲者を出した関東大震災（一九二三年）であった。この災害では、東京市の本所被服廠跡地《ほんじよひふくしよう》に避難した人々が避難後一時間もしないうちに火災に襲われ、震災が発生した九月一日のうちに少なくとも三万八〇〇〇人が焼死したといわれる。

大量死をもたらしたのは揺れよりも火災であり、東京市内各所で発生した犠牲者の死体は被服廠跡地に設けられた臨時火葬施設に持ち込まれた。遺体の特定ができない状況下で行われたため、

項目	東京市施行	内務大臣施行	合計
寺院数	341	85	524
移転墓碑	82,080	15,851	97,831
埋葬霊数	450,383	−	450,383
移転費	1,669,445.07	315,707.34	1,985,152.4
一基当たり	18.91	19.92	19.415

表２−１　東京市における寺院・墓地移転状況
（東京市役所『帝都復興区画整理誌』２編、1932年）

現在も五万七〇〇〇体ともいわれる遺骨が東京都慰霊堂納骨堂に納められ、毎年九月一日に慰霊の供養祭が行われている。

この費用については、後藤新平《ごとうしんぺい》内務大臣による閣議への請議（一九二三年九月一六日）により、九月三日以降各地から応募されつつあった多額に上る義《ぎ》捐金《えんきん》で一時処理され、後にこの義捐金を罹災救助基金と読み替える法的処理が取られた（北原、二〇一一年）。戦前の災害救助法である罹災救助基金法に埋葬料などの規定があり、この措置は政教分離原則に反していたわけではなかった。

さらに関東大震災で問題となったのは、特別都市計画に基づく区画整理のための東京市内の焼失寺院六五〇の郊外移転問題であった。関東大震災以前から、明治の市区改正事業の一環としての寺院の墓地郊外移転は課題となっていたが、資金難により実現が滞っていた。震災で首都の中心部が一挙に焼け野原となり、帝都復興事業が策定されたことは停滞していた都市計画事業を遂行する上でこれ以上にない好機となった。

この事業において、なぜ寺院を移転するのかといえば、それは、新しく策定される予定の道路用地の拡大であり、宅地移転計画を容易に遂行するためであった。

移転に対する寺院側の抵抗は強かったが、そこで案出された移転予定墓地の寺院への無代払い下げ策は移転推進の力となった。それまで共葬墓地として無税であった墓地の墓石と遺骨を撤去させた後、区画整理に組み入れるため土地に価格を付け、それと等価格の移転地を郊外に求めるという方法で寺院と墓地を移転した。

これはあくまで帝都復興事業の一環としての区画整理執行上の行政措置で、政教分離原則に触れないとの行政判断に基づいていると推定されるが、寺院再建費は個々の寺院による自助でまかなわれ、基本的には檀家の寄付などによった。この問題についてはⅡ部の第8章「関東大震災と寺院移転問題」で詳細を述べることにしたい。

東日本大震災における寺院被害の概要

一世紀近く前、近代日本は関東大震災で大量死と寺院再建問題に直面した。では東日本大震災後、三五〇〇にのぼる被災寺院はいかなる問題を抱えているのか。震災後一〇年が経過した現在、寺院再建を果たした寺院はどの程度あるのか。ここでは再建を果たした名取《なとり》市閖上《ゆりあげ》の東禅寺と観音寺の例を紹介し、政教分離原則との兼ね合いでいかにして寺院再建が進められたのかを見ていく。

その前に、東日本大震災で被害を受けた寺院の概数を把握しておきたい。表2－2は全日本仏教会がアンケート調査によって把握した二〇一一年一二月一一日現在の被災寺院数である。これは全五九宗派中、四二宗派の回答を集計したものである（全日本仏教会、二

県名	寺院総数	被災寺院	被災率%
岩手	540	273	50.56%
宮城	963	794	82.45%
福島	1,452	894	61.57%
茨城	1,229	563	45.81%
千葉	2,767	339	12.25%
その他	6,414	744	11.60%
計	13,365	3,507	26.99%

表2－2　東日本大震災による寺院被害
（財団法人全日本仏教会「東日本大震災における日本仏教各宗派教団の取り組みに関するアンケート調査」2011年12月）

〇一二年)。被害寺院のうち死亡した僧侶は三三人、寺族《じぞく》は一九人で、このうち最も多いのは宮城県の僧侶一七人、寺族九人の計二六人である。寺院の被災程度は表2−3に示してある(二〇一一年一二月調査時点の数字)。

構造物	全壊	半壊	一部損壊	不明
本堂	167	239	2,562	154
庫裡等	903	234	544	0
附属建物	17	16	137	0
合計	1,087	489	3,207	154

表2−3　寺院の被災度
(財団法人全日本仏教会「東日本大震災における日本仏教各宗派の取り組みに関するアンケート調査」2011年12月)

2　コミュニティーの核としての寺院の再興——名取市の場合

名取市の被害状況

名取市閖上《ゆりあげ》地区の観音寺、東禅寺は本堂・墓地が津波によって甚大な被害を受けた。名取市の復興方針が定まるまでには三年を要したが、閖上町区については市街化区域であったことなどを考慮し、嵩上げ後の方針を定めたという。それに伴い、コミュニティーの核としての寺院も現地で再興された。

市街化区域の閖上町区は貞山堀《ていざんぼり》を挟み、東西に町が広がる。江戸時代の仙台藩政下で閖上は淘上(閖上浜)、小塚原《こつかはら》、牛野《うしの》、大曲《おおまがり》、高柳の部落から成る。明治二二年(一八八九)の市町村制施行時点で閖上浜を含む五部落は東多賀《ひがしたが》村と称されたが、昭和三年(一九一四)に閖上町《ゆりあげまち》となった(『名取市史』)。

三・一一の震災前まで閖上町区は漁港に至るまで人家が密集していたが、地震発生から約一時間後には津波第一波が漁港に到達した。さらには四メートルの津波が押し寄せ、ほとんどの家屋や構造物が流された。名取市の人口七三三二九人（二〇一二年）のうち死者は九六四人、閖上町区の人口五六八六人のうち死者は七〇九人である。閖上町区の死者は地区の人口の一二・五%を占め、市内では最も激しい津波被害を受けた。

　震災後、貞山堀以東の海岸寄りは住家禁止区域とし、日和山《ひよりやま》を中心として嵩上げ後に震災公園が計画された。現在、名取市の震災犠牲者の名前が刻まれ、この地を襲った津波の高さ八・四メ

図2−1　宮城県名取市閖上町区の地図（『東日本大震災　名取市の記録』）

死者　964人
（うち閖上町区〔居住者5686人〕の死者709人）
半壊以上の建物　5000棟以上
避難者　11000人
浸水面積　28%
名取市クリーン課で処理した遺体数　921体（すべて火葬処置）
身元不明者　40名
5月連休明けにほぼ遺体収容

図2−2　名取市の被害状況（『東日本大震災　名取市の記録』）

ートルを示す「種の慰霊碑」が建てられている。

真言宗智山派観音寺

閖上二丁目にあった観音寺《かんのんじ》は本堂、墓地ともに津波で流失し、過去帳類もすべて流失しただけでなく、副住職を務めた惠美《えみ》進英師が流死した。現地復帰の方針が確定するまでの間は檀信徒の遺骨を預かり、先祖供養の場として仙台市太白《たいはく》区光西寺《こうさいじ》の一角を借り、仮納骨堂を建立した。現在は名取市の現地復興の方針に沿って墓地の復旧を果たしたが、本堂はまだ建立計画中という(真言宗智山派宗務庁、二〇一六年)。

曹洞宗東禅寺

東禅寺《とうぜんじ》は震災の五年前に本堂を新築したため流失は免れたが、本堂内に瓦礫が流れ込んで墓石は破壊され、過去帳類もすべて流失した。三宅俊乗住職は高齢の先代住職の父と母を津波で失い、父とは五日後、母とは七日後に遺体収容所で対面を果たしたという。

観音寺の場合と同様に、檀信徒の遺骨については曹洞宗宗派の名取市大曲法徳寺《ほうとくじ》に仮納骨場をつくり、そこで供養などの行事を行った。流死した父母の葬儀は、檀家の葬儀がすべて終了した後に執行したという。

閖上町区は市街化区域であったため、東禅寺も地域の核として名取市の現地復興方針に沿って再建計画を立て、二〇一七年末に現地に本堂を再建し、六〇〇〇平方メートル余の境内地に墓地も復興させた。東北の被災地における曹洞宗寺院の再建としては、最も早い例に属するという。再建の最も基本的な力は何であったかという問いに対して、現住職は「住職自身の意志」と回答した。父母を亡くし、なおかつ多数の犠牲者が出た地域の寺の住職として、寺と墓地の再建は悲願であったのだろう（二〇一八年五月六日聞き取り）。なお檀家は約五〇〇軒であったが、再建後、二割の檀家は戻ってこなかったという。

寺院・墓地被害に対する行政の取り組み

名取市における犠牲者の遺骨処理、両寺院の墓地復旧について、行政は政教分離の原則を踏まえつつ慎重に対応した。名取市の担当者への聞き取りを通して、地域コミュニティーの核と位置付けられる寺院の復興について考えておきたい。

図2－3　東禅寺・観音寺の墓石整理状況（宮城県白石市常福院伏見英俊住職提供）

当時、名取市役所のクリーン対策課長であった木《き》村《むら》敏《びん》氏は仙台市太白区寶林寺《ほうりんじ》の住職でもある。クリーン対策課は通常、ゴミ処理を主とする業務を担うが、三・一一直後の閖上町区の激甚的被害を受けて多数の犠牲者の遺体保管、火葬、遺族への遺骨引き渡し、遺骨保管場所の確保、合同慰霊祭の執行などを担当することになった。その後、企画課長を経て退職している（二〇一八年四月二六日聞き取り）。

閖上地区の観音寺・東禅寺両寺院ともに過去帳、本尊など一切を流失し、壇徒の戒名などの手がかりは残されていなかったため、散乱・倒壊した墓石に刻まれた戒名などを読み取り、埋葬者を特定するしかなかった。そこで墓石の掘り起こし作業が必要となったが、作業費については墓石を瓦礫として認定し、環境庁の復興支援金で処理する工夫がなされた。

手順としてはまず散乱・倒壊している墓石を市所有地の一角に整列し、読み取れる戒名を檀家と住職が確認して再活用できる墓石と破損墓石に分け、後者は災害瓦礫物として業者に委託して破砕し、寺院境内地の嵩上げに用いたという。

新しい遺体の埋葬

墓地復活に向けた第一段階の作業は以上のような手順で進められたが、喫緊の課題は同市の犠牲者九一一体の遺体処理であった。収容遺体に関する手順は警察による検死、僧侶による枕経《まくらぎょう》、清浄作業（衣類の保管、洗濯など）、納棺、遺族への引き渡し、焼骨、埋葬となる。

名取市では担当者が僧職でもあるため、政教分離原則を踏まえ慎重に配慮しつつ、遺族の気持ちを損なわないように一連の作業を進めたという。納棺用の棺の確保をいち早く発注し、納棺師の遺体清浄作業を葬儀社へ委託するなど、遺骨処理に関わる前例のない判断が絶えず求められたという。

宮城県の多くの市町村では火葬場が被災して機能不全に陥ったため、遺体は土葬にするケースが多かったが、名取市では寺院・墓地も現地復興としたため遺体は焼骨と定め、東京都瑞江《みずえ》火葬場などへ遺体を搬送して火葬に付したという。なお、災害による犠牲者の埋葬については現今の災害救済法に規定されている。

3　政教分離原則と宗教施設の再建支援

阪神・淡路大震災から得られた教訓

名取市の事例については法律家によっていち早く、災害現場における優れた対応策であると評価された（津久井、二〇一二年）。

津久井進氏は宗教的施設の災害復興問題を振り返り、阪神・淡路大震災のときには宗教施設についての国の支援メニューがなく、関連分野の復興事業が置き去りにされたため、兵庫県と神戸市の起債による「復興基金」が創設され、自治体ではなくこのためにつくられた財団法人によって事業が遂行されたという例を紹介している。この基金では「歴史的建造物等修理費補助」という項目が設けられ、指定文化財以外でも修理費の五〇％が支援されるとされた。そこでは義援金や国の交付金を間接的に利用するなどといった工夫がなされ、運営資金は基金の利子でまかなわれた。

そもそもこの手法は雲仙普賢岳《うんぜんふげんだけ》噴火災害（一九九一年）から始められた。公的資金を私的財産に適用できないという国の「独特の考え方」によって復興の諸事業が停滞したため、これを克服する方法として編み出されたのが公的資金の迂回ルートという仕組みであった。

ここでは阪神・淡路大震災後の文化財的宗教施設の修復支援事例を挙げているが、津久井氏は文化財指定を受けた歴史的建造物でなくても、地域コミュニティーの核となる施設であり、なおかつ補助対象が宗教団体ではなく集落、自治会などであれば、政教分離原則の弾力的な運用を考えるべきだと主張している。なお、この方法は新潟中越地震後の地域の文化資源の復興に活用され、多くの修復活用例が紹介されている。

東日本大震災後の宗教施設再建の問題点

しかし東日本大震災の場合、現今の低金利の状況では復興基金方式での金利の活用が見込めないため、国が自治体に直接貸し付ける「取崩し型復興基金」方式が復興庁によって策定されたという。そのため、被災した多くの宗教施設では公的支援を受けないという建前を崩すことができず、再建の見込みが立たないという。

神社や寺院などといった地域の文化を担う核の存在が失われていく現状を食い止めるためには、柔軟な対応策を編み出していかねばならない。その意味において、名取市の墓地復興は工夫が凝らされた事例として評価されている。

東日本大震災の被災地ではいまだに遺骨を納めるべき墓地も定まらず、仮納骨所に預けられている例も少なくない。死者はいまなお遺族の胸に深く刻まれ、遺体の見つからない遺族の苦しみは続いている（金菱《かねびし》清編、二〇一八年）。

遺族にとって震災の痕跡は生々しく、墓地の復活もままならない現状はあまりにも苦しい。わたしはここで神社や寺院の復活を声高に訴えるつもりはないが、死者の落ち着く先を遺族とともに考えることは歴史学が背負うべき課題のひとつであると考えている。

第3章
東日本大震災と仏教系メディア——死者をめぐる情報を中心に

1　分析の視角

東日本大震災における被害の概要

東日本大震災の死者については、いまもって確定的な数値が得られていない。二〇一四年九月一〇日の段階での総務省・消防庁の発表では二万一七〇七人（死者一万九〇七四人・行方不明者二六三三人）、警察庁の発表では一万八四九〇人（死者一万五八八九人・行方不明者二六〇一人）である。公表された数値に差があるのは、警察庁が災害関連死を含まない数値を発表しているためである。被災三県の死者は宮城県の死者一万三六五人・行方不明者一三九四人、岩手県の死者四九七六人・行方不明者一二〇五人、福島県の死者二六八六人・行方不明者二二六人である。

遺体は時間差をもって収容され、いまなお行方不明者が存在する。特に人的被害の大きかった宮城県では関連死を除く死者の多くが津波による〝溺死〟とされているが、解剖などができない状況であったため、死因の医学的な特定ができないまま〝溺死〟とされた例も多いという。直接的な死因についてはいまだに不明なケースが多く、今後、津波被害による死因の体系化を行う必要がある。

岩手県の倍の死者が出た宮城県沿岸部では各自治体の火葬場も被災し、電気や燃料が欠乏するなかで大量の死者の火葬が追いつかず、収容遺体の腐敗が問題となった。そのため他市町の火葬場への搬送、あるいは土葬（仮埋葬）後に再び掘り起こして火葬にした後埋葬するという策が採られた。しかしこの問題はそれだけで終わらず、警察による検死後、遺族に引き渡されたものの、墓地・寺の流失や倒壊などで遺骨を埋葬できないという事態が生じた。

この災害による大量の死者の遺体処理、火葬、埋葬という問題に津波による墓地流失・寺院倒壊という事態が重なったため、死者供養に携わる僧侶の読経ボランティア、檀家以外の遺骨預かりなどが寺院に求められ、これまでの大災害に比べ、宗教の社会的役割が目に見える形で現れた。

ここでは三陸太平洋沿岸部の被害状況を踏まえ、仏教各宗派はどのような対応を取ったのかを把握しておきたい。災害による大量の死者にまつわる一連の業務は行政に属するが、自治体の災害報告書類にはこれについての詳細があまり記載されていない場合が多いため、ここでは仏教系メディアに登場する記事を中心に考察する。

対象とした仏教メディアの書誌

ここで対象とした仏教メディアの書誌は次の通りである。

①『寺門興隆』一九七四年七月発刊(『月刊住職』という誌名で創刊、二〇一五年一月に『月刊住職』の誌名復活)、月刊誌、興山舎発行、二〇一一年三月~二〇一八年一二月閲覧

②『仏教タイムス』昭和二二年七月第三種郵便物承認、週刊、仏教タイムス社発行 二〇一一年~二〇一五年一二月まで閲覧 A2版、二面~八面、ときにより増減

③『中外日報』明治三〇年郵便物認可、隔日刊、郵送配布、中外日報社発行 二〇一一年三月~二〇一五年一二月閲覧 A3版、六面~一八面、ときにより増減

④『大法輪』一九三四年発刊、月刊誌、大法輪閣発行、二〇一一年~二〇一八年閲覧

二〇一一年三月一一日以降の震災関連記事を拾ったが、『大法輪』は東日本大震災関係記事が極めて少なく、二〇一一年でも九月中に一度取り上げられているのみであるため、一件の記事を除いて他紙誌との比較検討からは外した。

四紙誌ともに大正大学附属図書館で閲覧したが、徐々に震災関連記事が減少していくことを考慮し、製本済みの『仏教タイムス』が二〇一五年末までであったことに合わせ、『中外日報』『寺門興隆』についても記事の比較検討をこの時期までとした。ただし①『寺門興隆』は月刊、②『仏教タイムス』は週刊、③『中外日報』は隔日刊という発行形態の違いから、記事の情報量や事態の推移については③に依存することが多く、必ずしも公平な比較ができているとは言えない

が、紙誌面構成に現れる各メディアの特質に留意して取り扱った。

2　仏教系メディアの報道姿勢と問題提起

各紙誌に見る東日本大震災の第一報

ここでは各紙誌の東日本大震災に関する第一報の記事に注目し、各メディアの傾向を指摘する。

①『寺門興隆』の第一報は二〇一一年四月号に掲載され、同誌の記者が取材したいわき市の被災寺院の様子が写真と文章で伝えられている。各宗派とも被害地の寺院との連絡が付かず、被害状況が把握できないとしている。

連絡の取れた寺院の状況としては岩手県花巻市本妙寺《ほんみょうじ》住職による被災者支援、岩手県釜石市仙《せん》寿院《じゅいん》での避難者への炊き出し、福島県いわき市圓通寺《えんつうじ》に災害対策本部が設置されたことなどが報じられている、栃木県佐野市妙顕寺《みょうけんじ》は全壊し、宮城県栗原《くりはら》市通大寺《つうだいじ》住職は火葬場で読経ボランティアを行い、東京では築地本願寺が帰宅困難者三〇〇人を受け入れたなどの記事が掲載された。

なお、各県の避難所については宮城県の避難所一二三二カ所へ一四万七〇〇〇人が避難（うち寺院一四カ所、避難者一七三二人、三月一九日現在）、岩手県の避難所三七四カ所へ四万四〇〇〇人が避難（うち寺院四カ所、避難者一四五〇人、三月二二日現在）、福島県の避難所三五六カ所へ三万二四〇〇人が避難（うち寺院三カ所）という情報が掲載された。記事は寺院・住職に焦点が絞られている。

②『仏教タイムス』の第一報は二〇一一年三月一七日号に掲載された。伝統仏教一〇宗派（天台、真言、浄土、曹洞宗、真宗大谷、本願寺派など）の災害対策本部設置状況に加え、新宗教（立正佼成会、真如苑）、調査隊・救援ボランティア派遣、SVA（シャンティ国際ボランティア会）支援センター設立や募金受付などについて報じた。各宗派の災害対策本部設置など教団中枢部からの情報が中心で、被災地の状況はあまり把握されていない。新宗教の動向については、創価学会を除いている点が特徴的である。

③『中外日報』の第一報は二〇一一年三月一五日号に掲載された。浄土真宗本願寺派は京都本山から宗務員が食糧を抱えて現地に入り、真宗大谷派の京都本山では仙台教区一〇〇カ寺・東京教区一一〇カ寺と連絡が取れない状況となり、浄土真宗宗祖の親鸞聖人七五〇年大遠忌《だいおんき》が中止・延期となるなど、宗派としての重大事項を報じた。

また曹洞宗の東北六県の寺院、二五一四カ寺の被害情報は不明であり、浄土宗の二カ寺は集落ごと流失し、臨済宗妙心寺派瑞巌寺《ずいがんじ》へ数百人が避難するなどといった緊急事態について報じている。天台宗では災害対策本部を設置し、真言宗智山派《ちさんは》では情報収集中であり、高野山真言宗では青年ボランティアを募集した。また真如苑《しんにょえん》は一億円の義援金を募集し、東京支部では帰宅困難者を受け入れ、大船渡《おおふなと》布教所に現地拠点を設置したなどといった記事が掲載された。

隔日刊ならではの緊急事態を伝える記事が豊富で、他紙誌に比べ情報収集力が際立っている。

さらには神社本庁が神社被害情報を収集中であること、天理教教会の損壊情報などを報じ、伝統仏教のほかに神社本庁や天理教など神道系の被害情報も掲載しており、宗教全般の情報紙として存在感を示している。

④『大法輪』は月刊誌であり、第一報の掲載は震災発生から半年後の二〇一一年九月号であった。宮城県牡鹿《おしか》郡女川町《おながわちょう》の保福寺《ほふくじ》に設けられた避難所の三カ月の様子を口絵写真と文章で伝えているが、これについては後に詳しく述べる。そのほかには震災関係で目立つ記事は見当たらず、基本的には仏教教義についての論文・エッセイなどで構成されている。

各紙誌の被災情報の傾向と特徴

隔日刊の『中外日報』を除く三紙誌は週刊あるいは月刊であるから、収集情報の量・質ともに大きく異なる。『中外日報』三月一五日では、各宗派が災害の詳しい状況についてほとんど把握できていないことを伝えている。この状況は震災発生から一週間ほど続いていたようだが、各宗派は災害対策本部を本山または東京別院などに設置し、義援金募集窓口の設置、青年僧へのボランティアの呼びかけなどを開始している。

『中外日報』は神道系、新宗教系の動向についても注視している点が特徴的で、特に神社本庁では被災神社の状況把握が難しいなか、各地の神社に向けて復興祈念の呼び掛けを行ったと報じている。東京で発生した帰宅困難者への支援として、浅草寺や築地本願寺などといった宗教施設が宿泊所や食料などを提供したという記事も見られる。

これに対して週刊の『仏教タイムス』は被災地からではなく本山周辺からの情報により、各宗派が災害対策本部を設置したという程度の記事しか掲載していない。もともと理念への志向性が強く、災害などの緊急事態の情報収集に力点を置いていないようである。

こうした二紙に対して『寺門興隆』四月号では、記者によるいわき市周辺の緊急ルポを豊富な口絵写真で伝えた。これは月刊誌であるため、三月中下旬の被災現場が最も混乱していた時期について（寺院の被災情報、寺院の救援活動、読経ボランティア、寺院の避難所、遺体安置所など）、個別の情報や概算的数値などでまとめている。『寺門興隆』はこの三年後、誌名を『月刊住職』と変更するが、これは寺院に特化した情報が中心である。浄土系の教団は始祖法然上人の八〇〇年大遠忌、親鸞聖人の七五〇年大遠忌という行事を企画していたが、いずれも中止・延期を決定したと伝えている。

3　各紙誌の記事に見る震災の諸問題と対応の経過

二〇一一年三月後半

ここからは、二〇一一年三月一一日から年末までの各紙誌の記事を事態の推移に伴い、五段階に区切って見ていく。被害・被災という用語が混在しているが、被害は地域などの一般的な状況

月	日	記事摘記	紙誌名
3	19	被災地でシャンティ国際ボランティア会（SVA）支援ボランティア受け入れ態勢が整わず；福島原発五〇キロ圏内大谷派寺院で被災者千人受け入れ。	中外日報
	26	遺体の火葬対応に限界｛東松島市・亘理町・仙台市・気仙沼市・石巻市・名取市・南三陸町・女川町・山元町｝で土葬開始の方針；全日本仏教会が3月23日被災地での僧侶の読経ボランティアの組織結成および宗教者は遺族に寄り添うよう指示	中外日報
5月		遺体の仮埋葬地に境内地提供「三月二二日亘理町観音院109体；釜石市鵜住居常楽寺110体分用地確保」	寺門興隆
3	24・31	放射能汚染の風評でゴーストタウン化（記者によるいわき市の取材記事、いわき市150人の遺体、三か所に遺体安置所、燃料不足で遺体火葬中止	仏教タイムス

表３−１　仏教系メディア記事　2011年３月後半
（月のみの数字は月刊誌を示す）

を示す場合、被災は個別的な要素を含む場合に使用した。各紙誌の情報収集では震災時の教団各派の動向に焦点が当てられているため、記事内容が重複する。さらにそれぞれが隔日刊、週刊、月刊であるため、時期的に前後する。この点を踏まえたうえで、発災後約一〇日の緊急対応時期以降、三月下旬を一区切りとして見てみる。

三月一四日、厚労省は予想外の死者の発生に対応すべく、被災三県での遺体の埋葬について、戸籍確認など通常の手続きを経ずに仮埋葬することを許可する通達を出した。また、遺族による確認が困難な身元不明遺体についても三県の行政判断に委ねられた。これにより、火葬場の機能停止などで遺体の火葬が滞ると判断した地方自治体では三月下旬から、仮埋葬（土葬）のための用地確保の準備を始めている。

遺体埋葬の問題に限らず、三月下旬は避難者の収容、食糧や水の確保、遺体捜索、瓦礫の撤去、さらには福島の原発事故による放射能汚染などあらゆる問題が生じ、世界中の目が被災地に注がれた。これらの一連の動きを伝える記事を表に示した（表３−１）。

二〇一一年四月

津波災害により多くの死者が出たため遺体の捜索・収容に時間を要したうえに遺体の損傷が激しく、身元不明遺体が多数発生した。このため警察庁は遺体の検死に際してＤＮＡ鑑定を求め、遺体収容に携わる行政の職員には遺体状況の確認メモを取って写真を撮り、遺体確認の資料とするよう求めた。

こうした手続きのうえで遺族が確認した遺体のみ警察から引き渡しがなされ、火葬場へ搬送された。しかし火葬場が被災し、電気が通じないうえにガソリンも不足するなかで遺体の腐敗は刻々と進んだ。身元確認ができない多数の遺体は近隣の自治体に搬送され、火葬にされることになった。

この動きは四月から始まり、早い段階の事例としては九六四人の犠牲者が出た宮城県名取市が東京都と火葬に関する協定を結び、都の瑞江《みずえ》葬儀所や臨海斎場などから火葬場提供を受けたことが挙げられる。こうした事態のなか、遺体安置所や火葬場、仮埋葬場で伝統仏教教団から読経ボランティアの僧侶が各地に赴き、仏教、キリスト教、神道などの教団とともに連携の動きも見られるようになった（表３−２）。

月	日	記事摘記	紙誌名
4	7・9	東京都瑞江葬儀所に名取市からの身元不明遺体が搬送され、江戸川区仏教会、東京都仏教連合の僧侶などが輪番で読経、立正佼成会、日本バプティスト教会、日蓮宗、神道なども祈りをささげた	仏教タイムス・中外日報
	9	無人化神社のご神体をどうするか	仏教タイムス
	14・28	四月二八日の四十九日には追悼の鐘を一斉に鳴らす；宗教を超えて復興祈願祭｛鎌倉市鶴岡八幡宮で神道・仏教・キリスト教など；各地で四十九日法要｝	仏教タイムス

表３−２　仏教系メディア記事　2011年４月

月	日	記事摘記	紙誌名
4	7	宗教者支援連絡会結成（代表島薗進）、宗教・宗派を超えた連絡組織で情報提供と被災者・避難者受け入れを目指す；宗教者と市民とのネットワークを目指す（弓山達也）	中外日報
	23	復興庁、被災社寺の復興募金を指定寄付金の対象に、個人の寄付金は控除、法人は全額損金算入の対象にする意向を示した	中外日報
	28 ～ 5.26	「宗教は大震災でなにをするのか」問題提起（島薗進；苦難の中の人々に生きる力を）、（小林由紀夫；ボランティアが地元に介入する場合のルール、寺院側の避難所としての認識の必要）、（弓山達也；僧侶の活動に横の連帯が生まれた）	仏教タイムス
5	31	再建？修復？「決まらぬ市街地再建計画」（宮城県石巻市慈恩院住職死亡、本堂・庫裡倒壊；東松島市定林寺、檀家6割被災の例など列挙）	中外日報

表3－3　仏教系メディア記事　2011年5月

二〇一一年五月

具体的な問題処理に追われた三月、多少事態が鎮静化した四月を経て、五月になると宗教が担うべき社会的役割についての識者の意見、宗教界からの被災地への支援金についての記事が出る（表3－3）。

被災地への支援、義援金、自宗派の被災寺院への支援金などの具体的数値が明らかになるのは六月に入ってからで、各紙誌によれば長期化する被災地への資金面での援助、精神的ケアの支援への認識が高まった時期と見られる。さらに、東アジアの仏教国が連携して被災地支援を行う動きが見られるようになるが、その先駆けとして日韓合同の慰霊祭が浄土宗本山鎌倉光明寺《こうみょうじ》で開催されている。

そうした動きの一方で、津波で市街地が流された地域では瓦礫が撤去されるにつれて市街地再建計画が論じられるようになるが、流失した墓地や倒壊した寺の再建に着手できない状態が続いた。宗教施設の再建について行政は政教分離の原則を固く守っていたが、原発被災寺院の東京電力に対する補償交渉の過程で逸失物（原発事故がなければあり得た収入）の補償問題が出てきたことを受け、原発被災以外の寺院や神社の再建費をめぐる行政との交渉が行われ、寄付金の税が控除されることになった。

二〇一一年六月～九月

五月の段階で課題となっていた義援金や支援金の規模は、六月に行われた教団の正式な会議を経て定まった。六月末の百箇日の法要前後から、宗会議などで各宗派・教団による震災対策についての具体的な議論が行われた。ここで義援金は一般被災者を対象としたもの、支援金は同宗派内の支援活動者や組織体を対象としたものと分類されている。

また、福島県双葉《ふたば》郡を中心とする原発事故地域の真言宗豊山《ぶざん》派一八カ寺は六月二八日に「東京電力原発事故被災寺院復興対策の会」を発足させたが、この動きに連動して仏教系教団、キリスト教団は原発事故に対する態度を明らかにしている。

理念系の硬派な主張を展開する『仏教タイムス』は「原発事故を問う」という特集を組み、識者の意見を掲載した。『中外日報』も原発問題を深刻に受け止め、震災一周年に当たる二〇一二年三月に向けて、被災現場での取材を中心とする原発問題のシリーズ記事を組んでいる。これについては後にまとめて触れることにしたい。

各誌の原発問題についての対応は一様ではないが、『寺門興隆』は原発が設置された周辺の各宗派の五六教区に対してアンケートを実施し、そのうち二〇教区から寄せられた回答を紹介して

月	日	記事摘記	紙誌名
6	23	曹洞宗通常宗議会で災害特別会計補正予算、被災寺院の復興資金貸付限度額3千万円から5千万円に引き上げ；臨済宗妙心寺派被災三県に計5億円の義援金、被災寺院へ互助復興支援金2億円制定；真宗大谷派の定会で被災者支援金4億8千万円	中外日報
6		原発アンケート（49～53頁を参照）	寺門興隆
6	2	若狭は15の原発を抱える「西の原発銀座」だが、東の原発銀座は福島、原発の差別構造；①都市による地方の差別、②被爆労働問題、③災害弱者子供たちの被爆問題、宗教は問題の根本を見定めて未来への倫理を説く必要あり（中嶌哲演・原子力行政を問い直す宗教者の会）	仏教タイムス
	9	20年前に女川原発近くに「事故で止まるかみんなで止めるか」の看板を立てたが、今回の事故でも妊産婦や乳幼児の優先避難はなかった（梅森寛誠・原子力行政を問い直す宗教者の会）	仏教タイムス
	16	原発老朽化、高コスト、賠償金を含めれば採算が合わない。代替エネルギーを提唱	仏教タイムス
7	5	「東京電力原発事故被災寺院復興対策の会」発足	仏教タイムス
	21	六ケ所村の核燃施設の不安、原発関係施設が異様に集中して繁栄する六ケ所村、利益集団による原子力政策の現状批判（福澤定岳・原子力行政を問い直す宗教者の会）	仏教タイムス
8	6	放射能汚染地域の全寺院移転要望書（原発事故被災寺院復興対策の会・真言宗豊山派会長）、東電と国に提出	中外日報
	9	第1原発避難区域の公益法人（医療法人、社会福祉法人、学校法人）などに仮払いの補償対象追加決定；3月12日～5月末までの収支差額相当の二分の一｛上限250万円｝	中外日報
9	3	行政の支援及ばぬ墓地	中外日報

表3－4　仏教系メディア記事　2011年6月～9月

いるが、「檀信徒のなかに関係者がいるので、迷惑はかけられない」として、態度を表明しないケースも多いという。

これらに関連する主な記事を表3－4に挙げておく。

二〇一一年八月～年末

政教分離により、被災寺院に行政の支援はないとする原則はこの段階においても崩されていないが、東日本大震災による寺院被害とその再建に多額の費用が必要となることから新たな動きが出てきた。民主党政権下で復興構想会議の委員を務めた玄侑宗久《げんゆうそうきゅう》は「復興構想会議からの報告」で「原発は除く」との議長発言に委員からの猛反発があったこと、「この震災で消滅する危機にある寺院や神社の復興を考えるべきである」という自らの提言は採用されなかったことを明らかにした。

この記事に連動するのかどうかは不明だが、「原発事故被災寺院復興対策の会」は全日本仏教会を通じて、避難せざるを得ない放射能被災地域住民はもちろんのこと、地域の文化としての寺院、神社などの宗教施設についても賠償責任を果たすよう国と東電に要望書を提出した。

政教分離の問題についての地方自治体の対応はさまざまであった。たとえば仙台市は、葛岡《くずおか》斎場での読経ボランティアによる供養を二〇一一年四月末までとした。名取市では倒壊した墓石を瓦礫と見なし、瓦礫処分費から支出する行政処理が行われた。石巻市、女川町では遺体の火葬を請け負

月	日	記事摘記	紙誌名
8		玄侑宗久の復興構想会議報告	寺門興隆
9		「震災で潰された寺社を行政は見殺しにする気なのか⁉」	寺門興隆
12		「原発被災寺院にどのような賠償や支援がありうるか」（7月28日の寺院側要望を東京電力は認め、補償金対象とする）	寺門興隆
	1（2012年1月）	復興庁は寺院、神社、教会などの宗教施設からの要望について、当初は拒否にしたが、二〇一一年末には、「皆様の施設につきましても、宗教施設だからといって、直ちに国の施策の対象外となるものではなく、例えば、地域の伝統や文化、コミュニティー再生などの面から、地域の復旧・復興政策の対象となり得るものと考えております」とした	仏教タイムス

表3－5　仏教系メディア記事　2011年8月〜年末

った葬儀会社・清月記《せいげつき》が社会福祉協議会を通じて仏壇を提供するなど、行政機関以外からの配慮による事例もあった。

原発事故に対する宗教教団の対応は脱原発から反原発まで幅があるものの、全日本仏教会は宗教法人として脱原発を宣言し、臨済宗妙心寺《みょうしんじ》派も宗議会が全会一致で原発依存からの脱却を宣言し、原発は「反いのち」などといった発言が紙面に登場した。

原発立地に邁進した高度成長期に対する反省から、近代科学は我々に何をもたらしたのか、人間の幸福とは何かという問題提起がなされ、宗教の役割に注目する動きが顕著となる。原発事故による避難者が故郷に帰りたくても帰れない状況、飼育していた牛を見殺しにするなどの耐えがたさから自死する例などに鑑み、仮設住宅での孤立を防ぎ、心の悩みや不安に耳を傾ける僧侶による傾聴活動が行われ、「心のケア」「グリーフケア」などといった言葉が紙面に頻出した（表3－5）。

4　各紙に見る震災報道の特色

現地取材に力点――『中外日報』

ここまでは東北地方太平洋沖地震の発生による津波被害の実態、つまり遺体の処理、行政の対応、寺院の避難所提供、僧侶の読経ボランティア、仮設住宅での傾聴活動などについての仏教系メディアの記事を追うことにより、この間に起こった問題を通覧した。二〇一一年は震災発生直後の緊急事態とそれに対する対応を追うことに終始したが、二〇一二年になると災害が惹起した問題を客観的に分析し、それにどう対応すべきかという論点に転じた。各メディアの報道態勢、問題提起について見ていくことにする。

『中外日報』は現地取材に基づく記事を精力的に発信しており、「いのち寄り添う」というシリーズはテーマごとに一〇回～一六回、ときに二七回という長期に及ぶ。二〇一二年一月一二日から二月四日まで一三回にわたる「苦の現場から」というシリーズでは、被災地で死に向き合った人々を紹介した。

岩手県下閉伊郡大槌町《おおつちちょう》江岸寺《こうがんじ》では本堂、庫裡《くり》、そのほかの建物を津波と火災で失ったばかりではなく、前住職と帰省中だった大学生の一九歳の息子も津波に襲われ、いまだに遺体が見つからない（シリーズ一～三）。釜石市の遺体安置所では、葬儀社勤務の経験を持つ千葉淳《あつし》が市の了解のもと、遺体を取り扱ううえでのアドバイスを行った（シリーズ四～五）。

亘理《わたり》郡亘理町観音院《かんのんいん》の本郷正繁住職は境内地の一角を提供し、遺体が火葬にされるまで仮埋葬（土葬）する場とした（シリーズ六～七）。九〇〇人を超える遺体に対して火葬場が機能不全に陥り、遠隔地の火葬場へ遺体を送ることになった名取市では、市職員にして仙台市寶林寺の住職でもある木村敏が、行政上の立場と僧侶としての立場がせめぎ合う中で苦悩し、判断した（シリーズ八～一一）。大川地区浄土宗大忍寺《だいにんじ》の福井孝幸《たかゆき》住職は大川小学校の七四人の児童の死と向き合い、供養碑を建てた（シリーズ一二～一三）。

『中外日報』はこの「いのち寄り添う」のほかに、二〇一二年中に「原発さえなければ」一五回（二月二一日～四月三日）、「支援のひろがり」一六回（四月七日～五月一七日）、「駆け付けた人々」一三回（五月二二日～六月二八日）、「支える思い」一六回（七月五日～九月一日）、「心のケア・宗教の力」二七回（九月六日～一一月二二日）、「つながり・明日へ」一〇回などといったシリーズで被災現場からの情報を報じた。ここでは津波による寺院の被害、大量死と向き合う現場の苦悩、原発、支援、心のケアなどがテーマの中心に据えられ、丹念に事実を追った記事が掲載されている。

寺院の立場に即した取材――『寺門興隆』

『寺門興隆』は月刊誌で、二〇一一年四月号・五月号で集中的に寺院の被害を伝えている。島村玄記者は震災から二日後、石岡《いしおか》からいわき市へ入り、道路が寸断され、ガソリンが不足するなかで写真を織り交ぜて生々しい被害実態を伝えた。いわき市の地蔵院高久寺《じぞういんたかくでら》では本堂の屋根瓦が崩落し、墓石が倒壊したが、原発事故の風評被害により支援の搬送が途切れていた。いわき市平《たいら》沼《ぬま》の海岸から二〇〇メートルのところにある真言宗智山派賢沼寺密蔵院《けんしょうじみつぞういん》では浮御堂《うきみどう》が水没し、山門が倒壊した。

小名浜《おなはま》の高台にある冷泉寺《れいせんじ》ではすでに避難者が五〇人ほど詰めていて、小名浜蛭川《ひるかわ》の真言宗智山派地福院《じふくいん》は本堂が傾いた状態であった。記者はさらに北に向かおうとしたが、原発事故による放射能汚染問題のため退去通告を受け、ガソリン不足もあって三月一八日に現地取材を中止した（四月号）。住民のみならず、外部から福島に入った記者にまで退去通告が出される事態は、原発事故発生当時の深刻な状況を伝えている。

同じく四月号では、この事態に対して住職がどう動いたかを報じた。岩手県花巻市本妙寺《ほんみょうじ》の砂子田住職は支援のため釜石を目指したが、道路が寸断されていたため断念した。釜石市では日蓮宗仙寿院と近隣の寺院が約三〇〇〇人に炊き出しを行った。宮城県沿岸部では火葬場が不足し、一時的に仮埋葬が始まったが、遺体安置所では死者を弔う僧侶が不足していることなどを報じている。

五月号では、岩手県釜石市曹洞宗常楽寺《じょうらくじ》は市からの要請を受けて一一〇体の土葬場を境内に造成したが市は土葬を断念したため、三月末に青森と秋田に遺体を搬送し、火葬に付したと報じている。

『寺門隆興』はほとんどが仏教関係記事で、神道系、新宗教、キリスト教団については言及がない。寺院の存廃と利益に強い危機感を抱いており、「寺院にとって原発ができて良かったこと、悪かったこと」というタイトルで原発のある地域の五六の仏教会にアンケート調査を行っている。アンケートでは①地元に原発が建設されることに対してどういう対応をしたか、②原発が建設されて良かったか、それとも悪かったか、③福島の原発事故以降、どういう対応をしているか、④政府、仏教会に提言したいことは何かという質問状を送り、二〇仏教会から回答を得た。

②の質問に良かったと回答したのは一件、悪かったと回答したのはゼロ、一六件がどちらとも

言えないと回答している。また「原発に関係している檀信徒に迷惑はかけられない」「反対声明でも出せば、地元からは変な目で見られる」として公式に意思表示はしない、「特に対応はしていない」という回答が多かったという。「良かったこと、悪かったこと」というタイトルは現場の偽らぬ本音を聞き出す姿勢を示しており、『仏教タイムス』とは好対照である。

より深い情報を目指す姿勢――『仏教タイムス』

『仏教タイムス』は被害情報の迅速さを競うというよりも、震災被害の底にある問題を探ろうという傾向が強い。二〇一二年一月一日号では寺院被害について第一面で取り上げ、その実態を報じた。

本堂や庫裡《くり》などが津波で流失した寺院では住職や寺族、寺坊などが流死・溺死し、行方不明者も少なくない。仙台市荒浜浄土寺《あらはまじょうどじ》では伽藍を喪失し、檀家一四六人が犠牲となり、沿岸部からの移転を決意した。釜石市唐丹町《とうにちょう》の高台にある曹洞宗盛岩寺《せいがんじ》では津波が押し寄せて山門、鐘楼、庫裡が壊滅し、本堂は床下まで浸水し、集落の七二〇世帯のうち約半数の三七七世帯が被災した。

他紙も取り上げている岩手県上閉伊郡大槌町江岸寺は津波で本堂、庫裡、墓地が壊滅的な被害を受け、一六〇〇軒の檀家のうち犠牲者は七〇〇人以上にのぼった。住職自身も押し寄せる瓦礫に巻き込まれ山際まで流され、ようやく脱出したが前住職父親と長男を津波で失い、いまだに行方不明である。住職はプレハブの仮本堂で寺の務めを果たしているが、ここでは嵩上げが計画されている。寺は地域を守る拠点であり、この地を捨てるわけにはいかないという住職の固い決意を伝えている。

釜石市の高野山真言宗不動寺《ふどうじ》は宗派の壁を超え、キリスト教会と連携してボランティア活動の拠点となっている。福島県の放射能汚染区域にある寺院は住職とその家族らも避難せざるを得ず、東京や近隣の他府県で避難生活を送っている。福島県では遠方に避難した檀家、福島に戻ることをあきらめた檀家など、ほかの二県とは異なる深刻な問題がある。東京電力との損害賠償についての交渉は難航し、墓の移転はおろか、遺骨さえ放射能の汚染度を計測してからでなければ取り出せないという。

日本人は無宗教といわれるが、近世以来、死を弔う役割を担ってきた寺院についての基層的観念が存在しており、それがこの震災により再認識されつつある。宗教には遺族が直面した悲しみを癒《いや》す力があり、とりわけ東北地方においては仏教の力が再認識された。『仏教タイムス』では以上のような論点を提示したうえで、宗教学者たちによる「公共空間における宗教の役割」などのシンポジウムや学会の動向について報じている。

5　アンケート調査から見える宗教教団の現状と見通し

定期的なアンケート調査の重要性

『中外日報』『寺門興隆』では、各教団に震災についてのアンケート調査を実施している。震災から三カ月後の六月には『寺門興隆』が「一〇大宗派における東日本大震災の被害と取り組み状況」というアンケート調査を行い、九月には『中外日報』が同じく被害状況とその支援に関して伝統教団、神社本庁・新宗教系の一八教団にアンケート調査を行っている。

『中外日報』はさらに、同じく九月後半に「東日本大震災と宗教者」のアンケート調査、震災一周年に当たる二〇一二年三月には「東日本大震災一年　被災地の現状と見通し」と題するアンケート調査、その半年後の二〇一二年九月には「心のケアと復興の見通し」というアンケート調査を行っている。

『中外日報』はほぼ半年ごとにアンケート調査を行い、宗教教団の現状を明らかにしようとしているが、これは伝統仏教、新宗教系を含めた宗教界全体の動向を追うメディアがほかに存在しないことの表れである。行政が把握する震災の死者、被災者、家屋、そのほかの社会インフラについての統計とは異なり、宗教界の被害に関する統計は行政によって公にされていない。伝統仏教

宗派名	寺院数	被災寺院数	義援金額	被災状況、取り組み
浄土宗	7051	1000、(死者2、全壊5)	2億2000万円	年間200万円の護持料交付や上限2000万円までの貸し付け
天台宗	3342	734、(死者1、行方不明2、全壊3)	1億7000万円	3000万円をNHKへ寄託、4億円を寺院修復費に充てる
高野山真言宗	3681	145	1億4300万円	東京別院に災対本部設置、智山派・豊山派へ1000万円の貸し付け
真言宗智山派	2907	250、(死者2、全壊6)	集計中	本山は宗費免除を決定、500万円の無利子貸し付け
真言宗豊山派	2643	調査中	500万円	原発付近の寺院に50万円の見舞金、全壊寺院に300万円の見舞金
真宗本願寺派	10414	291、(全壊2)	4億7200万円	門信徒の死者多数、災害対策費に1億円を計上、親鸞聖人大遠忌は予定通り4月厳修
真宗大谷派	8779	352、(死者1、全壊3)	4億2500万円	被災者受け入れ、最大1億円の復興共済金、親鸞聖人大遠忌法要は中止、4月以降に延期
臨済宗妙心寺派	3381	177、(死者1、全壊1)	1億3000万円	インターネットで逐一情報提供中
曹洞宗	14555	調査中、(死者10、行方不明3、全壊37)	4億4000万円	宗派寺院の被害甚大、災害援護拠金5億円、全壊寺院に1千万の見舞金
日蓮宗	5177	780、(全壊5)	2億5000万円	本堂庫裡全壊寺院へ1000万円以内の見舞金

表3-6　10大宗派における東日本大震災の被害と取り組み状況
(『寺門興隆』 2011年6月号、表2)

界内部ですら宗派内部の被害統計は公にしておらず、もちろん全宗派を対象とした寺院被害の統計も行われていない。

そうした状況を踏まえれば、隔日刊とはいえ『中外日報』が宗教界の日々の動向を把握できる稀有なメディアとして社会的役割を担っていることは明らかである。『寺門興隆』の調査も含め、これらのアンケート結果に目を通しておく必要がある。なお、教区内に原子力発電所がある仏教会を対象とした原発の是非をめぐるアンケート調査についてはすでに述べたため、ここでは言及しない。

「一〇大宗派における東日本大震災の被害と取り組み状況」（『寺門興隆』二〇一一年六月号）

ここでは伝統仏教の各教団に対して、教団寺院の被災状況と支援の実情についてのアンケート調査を行っている。伝統仏教教団の調査結果は表3－6にまとめられている。新宗教については支援金の数値が掲載されるのみで、その詳細は不明である（表3－7）。

宗派名	金額
創価学会	5億4000万円
立正佼成会	1億円
真如苑	1億円
幸福の科学	5100万円
天理教	3000万円
金光教	3001万円
生長の家	3002万円
大本	1500万円
統一教会	1300万円
辯天宗	1000万円

表3－7　新宗教による義援金
（『寺門興隆』2011年6月号、表1）

震災からわずか三カ月で、まだ復旧・復興に向けて踏み出せる状況ではないなかでの調査であるため、義援金額や本山から被災寺院への支援内容についても宣言的な要素が強いが、表3－6では各宗派の寺院数、被災寺院や死亡住職数などといった具体的な数値が挙げられており、参考になる。

次に示す表3－8はそこからさらに三カ月を経た段階でのアンケート調査結果である。調査の主体が異なる点も考慮に入れておく必要があるが、ここでは被災状況に対する各教団の支援実態がより具体的になっている。

宗教教団の被災状況と支援（『中外日報』二〇一一年九月八日調査、一二日紙面掲載）

表3－8に、震災から半年を経た九月に『中外日報』が実施したアンケート調査の内容をまと

教団名	被災状況	震災対応	被災寺院対応（資金援助、共済制度）
天台宗	被災寺院総数833カ寺（津波流失3カ寺、寺族死亡1人、行方不明2人、檀信徒死亡未把握。	3月11日に災対本部設置、天台宗・総本山延暦寺の両内局14人とスタッフ30人。派遣実績確認中。	電話にて安否確認、仏教青年連盟のネットワーク利用。被災寺院一律3万円、天台宗災害補償制度で地震保険加入寺院に対し、485件に3500万円給付。
高野山真言宗	関東・東北180カ寺のうち、全壊ナシ半壊5カ寺、福島総務所内で死亡4、栃木で蝋燭使用で火災発生。	3月11日に災対本部設置、15日高野山東京別院災害現地対策本部を設置、20日に宮城県大崎市弘法寺、4月15日釜石教会を前線拠点とした。ここに1000人を派遣。	電話にて安否確認、宗団予算の災害対策費で180カ寺に見舞金と復興助成4407万円支援、物質支援ではガソリン確保、救援物資の備蓄を活用。
真言宗智山派	全壊18カ寺、半壊7カ寺、一部損壊392カ寺、墓石倒壊697カ寺、教師2人死亡、檀信徒被害は未把握。	3月12日、総務総長を本部長として宗務庁全体で構成する災害対策本部（常設）を開催。4月東京別院真福寺に災害対策室を設置、専従者2人。3月23日から5日間職員3人を岩手、宮城、福島へ派遣。現地調査や見舞に職員出向。	安否や被害状況を宗務庁職員で確認、3月末、宗派寺院救援義援金は2億8千万円が寄せられ、うち62カ寺に1億6000万円配分、第2次配分も継続審議中。
真言宗豊山派	正確な被害数字は調査中。	災害対策室は常設、東日本大震災災害対策室を立ち上げ、3月14日第1回災害対策室会議、現在まで14回。	安否は宗務庁全員で確認、甚大な被害で連絡困難な支所には、葉書などで確認、福島原発事故で30キロ圏内の緊急時避難準備区域、計画的避難区域内の寺院へ見舞金。
浄土宗	被災寺院岩手（34カ寺）、宮城（56カ寺）、福島（166カ寺）、栃木（76カ寺）、茨城（101カ寺）、千葉（146カ寺）など。岩手教区で教師1人、寺族1人死亡、他は調査中。	3月14日、災対本部設置、8月1日に宮城教区の現地事務所開設、9月中に岩手、10月に福島教区に開設予定。対応人員30人。宗務長などの現地出向数10回、救援支援物資輸送6回、被災地調査、見舞など十数回。	安否情報は災害伝言ダイヤルなどで情報収集。資金援助は宮城13カ寺、福島11カ寺、岩手6カ寺へ一時金（30万円）、また、生活費助成金（60万円）支給、建物共済給付金申請受付（一年最大200万円、最長5年）、復興資金貸付（最大8000万円）など。緊急対応では飲料水、毛布、日用品などを輸送。
浄土真宗本願寺派	202カ寺が被災、うち宮城2カ寺が津波被害、原発事故で福島5カ寺が緊急避難準備区域、計画避難区域が2カ寺。門信徒283人が死亡、30人以上が行方不明。	3月11日宗務所に緊急災対本部設置、翌12日に東京、東北の両教区に現地緊急災害対策本部設置、総長、総務が被災寺院見舞う、7月9日福島県相馬市、9月6日仙台市で門主臨席、真宗で追悼法要。	各宗務所、別院を通じて安否確認、東北、東京教区へ一時見舞金1億1千万円、長野、甲府の両教区へ災害対策本部一時義援金、津波被害2カ寺、原発事故被害9カ寺へ一時支援金各200万円、4月20日までに亡くなった門徒遺族に弔慰金として犠牲者一人2万円交付。
真宗大谷派	仙台、東京などの7教区で被害、寺院350カ寺、仙台教区で津波で流失損壊2カ寺、福島警戒区域で3カ寺、山門、墓石倒壊。	災害直後に本山の災害救援本部が指導、仙台教務所に現地本部設置、救援物資輸送や被災状況把握。6月2日までに職員延べ443人派遣、4月15日に仙台教務所内に現地復興支援センター設置、宗派内外のボランティア623人サポート。	宗派見舞金（仙台教区1億300万円、東京教区2000万円、奥羽教区と山形教区100万円）、寺院、団体、個人の寄付金の総額2億7千万円被災6件63市町村へ1億7100万円、奨学金に1千万円、仙台教区1億5千万円、東京教区3700万円など。
臨済宗妙心寺派	僧侶1人死亡、寺院本堂全壊4、半壊3、部分壊121、庫裡全壊3、半壊4、部分壊83、他の建物損壊あり、花園会員死亡656人、行方不明205人、家屋全壊2705、半壊1397、一部破損5522。	3月11日に災対本部設置、福島、宮城各県の災害対策本部、宗務本所職員全員で被災地支援に対応、ボランティア専門の臨時職員を宮城県に派遣。宗務総長、内局職員が被災地訪問。	電話で確認、特別会計総額15億円の予算で支援体制を組み立てた（被災寺院互助復興支援金2億円、被災寺院・花園会員見舞金6億円、宮城2億円、岩手1億5千万円、福島1億円、茨城・千葉へ各2500万円、日本赤十字へ3000万円、現地活動費援助、簡易仏壇無料配布など。
曹洞宗	3県1250カ寺のうち、福島全壊6カ寺、原発事故による避難9カ寺、宮城全壊32カ寺、死亡10人、安否不明1人、岩手全壊7カ寺、安否不明2人、3000超の檀信徒の死者。	3月12日、宗務総長を本部長とする災害対策本部設置、その後福島、宮城岩手の各教区にそれぞれ現地対策本を設置、被災状況や支援ニーズに基づき、災対本部で具体的に対策。義援金の配分や災害対応を協議。	安否情報は電話などで収集。檀徒、寺院に義援金を勧募、6億円超。全壊寺院（宮城32カ寺、岩手7カ寺）に300万円を第1次配布、第2次は最大見舞金140万円、210カ寺の檀徒に総額2億5千万円の特別見舞金、緊急対応として境内建物流失寺院へユニットハウス提供、避難所運営支援の活動補助金。
日蓮宗	全壊13カ寺、半壊6カ寺、被害寺院700カ寺、檀徒の被害1000件以上。	災害対策本部は常設、発生直後から情報収集、救援対策を検討。宗務総長を本部長に職員9人で構成全国各県の宗務所を災害対策支部長として組織した。	電話、ファックスなど。見舞金と災害対策運営資金を送金、災害救援基金から規定による建物見舞金給付、被災檀信徒へ本尊仏壇授与、その他、NGO、NPOへ資金援助。

表3－8　伝統教団の被災状況と対応
（アンケート結果の公表は2011年9月11日付、『中外日報』2011年9月8日）

めた。この時点ではまだ各教団宗派の檀信徒の被害の全容が把握できていないが、被災寺院については全教団が物的支援、義援金、見舞金などの財政援助を優先的に行っている。教団の支援の実情からは指揮命令系統の不備などといった問題点が浮上し、人的資源の重要性が再認識された。『中外日報』は、ここでは広範囲の連携をコーディネートする組織が不可欠であるとコメントしている。

この段階では行方不明者が多く、震災の被害の全容はまだ把握されていなかった。仏教教団に限れば支援は続行されているものの、復興の行く末は見えない状況であった。各教団・宗派に属する寺院の被災状況、教団の支援内容については表3－8である程度把握できる。

東日本大震災一年　被災地の現状と見通し（『中外日報』二〇一二年三月八日、同一〇日）

アンケート調査の対象は伝統宗派、神社、キリスト教会、新宗教の被害を受けた地域、支援拠点となった施設などで岩手（二二）、宮城（二三）、福島（二二）、その他二（栃木、山形）の計九〇カ所で、これに対する有効回答は六九カ所であった。質問事項は以下の通りである。

質問一　復興はどの程度すすんだと思うか。
質問二　国・行政による支援は十分か
質問三　所属教派・宗派からの支援は十分か

質問一に対しては復興のめどが立った（二三・三％）、ほとんど進んでいない（五五％）という回答があった。質問二に対しては国や行政の支援は十分でない（三五％）、まったく十分でない（四六・七％）という結果で、約八〇％が国や行政の支援は不十分であると回答している。質問三に対しては六〇％以上が所属宗派、教派から一定程度の支援があったと回答している。

この結果を受けて『中外日報』では次のように解説している。福島の原発に関わる施設では、九一％が復興どころではないと回答している。檀信徒が相当数亡くなった地域では地域の崩壊を憂慮している（岩手県陸前高田市、宮城県東松島市）。行政の支援については、政教分離の建前から避けられる傾向が強いと指摘している。

また、檀信徒が多数亡くなり、施設や宗教活動の維持が困難になったことを挙げている。寺は地域のコミュニティーであるにもかかわらず人々は仮設住宅に移り、居場所も不明となった（南相馬市、福島県双葉郡富岡町《とみおかまち》）。神社についても氏子がいなくなり、伝統の継承が難しくなったが、賠償を得てもどうにもならない（福島県相馬郡飯舘村《いいたてむら》）。

現状では復興財源の問題が深刻である。まず、檀家が被災しているため復興資金を集められない（陸前高田市真言宗智山派、岩手県日蓮宗）。放射能汚染が深刻で安心安全な生活が不可能となり、子供は転校せざるを得なくなった（南相馬市天台宗）。行政の方針が建築禁止から許可へと変更し、移転に傾いた住民が戸惑っているなど（仙台市真宗本願寺派）、特に原発事故で被災した地域の問題が深刻であると指摘している。

今後の見通しについては、最も力を入れるべきは「心のケア」などの精神的支援であると回答している。物質を供給するだけでなく被災者の心の声を聴き、心の支えになることが必要である（石巻市、気仙沼市）。原発事故の区域から避難した住職は仮本堂を設け、仮設住宅での孤独死や自殺を防ぐため、気軽に相談してもらえるような環境づくりを心がけている（福島県双葉郡浪江町豊山派寺院）。供養や宗教活動については「震災で物質的豊かさから本物の人間的豊かさが問いなおされる時代に入り、宗教の出番」（気仙沼市浄土宗寺院など）という回答を紹介している。

これらのアンケート結果を踏まえ、宗教者災害支援連絡会代表の島薗進《しまぞのすすむ》は災害の傷痕が誠に深いこと、宗教者は地域住民とともにあることを改めて認識し、将来への見通しは暗いが、そうした事態を丸ごと受け止める宗教者の覚悟もうかがえたとコメントした。

「心のケアと復興支援」のアンケート（『中外日報』二〇一二年九月八日）

『中外日報』は二〇一二年九月八日、一八教団に対して「心のケアと復興支援」というアンケートを実施した。

「心のケア」については仮設住宅で「宗教者お断り」という張り紙を見かけることもあり、強引に特定の宗教への加入を勧誘する例もなかったわけではない。人々の悩みに答えようとするならば、相手との人間関係が成立していなければならない。そのため仮設住宅でのお茶会、カフェなどを通じて被災者との関係を形成しつつ、個別訪問や傾聴活動を行っている。これはどの宗派、教団にも共通して見られることである。

たとえば高野山真言宗では高野山足湯隊、森林セラピーなど、浄土宗ではクッキーづくりや

「米一升運動」という米を被災地に送る活動などを展開している。日蓮宗は被災地へのカラオケセットの寄贈、檀信徒への念珠《ねんじゅ》の寄贈などを行った。創価学会は医師や看護師による健康相談、弁護士・税理士・公認会計士による法律相談などを行い、生活に密着した被災者支援を行っているという。

神社本庁では地域の紐帯《ちゅうたい》、氏子の精神的支柱としての神社を早急に再建し、鎮守の森再生事業を行うという。傾聴ボランティアの研修会を実施し、専門的な技術を学ぶなどといった取り組みをしている教団も少なくない。

真言宗豊山派は原発事故地域の宗派寺院への対応を優先すると明言している。放射能汚染に伴う退避命令により、住職は本堂に入ることができないため、避難先で仮の施設を設けるしかない。東京電力との交渉も含め、解決には長い時間がかかることを把握しているためであろう。

前年の九月にはすでに「東日本大震災と宗教者」と題するアンケート調査を伝統仏教、新宗教教団を合わせた一八教団に対して行っている。そのすべてが「教義に基づく信仰の実践」という趣旨の回答をしているが、現場で活動する宗教者はそれぞれの自己の核となる教義に導かれ、傾聴活動を行っている。被災者に寄り添うことが第一の目的であるが、傾聴活動は宗教者自身の厳しい自己鍛錬の場でもあり、一層の自覚を深めたという。傾聴する側とされる側の相互の交感こそが、被災者から最も求められたものであろう。

震災から半年が経過した二〇一一年九月に行われたアンケート調査と比較すると、震災から一年が経過した段階での各教団の支援内容は、被害実情に即した充実したものになっていることがわかる。震災から一年後に実施された被災の現状と将来の見通しについてのアンケート調査では、教団の支援について六〇％近い被災寺院が評価し、感謝していると回答している。

各教団は、国家による宗教介入を避けたいという意図をかなり強く持っている。しかし現状では核家族化が進んで檀家が減少し、先祖慰霊を受け継ぐべき若い世代の無関心により、寺院を支える基盤が弱体化している。この震災により宗教教団の危機感は一層強まり、個々の寺院への支援に力を入れている。しかし一方で、震災を体験した人々が寺院を極めて重要な存在として再認識したことも事実であり、復興に向けた対応策からもその傾向を読み取ることができる。

6　震災で寺院が直面した問題群

避難所問題

寺院は地域の風土のなかで住民の日常生活に根ざした行事を行うという役割を担ってきたが、これは緊急事態における避難場所としての役割に必然的に結びついた。発災直後の住民の動向を伝える記事には、そうした事例が多く見られた。

ここで再び、女川町鯛ノ浦の田村仁記者による被害地取材に注目したい。『大法輪』二〇一一年九月号で紹介された女川町保福寺《ほふくじ》（八巻《やまき》英成住職）は自然発生的に尾浦鯛ノ浜の檀家・住民の避難所となった。尾浦鯛ノ浜は津波被害で壊滅的打撃を受けたが、寺は浜を少しさかのぼった森の高台にあり、揺れによる本堂の被害は若干あったものの、避難所として提供するに際して支障はなかったという。

八巻住職は日頃から、津波が起きたら高台にある寺へ避難するよう呼びかけていたため、檀家に限らず浦々の住民も合わせて三〇〇人ほどが避難生活を送ることになった。本堂は食堂・寝室となり、住民たちが仮設に移るまでの約三カ月間にわたり生活を支援したという。八巻住職は避難してくる人たち、特に体力・年齢ともに充実した漁師たちに本堂で酒は飲まない、喧嘩は両成敗というルールを設けたが、基本的には自主的な運営に任せ、避難所を運営したという。

『寺門興隆』の「災害でお寺は避難所になれるか」という特集でも、地域の住民が誰に指示されたわけでもなく寺を目指し、自然と寺院が避難所になった例を紹介している。セーフティネットが不十分な現状では寺院が受け皿として期待され、自治体や町内会と災害協定を結ぶ例が増えている。これは震災後の大きな変化であろう。

政教分離

行政は政教分離の原則に基づき、被災寺院の再建を支援しないという姿勢を貫いてきたが、東日本大震災では多くの寺院が被災し、住職や寺族の遭難、本堂、庫裡、墓石の倒壊、流失などに見舞われた。住民にとって当たり前の存在であった寺院や神社が失われ、地域コミュニティーの核としての存在意義が再認識された。

阪神・淡路大震災後、被災者の支援を続けてきた津久井進弁護士は東日本大震災による寺院・神社の被災の現状に鑑み、「政教分離の壁を乗り越える方策を考える」という提案を行っている。その要点は、①歴史的建造物で文化財指定を受けている場合の再建・修復への補助、②復興基金の設立である。

銀行が県や市に対する貸付により発生した債券を復興基金に譲渡し、債権から発する利息が事業資金となる。県や市が支払う利息は国が負担することになるが（地方交付税）、復興基金は民間の財団が運営しており、国が資金を出しているわけではない。こうした中間団体を介しての補助は可能である。

これまでの事例として雲仙岳災害対策基金、島原市義援金基金、奥尻町南西沖地震復興基金、阪神・淡路大震災復興基金、中越大震災復興基金、能登半島地震復興基金、能登半島地震被災中小企業復興支援基金、中越沖地震復興基金などを紹介している。

遺体処理問題

夥しい数にのぼる犠牲者の遺体についてはひとまず土葬（仮埋葬）という処置を行った。ここでは二〇一一年一〇月二六日、全国火葬情報交換会で行われた宮城県食と暮らしの安全推進課の金野《こんの》由之《よしゆき》の報告を横田睦《むつみ》（日本環境斎苑協会常任理事）がまとめたものが掲載されている。

これによれば二〇一一年八月末には死亡者が九三七五人（石巻市三一六一人、東松島市一〇四五人、気仙沼市一〇二二人）、県内火葬が四七〇八体、県外火葬が二五五九体、仮埋葬が二一〇八体

（石巻市三一％、東松島市三五％、気仙沼市二二％、女川町四四％、亘理町四八％）であった。

宮城県内の二七カ所ある火葬場のうち受け入れ可能であったのは二〇カ所だが、燃料を確保するうえで困難があった。三月一四日、全国知事会に対して宮城県は火葬協力の緊急要請を行い、三月一五日以降、九都道府県から協力を得て山形県に一一〇五体、東京都に八六〇体、岩手県に三九九体の火葬処理を依頼した。

阪神・淡路大震災では六〇〇〇体以上の火葬について、近隣の大阪府、京都府などで約九割の火葬協力があったが、東日本大震災の場合、被災した東北三県では広域火葬計画が策定されておらず、ここに阪神・淡路大震災の教訓は生かされていなかった。

臨床宗教師の育成へ

被災者の「心のケア」、精神面を支える動きは活発であった。震災の二カ月後には栗原市曹洞宗通大寺の金田《かねた》諦應《たいおう》住職らを中心として仮設団地での傾聴移動喫茶「カフェ・デ・モンク」を立ち上げ、キリスト教、神道、天理教、立正佼成会など宗派や教団を超えた多くの宗教者が参加した。宗教者たちは仙台市葛岡斎場の遺体安置所や火葬場で自発的に身元不明者の遺体に立ち会い、遺族の求めに応じて無償で弔いの儀礼を行った。

仙台市は四月末までこれを許可したが、行政としては特定宗教のアプローチに難色を示した。そこで「心の相談室」は「宮城県宗教法人連絡会」の支援を受け、遺族の求めに応じて慰霊に関する「宗教相談窓口」を設けた。

カフェ・デ・モンクで活動を行ってきた「心の相談室」は宗派や教義の押し付けではなく、あくまで遺族の悲嘆に向き合うことを原則とし、被災者の包括的支援を目的とする新生「心の相談室」を五月に発足させた。そこに看取り医療専門家として活動してきた岡部健《おかべたけし》医師も加わり、「臨床宗教師」の養成を目指すことになった。

さらには東北大学の鈴木岩弓《いわゆみ》教授（宗教学）の研究室に事務局を置き、二〇一三年一月には医療従事者と宗教者がイコールパートナーとして患者の苦痛に向き合うための実践宗教学寄附講座が設けられることになった。東日本大震災における大量死の問題は「臨床宗教師」の育成を促し、宗教の社会貢献・公益性・公共性を問う新たな局面に入った。

7　まとめにかえて

震災後の時期別の推移と対応

仏教系メディアの四紙誌を対象としてその概要と震災の第一報の比較検討を行い、仏教系組織の対応について時期を分けつつ、各紙誌が指摘した問題点を見てきた。

二〇一一年は震災発生により惹起する問題とその対応に追われた。三月後半から四月にかけては寺院の多くが自然発生的に避難所として機能した。行政は多数の犠牲者の遺体収容、火葬対応の限界という問題に直面し、その打開策として一時的仮埋葬（土葬）などの措置を取り、火葬の現場では僧侶による読経ボランティアが行われた。

こうした緊急事態処理から脱した五月になると被害地での仏教系・神道系各派の支援金・義援金、海外の宗教会・僧侶からの支援が集まり、被災者の心のケアの必要性が高まった。六月から九月にかけては原発事故で被害を受けた地域が東京電力と交渉を進めていくなかで、具体的な問題が明確化した。八月から年末にかけては東北の震災被災寺院や神社をいかにして復活させるのか、檀家や氏子が被害地から離散していく状況にどう対処するのかが議論され、宗教の社会的役割に注目が集まった。

各紙誌の報道姿勢と問題意識

各紙誌で原発の問題は比較的に早い段階から取り上げられていたが、対応はさまざまである。『仏教タイムス』はこの問題について、憲法擁護の姿勢を明確にした。『寺門興隆』『中外日報』は福島の放射能汚染地域の寺院が移転を強いられ、墓の移転もままならない事態を詳細に報道している。寺院側は宗派ごとにまとまり、移転に関する費用（移転先の確保、施設の再建費用、逸失物利益の補償など）を東京電力に請求した。当初は態度が不鮮明であった復興庁も全日本仏教会などの提言を受け入れ、賠償請求への道筋が付けられた。

『中外日報』『寺門興隆』は震災発生後、時期ごとにアンケート調査を行っており、この調査結果を考察することにより、各時期における教団の被災寺院に対する具体的な支援策が明らかとなった。

また、各紙誌では震災で寺院が直面した数々の問題についても詳しく報じている。寺院が自然発生的に地域住民の避難所として活用されたことを受けて、震災時の行政との連携協定が結ばれるという新しい動きが見られた。国家の政教分離原則は阪神・淡路大震災や新潟中越地震などでも建前とされたが、行政が直接寺院や神社への支援を行うのではなく、行政と町内会などの団体をつなぐ組織が復興基金を管理することにより、補助金の助成を行った事例を紹介し、東日本大震災でも十分に検討すべきであると結論付けた。

遺体安置所で僧侶が自発的に読経ボランティアを行い、遺族の悲しみに寄り添う必要性から「臨床宗教師」を養成する講座が東北大学で初めて設けられた。それ以降、カトリック系の教団が実施してきたグリーフケアを行う諸団体との連携が起こり、仏教系大学でも「臨床宗教師」講座が設けられるようになった。復興庁は被災地の寺院についても、地域のコミュニティーの核として存在してきたことを考慮するという姿勢に転じた。

ここまで四紙誌が掲載した記事を中心として、震災発生後の変化を見てきた。四紙誌は原発問題、憲法問題においてそれぞれ立場を異にするものの、この震災を通して宗教勢力が一致団結し、支援に当たったことを詳細に報じている。

遺体の火葬問題と被災者・遺族の「心のケア」

明治中期の濃尾地震（一八九一年）で七〇〇〇人、明治三陸津波（一八九六年）で二万二〇〇〇

人、大正期の関東大震災（一九二三年）で一〇万五〇〇〇人と、過去においても災害では多数の死者が出ているが、今回の東日本大震災では一世紀前には社会問題化しなかった火葬に関わる問題が浮上した。一世紀前には土葬が当たり前で、住民自らが遺体を埋葬する、あるいは火葬に付すなどしていた。たとえば明治三陸津波における岩手県の死者一万八五〇〇人余のうち、流死を中心とする行方不明者は八〇〇〇人とされたが、行政がこうした行方不明者の捜索に尽力した形跡は見られない。

現在は埋葬法の規定により遺体は火葬にし、遺骨化して埋葬することになっているが、東日本大震災における遺体処置の障壁となったのはこれだけではない。核家族化による家族紐帯の弱体化、地域コミュニティーを担うべき世代の高齢化に伴う問題対応能力の低下なども大きく影響している。

地域の対応能力が弱体化するなかで個人と社会の間に存在すべきセーフティネットが機能せず、個人の問題が即社会問題化している。身元不明遺体の火葬場に僧侶の読経ボランティアが登場する、あるいは「心の相談室」が「臨床宗教師」を養成する制度に発展することの背景にはこうした事情がある。

わたしたちの社会は原発事故をはじめとして、深刻かつ解決の糸口さえ見えない多くの困難を抱えている。そうしたなかで具体的な対応策の一つとして誕生した「臨床宗教師」の養成制度は、現場で被災者に接してきた人々が苦悩や葛藤の末に生み出した知恵であるが、こうした問題を当事者だけに担わせるべきではない。

寺院消滅・地方消滅への危惧と宗教の今後

二〇一五年に鵜飼秀徳の『寺院消滅――失われる「地方」と「宗教」』が出版され、社会に衝撃を与えたことは記憶に新しい。ここでは長崎県の離島から東日本大震災地の被災寺院に及ぶ全国各地の取材に基づき、寺院や寺の存在価値がなくなりつつある現状について考察している。著者の生家が寺院であることも手伝って、寺院が抱える地方の現実をリアルに描き出している。

その前年には増田寛也『地方消滅――東京一極集中が招く人口急減』が出版されて話題となった。メディアはこれを受けて、地方から都会に職場を得て生活の根拠を築いた世代が地方の墓じまいをするケースを報じている。個々の寺院のみならず、仏教教団もまたこの問題に危機感を募らせていることは事実だろう。人口減少とともに高齢化が急速に進行するなかで、わたしたちにとって死という問題は身近になりつつある。高齢者に限らず、終末期医療に関わる「グリーフケア」への社会的関心が「臨床宗教師」の制度を産み出す母体となった（鈴木、二〇一六年）。

戦前の国家神道の歴史を振り返れば、宗教への拒否感はそう簡単に消えるものではない。しかしながら戦後、神道指令によって破棄された国家神道が皇室のみに保持されている我が国の矛盾を把握しつつ、戦争・災害などを乗り越え、悲しみを分かち合ってきた歴史を捉え直し、新しい形で悲嘆（グリーフ）に寄り添う「グリーフケア」という宗教の公共的役割に注目する動きもある（島薗、二〇一九年）。

東日本大震災で一種の「仏教ブーム」が起きたことは、被災地がいまだ宗教上の共同性を色濃く残す東北地方であったことと無関係ではない。ここで宗教の公共性についての議論を展開させる余地はないが、わたしは災害史の研究に携わる者として、東日本大震災の被災現場で遺体に向き合い、苦しみもがく多くの人々がいたことを記しておきたい。

第4章
東日本大震災がもたらした死者に関わる問題群

1　津波災害がもたらした遺体処理問題

死者をめぐる多くの問題

津波災害で岩手県の倍の死者が出た宮城県沿岸部の市町では、各自治体の火葬場も被災した。電気や燃料が欠乏するなかで大量の死者の火葬が追いつかず、収容遺体の腐敗が深刻化したため他府市町の火葬場へ搬送する、あるいは土葬（仮埋葬）後に再び掘り起こして火葬・埋葬するという手順が採られた。

しかしこの震災では問題はそれだけで終わらず、寺院・墓地もまた流失・倒壊したため、警察による検死後、遺族に引き渡され火葬された遺骨を埋葬できないという事態が生じた。

災害による大量の死者の発生、遺体処理、火葬、埋葬という一連の問題に津波による墓地流失・寺院倒壊という事態が重なり、死者供養に携わる僧侶の読経ボランティア、寺院の檀家以外の遺骨預かりなどといった取り組みが生まれた。深まる遺族の嘆きに対する宗教の社会的役割が表面化するとともに、日本社会が直面する課題も浮き彫りとなった。

死者に関わる問題が大きくクローズアップされてきたのである。宮城県名取市では津波により、行政が対応しきれないほどの大量死が発生した（第2章参照）。被災地ではいまも遺体処理をめぐる行政の対応力不足、遺族の行政の対応への違和感・不信感、一般社会の無理解・無関心、さらには引き取り手のない遺体、行方不明者など未解決のまま残されている問題も少なくない。

なかでも火葬場が津波で損壊して機能不全となり、遺体を一旦仮埋葬（土葬）し、再び掘り起こして火葬にするという措置を取ったことはあまり知られていない。少し前まで土葬は日本各地で行われていたが、九九％が火葬となった現在、これは人々に違和感をもたらす措置であった。

阪神・淡路大震災との被害状況の比較

一九九五年（平成七）一月の阪神・淡路大震災の死者・行方不明者が六四三四人、負傷者が四万三七九二人であるのに対して、東日本大震災の死者・行方不明者は一万九〇九六人、負傷者は四五〇二人であるから、人的被害の規模の違いは歴然としている。阪神・淡路大震災では行方不明者がわずか三人であったのに対して負傷者は死亡者の六倍近くに達したが、東日本大震災の負傷者は死亡者の四分一強に留まった。

阪神・淡路大震災では建物内での圧死が多く、不明者はわずか三名であった。東日本大震災では津波による死者、行方不明者が大半を占めるが、負傷者の数は極めて少ない。このように二つの大震災では、人的被害の状況がまったく異なる。

東日本大震災での震災三県の死者・行方不明者・負傷者を見てみると、宮城県の犠牲者が岩手県の約二倍に達している。これには震源域も関係するが、平野部の多い同県では津波の流入が多数の人々の命を奪った。

県名	死者	行方不明者	死者合計	負傷者
岩手県	4,667	1,322	5,989	188
宮城県	9,508	1,778	11,286	4,132
福島県	1,605	216	1,821	182
計	15,780	3,316	19,096	4,502

表4－1　震災３県の人的被害
（警察庁発表　2012, 2, 3。上田耕蔵『東日本大震災医療と介護に何が起こったのか』萌文社、2012年、23頁）

津波被害は多くの人的損傷をもたらしただけではない。沿岸部の自治体では火葬場も地震による損壊、電源停止、燃料不足、交通路の遮断などにより機能停止状態に追い込まれ、これがもたらした影響は極めて大きかった。

ここでは死者・行方不明者の半数以上を占める宮城県を中心として死者の埋葬までの経過を追い、この震災がもたらした深刻な問題について考える。この問題に関わった機関（行政機関、葬儀社など）への聞き取りと記録類に基づく調査を行い、前例のない大量死の発生に社会がどのように反応したのかを検証しておきたい。

2　行政と葬儀社組合の協定書に基づく納棺支援業務

遺体埋火葬の特例措置による対応――『清月記活動の記録』から

宮城県の沿岸部の市町村で遺体の収容、警察・検死医による検死、遺族による遺体確認、火葬、埋葬までの手順が滞った最大の要因は火葬場の機能停止であった。そのため遺体を一旦仮埋葬（土葬）し、火葬に付すことが可能になった状況で遺体を掘り起こし、他府県に搬送して火葬処理を行うという処置が取られた。

この作業を請け負った仙台市の葬儀会社・清月記《せいげつき》の菅原裕典社長と西村恒吉業務部長に作業の実際と問題点について聞き取りを行った（二〇一八年一一月一日）。同社は災害発生を想定して宮城県と防災協定を結んでおり、二〇一二年二月に『清月記活動の記録』（以下、『活動の記録』）を出版している。ここからは聞き取りの内容と『活動の記録』を照合しつつ、事実経過を追うことにする。

『活動の記録』には行政からの指示や防災協定などが記されている。震災の翌日、三月一二日には厚生労働省から遺体保存、遺体搬送、火葬体制の確保等に関する「墓地、埋葬等に関する法律の埋火葬許可証の取扱い等について」（健衛発〇三一四第一号）が出された。ここでは市町村の行政役所が被害を受け、埋火葬許可証の発行や本籍地の確認など、通常の埋火葬に伴う業務が不可能となった場合に備え、阪神・淡路大震災のときに出された埋葬許可証の発行に関する特例措置に死亡診断書、死体検案書で埋火葬を実施できるとする条目が追加された。

政府からこの要請が出る前、三月一二日早朝六時から仙台市生活衛生課で行政と仙台地域葬儀会社連絡協議会が会合を開き、警察および医師による遺体の検死後の処置、移送などについて協力するという申し入れ書が提出された。ここでは次のような準備態勢を整えるとしている（『活動の記録』三七頁）。

①棺（八分桐プリント布団付き）一〇〇〇本
②仏衣　一〇〇〇着
③検死後の遺体安置または輸送のベースステーションとしての会場提供
④納棺業務（遺体処置／納棺）
⑤遺体移送（搬送業務）

三月一六日には宮城県警察本部から、遺体の指紋・掌紋の採取、ＤＮＡ型資料の作成、全身・顔の写真撮影、着衣・所持品の保存など身元確認のための作業を省略せずに実施するという要望書が出された。

仮埋葬の発生事情

宮城県の死者は九四七二人、行方不明者は一七七八人で（二〇一二年二月三日）で最大の犠牲者を出し、県内には二二カ所の遺体安置所が設けられた。納棺支援業務の最初の仕事は同一規格の棺の調達と安置所への棺の運搬である。県内二二カ所に各地から必要数の棺を調達するにあたり、道路事情や輸送手段の欠如からさまざまな困難に直面した。全国の関連業者からの支援により、三月一三日から四月二五日までに六九四〇本の棺の調達は目標レベルに達したが、そこで新たな問題が発生する。

石巻市、東松島市、女川町の三市町で県内の五〇％以上の死者が発生したため遺体の火葬が追い付かず、仮埋葬（土葬）にせざるを得なくなった。三月二五日以降は遺体の腐敗が激しく、ドライアイスの補給でも対処しきれず、とりわけ身元不明者の遺体については早急に火葬に付す必要が出てきた。しかし火葬場が被災したため、沿岸部の市町村では処理できず、内陸部や遠方の府市町に遺体を搬送し、火葬を行うことになった。

震災発生後、遺体の発見作業、警察および医師の検死後の仮埋葬は自衛隊が行っていたが、自衛隊は救出・復旧事業を担うべきという意見に基づき、仮埋葬は民間にシフトされることになった。

石巻市の仮埋葬とその後

仮埋葬せざるを得ない多数の遺体を抱えた石巻市は、宮城県と防災協定を結んでいた清月記に遺体の仮埋葬業務を委託することになった。業務期間は二〇一一年四月四日から仮埋葬が完了するまでで、約千体を石巻市が指定する仮埋葬場所に搬送して埋葬作業を実施し、その際の指示は石巻市職員が行った（『活動の記録』六七頁）。

仮埋葬に至った経緯について、石巻市役所生活環境部の担当者は次のように述べている。火葬場は震災当日から四、五日間の停電後に復旧したが、収容される遺体の多さから、長時間の連続使用による火葬炉の破損が懸念された。交通事情とガソリン不足により、市外の火葬場への遺体の搬送は困難であったが、遺体をそのままにしておくことはできなかった。

そこで厚生労働省の特例措置を踏まえ、仮埋葬することにしたが、埋葬地の設定に際しては周辺住民からの苦情や地下水の問題など多くの課題があった。自衛隊に仮埋葬を依頼したが、後方支援が主たる任務であるため民間業者に依頼した（『活動の記録』七八〜七九頁）。以下は清月記の仮埋葬、身元不明遺体の火葬の実施状況である。

後に火葬場が使用可能となれば遺体を掘り起こし、火葬処理することが仮埋葬の前提であった。これを望まない遺族は独自に葬儀社へ火葬と埋葬措置を依頼したが、金銭的な事情でそうした対応を取ることができない遺族も少なからずいた。

火葬場の機能が回復し、遺体の火葬が可能となった五月七日、石巻市は仮埋葬の遺体の掘り起こし作業を清月記に依頼した。石巻市からの委託業務内容は一日一〇体を目安とし、埋葬地三カ所から指定された順に沿って棺を掘り起こし、棺が土圧で破損している場合には新しい棺への入

月日	搬出場所	埋葬場所	仮埋葬実施数	遺族立会	東京火葬場へ移送	備考
4月4日	旧石巻青果市場	沢田日影墓地	36	200名	0	
5日	旧石巻青果市場、石巻総合体育館	北鰐山・沢田日影墓地	35	沢田日影墓地立会70名	0	北鰐山埋葬はすべて身元不明遺体
7日	旧石巻青果市場、石巻総合体育館	上釜墓地	37	140名	0	曹洞宗・浄土真宗などの僧侶による読経
8日	旧石巻青果市場	上釜墓地	39	記載ナシ	0	
9日	旧石巻青果市場	上釜墓地	41	記載ナシ	20	計画搬送41体、東京火葬20体と変更あり
10日	旧石巻青果市場	上釜墓地	20	記載ナシ	0	
11日	旧石巻青果市場		0		24	すべて身元不明遺体
12日	旧石巻青果市場		0	記載ナシ	24	
13日	旧石巻青果市場		0	記載ナシ	60	他に旧青果市場への遺体移動の搬送26体
16日	旧石巻青果市場		1		60	牡鹿町体育館→牡鹿町オートキャンプ場へ1体仮埋葬
18日			0		54	利府グランディ21にて納棺作業2体
19日	旧石巻青果市場		0		60	60体のうち女川町の身元不明44体
20日	旧石巻青果市場		0		53	
23日	旧石巻青果市場	上釜墓地	36		（遺族が東京での火葬せず、仮埋葬）	仮埋葬キャンセル2体、
24日	旧石巻青果市場	上釜墓地	26		17	
計			271		372	

表4－2　葬儀社清月記による石巻市の仮埋葬記録（『活動の記録』69 ～ 75頁）

れ替えを行うというものであった。

埋葬地で棺は木札に書かれた番号順に並んでいる。一日目は重機オペレーターが約一・五メートルの深さの土を掘り下げ、棺が見えると重機を止め、スコップなどで棺を傷めないように配慮しつつ丁寧に扱った。長期間土中に置かれた棺はいずれも「水を含んだ粘土質の土圧によって棺は変形し、中に溜まった水や体液、血液が大量に流れ出て」くる状態であったという。こうした作業は酷暑の中で約三カ月間続き、掘り起こした遺体は八七二体、火葬処置した遺体は六六五体であった。

これは葬祭業者としても初めての仕事であり、遺体の尊厳を損なわないよう慎重に作業を進めたが、津波に傷つけられた遺体、腐敗が進行して原形を留めていない遺体については、遺族の希望があっても対面を遠慮してもらうことが多々あったという。遺体の掘り起こし作業は葬祭業者、遺族の双方にとって痛みを伴うものであった。

東京都の火葬協力体制

『活動の記録』には宮城県沿岸部の被災自治体から東京都へ大量の身元不明遺体が搬送されたことが記されているが、東京都および都内の民間葬儀社はどのように対応したのか。関係機関への聞き取り、および記録類から明らかになった状況は次の通りである。

震災後、東京都は被災地支援事務所を立ち上げ、支援要請などを受け付ける窓口を宮城県に設置し、火葬協力が必要になる状況と判断した。三月一五日、全国知事会からの協力要請を受けて

月・日	作業場（遺体数）	火葬業務	参列者	備考
5月8日	第3墓地（4）、北鰐山墓地（3）	8	30名	
9日	北鰐山墓地（11）	8	あり	
10日	北鰐山墓地（5）、沢田墓地（3）	9	記載ナシ	臭気激しい
11日	北鰐山墓地（9）、沢田墓地（3）	9	記載ナシ	地震発生2カ月の黙禱
12日	第3墓地（3）	9	記載ナシ	
13日	牡鹿半島墓所	0	記載ナシ	個人からの依頼、1体
15日	北鰐山墓地（13）	8	記載ナシ	
16日	北鰐山墓地（9）	0	記載ナシ	
17日	北鰐山墓地（10）	8	記載ナシ	
18日	北鰐山墓地（10）	8	記載ナシ	
20日	北鰐山墓地（10）	8	記載ナシ	
21日	北鰐山墓地（8）	8	記載ナシ	
23日	第2墓地（1）、北鰐山墓地（5）、第3墓地（1）	8	記載ナシ	
24日	北鰐山墓地（6）、第3墓地（3）	8	記載ナシ	
28日	第2墓地（1）	0	記載ナシ	
29日	北鰐山墓地（9）	8	記載ナシ	
31日	0	0	記載ナシ	
6月1日	第3墓地（5）、第2墓地（2）	9	あり	
2日	北鰐山墓地（10）	0	あり	
3日	北鰐山墓地（8）	9		
6日	第2墓地（3）＋遺族希望掘り起こし（4）	9	あり	
7日	北鰐山墓地（11）	9	あり	
8日	北鰐山墓地（8）	0		
9日	北鰐山墓地（13）	10		
11日	0	0		
12日	9	9		
13日	北鰐山墓地（9）、第2墓地（2）	9		
14日	北鰐山墓地（11）	0		
15日	北鰐山墓地（11）	0		
18日	北鰐山墓地（8）、第3墓地（3）	10	多数あり	石巻合同慰霊祭
19日	北鰐山墓地（13）	10		
	（以下略）			

表4－3　葬儀社清月記による遺体掘り起こし作業（5月8日～8月17日）
8月17日　終了、累計掘り起こし遺体872体、累計火葬665体
（『清月記活動の記録』pp84 ～ 117）

自治体	名取市	多賀城市	七ヶ浜町	石巻市	利府町	女川町	東松島市	計
火葬遺体	150	9	2	467	71	27	82	808

表4－4　火葬依頼自治体（3月29日～5月1日）
（東京都、2015）

東京都瑞江《みずえ》葬儀所（火葬場＋葬儀所）を管理する東京都建設局公園緑地部公園課は遺体受け入れを決定し、連絡機関を通じて被災自治体に通知した。

都と都立瑞江葬儀所の指定管理者である公園協会は三月二九日から四月一〇日まで遺体を受け入れて火葬を行い、地方自治体へ返送するまで焼骨を保管した。四月一一日以降は都福祉局健康安全部環境保健衛生課がこの事業を担当し、五月一日までに八〇八体、その後を含めると八六〇体の遺体を受け入れ、火葬処理などを行った（東京都、二〇一五）。被災自治体の火葬依頼数は表4－4の通りである。

期間	瑞江葬儀所	東京博善社	臨海斎場	計
3/29 ～ 4/4	127			127
4/15 ～ 4/25	34	579		613
4/27 ～ 5/1	4			4
5月中旬			52	52
計	165	579	52	796

表4－5　東京都内の火葬協力実施機関
（東京都、2015；「SOGI」141号）

東京博善社の取り組み

一九三八年に公営火葬場として開設された都立瑞江葬儀所は老朽化のため、一九七五年に火葬炉二〇基を持つ葬儀所として全面改築されたが、現在では火葬炉の仕様が古く、緊急の火葬処理に耐えられないことも予想された。そのため一般の葬儀を中止して被災地の火葬協力に専念する一方で、民間葬儀社の東京博善社にも協力を求めた。臨海斎場は東京の特別区が連携し、開設した公営斎場である。

火葬協力を行った東京博善社は一九二一年に創立された。六カ所ある火葬施設のうち四ツ木《よつぎ》斎場には九基の高性能の火葬炉が設置されているため、四月五日からの一〇日間で約千体の火葬が可能であるとし、同社の四ツ木斎場を一〇日間閉鎖し、単独の支援体制を整えた（『SOGI』一四一号）。

東京都からの要請により、同社は委託事業として遺体搬送車両の製作と遺体搬送および火葬業務を行うことになった。しかし、遺体搬送については業務終了後の車両の使用について運送業者が難色を示したため、東京都は遺体搬送用に四トントラックを三台購入し、荷台に格子状の棚を設けて棺を安置できるように準備した。

遺体の遠方への搬送と火葬、遺体の仮埋葬（土葬）など、一連の作業に関わった人々が最も注意したのは遺体の尊厳を損なわないことであったという。

遺骨を納める場所の消失

しかし死者、遺族には次なる問題が待ち受けていた。通常、火葬にされた遺骨は遺族のもとに戻されるが、東日本大震災の場合、遺骨を埋葬すべき墓地とその管理を担う寺が流失・損壊・焼失し、埋葬することができないという事態が各地で起きた。

ここで大槌町《おおつちちょう》の事例を二つ紹介しておきたい。大槌町末広町《すえひろちょう》の曹洞宗江岸寺《こうがんじ》では本堂（鉄筋コンクリート）に津波が押し寄せ、木造の庫裡は倒壊して流された。大萱生良寛《おおがゆうりょうかん》住職の父親と息子の遺体はいまも見つかっていないという。

プロパンのボンベからの出火により町の相当部分が焼失し、江岸寺も本尊、什器類、庫裡、墓石が被害を受けた。震災前は一八〇〇戸以上の檀家を持っており、檀家に本堂が再建されないうちは家を建てないと言われ、寺院の再建を決意したという。

震災直後、住職夫妻は避難所や仮住まいなどを経て、震災八年目にようやく本堂再建にこぎ着けた。しかし大槌では多数の死者・行方不明者が出ているため、檀家の遺骨も受け入れることができず、いまもほかの寺院に預けている状態だという（二〇一九年一月一八日聞き取り）。

幸いにも本堂・庫裡などが流されず、住民の避難所となった寺院ではいまも、被害を受けた近隣寺院の檀家の遺骨を預かっている。聞き取りを行った大槌町の大念寺《だいねんじ》では一時期三〇〇の遺骨を預かり、その後も何件かの遺骨が本堂に安置されている（二〇一八年一一月七日聞き取り）。

3　福島県の寺院の対応と厳しい現実

放射能汚染地域の被災寺院

ここでは放射能汚染にさらされ、祖先が眠る墓地へ遺骨を埋納できないばかりか、住職も自坊へ戻ることができない福島県の寺院の対応を紹介しておきたい。

浪江《なみえ》町《まち》にある真言宗豊山派清水寺《せいすいじ》は辛うじて倒潰を免れたものの、山門の四〇基ほどの燈籠、墓石のすべて、周囲の塀が倒壊したという。林心澄《はやししんちょう》住職と家族は三月一二日の夕方、浪江町役場からの避難指示命令に従って避難し、それ以降、一時立ち入り以外は禁止された。

二〇一三年四月一日、放射能汚染区域の警戒区域再編により沿岸部は避難指示解除準備区域、山間部は帰還困難区域、その間の区域は居住制限区域となった。清水寺は一年間で二〇ミリシーベルト以上、五〇ミリシーベルト以下の居住制限区域にあるため寺に住むことはできず、相馬市に借家を借りて避難した。この間、寺や庫裡にはイノシシなどが入り込み、荒れ放題であったという。

放射能汚染地域の寺院七四カ寺はそれぞれの宗派で結束し、東電や国と交渉しているという(星野、二〇一六)。清水寺の林心澄住職は原発二〇キロ圏内の真言宗豊山派の寺院一八カ寺で結成した東京電力原発事故被災寺院復興対策の会の事務局長を務める。

約一年を経て、対策の会は東電との直接の交渉にこぎ着けた。この間、林住職は妻の実家のある相馬市に借家を借り、約五〇〇軒の檀家もそれぞれ避難した。避難先が不明で連絡を取れない檀家も多く、汚染が心配で浪江には戻らないという檀家もいることから、相馬市に別院を建立する選択をしたという。しかし別院の場合には墓地を付属させることはできないため、浪江町の寺を本寺とし、檀家の墓地も含めて再建することにした。

住居も兼ねた別院建立の費用は個人資産でまかない、宗教行事を執り行う宗教施設を三〇%含むものとして再建した。本寺の再建費用については法務に関わる収入が失われることに対する補償(営業補償)、寺院の建物、仏像仏具、境内地、寺院所有地の賠償(財物賠償)などがあり、寺院の営業補償とはどういう根拠に基づくものかという議論から始めなければならず、交渉は難航した(星野、二〇一六)。

被災三県の宗教法人の復興方針

ここでは被災寺院の数を提示し、被災三県の宗教法人の対応を比較しておく。二〇一一年段階で調査中となっているものもあり、三県の宗派別の被災寺院数は把握されていないが、約一割近い六〇〇〇寺が何らかの被害を受けたことになる。

三県とも被災寺院の復興については政教分離の原則を貫き、個人への援助はしないとする方針に変化はない。神社には復興支援がなされた点について、寺院側がなぜ神社だけが地域コミュニティーの核と見なされるのかと質問したところ、神社とは異なり、寺院は個々人が信仰対象としているからであると行政側は回答したという（『寺門興隆』二〇一一年九月）。

開かれた寺院へ向けて

清水寺別院のある相馬市は、原発の被害が大きかった浜通りにある。先に述べたように、この地域の被災寺院では遺骨を墓地に埋納することすらでき

岩手県	政教分離の原則から寺社への支援は積極的にできない。指定寄付金の周知を図る
宮城県	個人の墓地や宗教法人には助成していない。墓石の撤去などは市町村で行っている
福島県	宗教法人に県費は支出できない。基金は未定。寺社の働きかけにより原発の損害賠償審査会に宗教法人も加えられるようになった

表４－６　被災三県の寺院・神社への復興方針
（『寺門興隆』2011年９月号）

宗派名	総寺院数	被災寺院数	被災割合
天台宗	3342	734	22%
高野山真言宗	3681	145	4%
真言宗智山派	2907	250	9%
真言宗豊山派	2643	調査中	
浄土宗	7051	1000以上	14%
真宗大谷派	8779	352	4%
浄土真宗本願寺派	10414	291	3%
臨済宗妙心寺派	3381	177	5%
曹洞宗	14555	1455（暫定）	10%
日蓮宗	5177	780	15%
合計	61930	5184	8%

表４－７　伝統仏教10大宗派の被災寺院数
（『寺門興隆』2011年９月号）

ない。この地域にある真言宗豊山派一八カ寺は遺骨を預かり、供養する場を共同で設けるため、相馬市の中本山《ちゆうほんざん》として古い歴史を持つ歓喜寺《かんきじ》の境内地に「慈眼院《じげんいん》」を建立することにし、豊山派の全国の寺院から寄付を募った。慈眼院に建てられた由緒書にはその経緯や理念が掲げられ、宗派を問わず、「祈りの場」とすると謳われている。

福島県浜通《はまどお》りの寺院が直面する苦難、檀家の困難に向き合おうとする意志がこうした開かれた御堂を建てることにつながった。東日本大震災で被災した寺院の多くは檀家の減少、離散、高齢化などにより、震災前の姿を取り戻すことができないという危機感を募らせている。その中にあってこうした動きがあることは、寺院の今後のあり方の模索のひとつとして評価すべきであろう。

第5章
自治体記録誌の死者の記述について

1　記録誌が担う役割とその意味

被災自治体による「記録誌」とその多様性

東日本大震災の被災自治体のホームページには「記録誌」の類がアップされている。写真や図版などが豊富なもの、「検証報告」と題して震災での対応全般を見直し、今後の防災に役立てようとするものなど内容はさまざまである。

すべての自治体の報告書を閲覧したわけではないが、岩手、宮城の大半の自治体は震災から二～五年までに記録誌を刊行している。放射能汚染で住民に限らず役場や学校など村の公共機関の移転を強いられた自治体では、いまだ村民の帰還もままならず、震災記録誌の刊行は遅れている。岩手、宮城とは異なる「フクシマ」の問題については次の第6章でみることにするが、まとめの意味も込めて、まずは、岩手、宮城の沿岸部の自治体を対象に考察を始めたい。

特に注目したのは、津波による犠牲者が多かった地域ではこの点をどのような形で市民に情報提供をしているか、あるいは記録に残しているかという点である。いくつかの記録誌から震災死に関連する記述を拾い出し、考察してみたい。

遺体の処置について詳しい経緯を伝えるものもあれば、犠牲者や行方不明者の数値を示しているだけのものもある。多くの犠牲者の命と引き換えに復興を果たしたという事実からすれば、この点を抜きにしては、震災記録誌として不完全なものに終わってしまうことになる。記録誌に公表されていない事実については、当時の担当者からの聞き取りで得られた情報を加えた。ここでは、以上の観点から千人規模の死者が発生した宮城県仙台平野沿岸部、岩手県南部のリアス式沿岸の自治体の記録から関連事項を拾い出した。

自治体	報告書名	頁数	刊行時期
気仙沼市	『気仙沼市復興計画』	220	2011/10
石巻市	『東日本大震災　石巻市のあゆみ』	399	2017/3
女川町	『女川町東日本大震災記録誌』	192	2015/11
東松島市	『東松島市東日本大震災記録誌』	39	2014/3
名取市	『東日本大震災　名取市の記録』	399	2014/1
岩沼市	『東日本大震災　岩沼市の記録』	67	2013/3
亘理町	『亘理町震災復興計画』	47	2011/12
亘理町	『亘理町東日本大震災活動等記録集』	286	2013/3
亘理町	『復興のあゆみ』	32	2016/2
山元町	『山元町震災復興記録誌ー復興の歩み』	28	2018/3
仙台市	『東日本大震災　1年の記録』	96	2012/3
仙台市	『東日本大震災仙台市震災記録誌』	786	2013/3
仙台市	『東日本大震災仙台市復興五年記録誌』	776	2017/3
陸前高田市	『陸前高田市東日本大震災検証報告書』、同資料編	125·200	2016/7
陸前高田市	『陸前高田市東日本大震災検証報告書』概要版	12	2016/8
釜石市	『釜石市鵜住居地区防災センターにおける東日本大震災津波被害調査』	44	2013/8
釜石市	『釜石市東日本震災検証報告書』	311	2015/9
釜石市	『東日本大震災・釜石市証言・記録集』、『東日本大震災・釜石市教訓集』	55・43	2016/7

表5－1　自治体の記録誌

宮城県・岩手両県における津波被害の比較

一二五年前の明治三陸津波では死者二万二〇〇〇人のうち、岩手県の死者が八割以上を占めているが、東日本大震災の震源域は宮城県牡鹿《おしか》半島の東南東一三〇キロメートルの三陸沖であったため、宮城県沿岸部の死者は一万人にのぼり、岩手県の倍となった。

市町	死者数	行方不明者	注記	総人口	仮埋葬
岩沼市	180	1	岩沼市死者 150 名	44,128	ナシ
亘理町	306	13	関連死 18 名	35,585	123 体
名取市	923	39	関連死 41 名	73,229	ナシ
東松島市	1,109	25	市内遺体 1066 名	43,142	369 体
女川町	574	253	震災関連死 22 名	10,014	50 体
陸前高田市	1,757		震災関連死 42 名	24,246	ナシ
釜石市	775	152		39,996	ナシ
仙台市	872	32	市内遺体 797 名	1,045,986	ナシ
石巻市	3,278	425	関連死 274 名	162,822	672 体
山元町	637	17	関連死 20 名	16,695	122 体
気仙沼市	1,038	251	他に身元不明 156 名	62,724	208 体

表５－２　沿岸部市町村の死者、行方不明者数

岩手県のリアス式海岸では津波高が釜石市両石湾《りょういしわん》で一八・三メートル、大船渡綾里《りょうり》湾で一六・七メートル、陸前高田の広田《ひろた》湾で一五・八メートルなど、宮城県と比べて相対的に高かったにもかかわらず、浸水面積は岩手県の五八平方キロメートルに対して宮城県は三二七平方キロメートルで五倍以上となった。地形的な特徴がこうした結果をもたらした側面が大きく、宮城県沿岸部に多くの死者が集中したことは数値から見ても明らかである。

ここでは仙台平野以北のリアス式海岸線で入り組んだ湾や島々を抱える自治体と、仙台平野を含めた平坦な海岸線を持つ地域に分けて考えることにしたい。

気仙沼市、女川町、東松島市は激甚な被害を受け、千人規模の死者が出たが、その後の復興への道筋を見据えた経緯を追う。

図5－1　岩手県南部～宮城県の市町村

仙台平野に位置する名取市、岩沼市、亘理町、山元町については遺体処理問題と同時に進行した復興計画も考察の対象とした。

陸前高田市、釜石市は岩手県の最南端に位置し、湾内を遡上した予想外の大津波により逃げ遅れた人が非常に多かった。安全とされていた避難場所が津波に呑みこまれて起きた惨事について、自治体が検証を行った結果を比較しつつ問題点について考える。

2　仙台以北の津波激甚地——気仙沼市・石巻市・女川町・東松島市

気仙沼市沿岸部の概況

気仙沼市は赤岩で震度六弱、本吉《もとよし》地区で震度五強、市の面積三三四平方キロメートルのうち五・六％に当たる一八・六五平方キロメートルが浸水した。被災家屋は二万五〇九三棟で、被災世帯は九五〇〇世帯であった。震災前の人口七万四二四七人（二万六六〇一世帯）のうち死者は一〇三〇人、行方不明者は三四三人である（二〇一二年一一月）。二〇一六年の段階では死者が一二四六人、行方不明者が一五六人、遺体が二二体という数値が得られている。気仙沼では火災が発生し、二日間ほど延焼した後、二・四八平方キロメートルが焼失した。テレビでしばしば報じられていたため、記憶している読者も多いだろう。

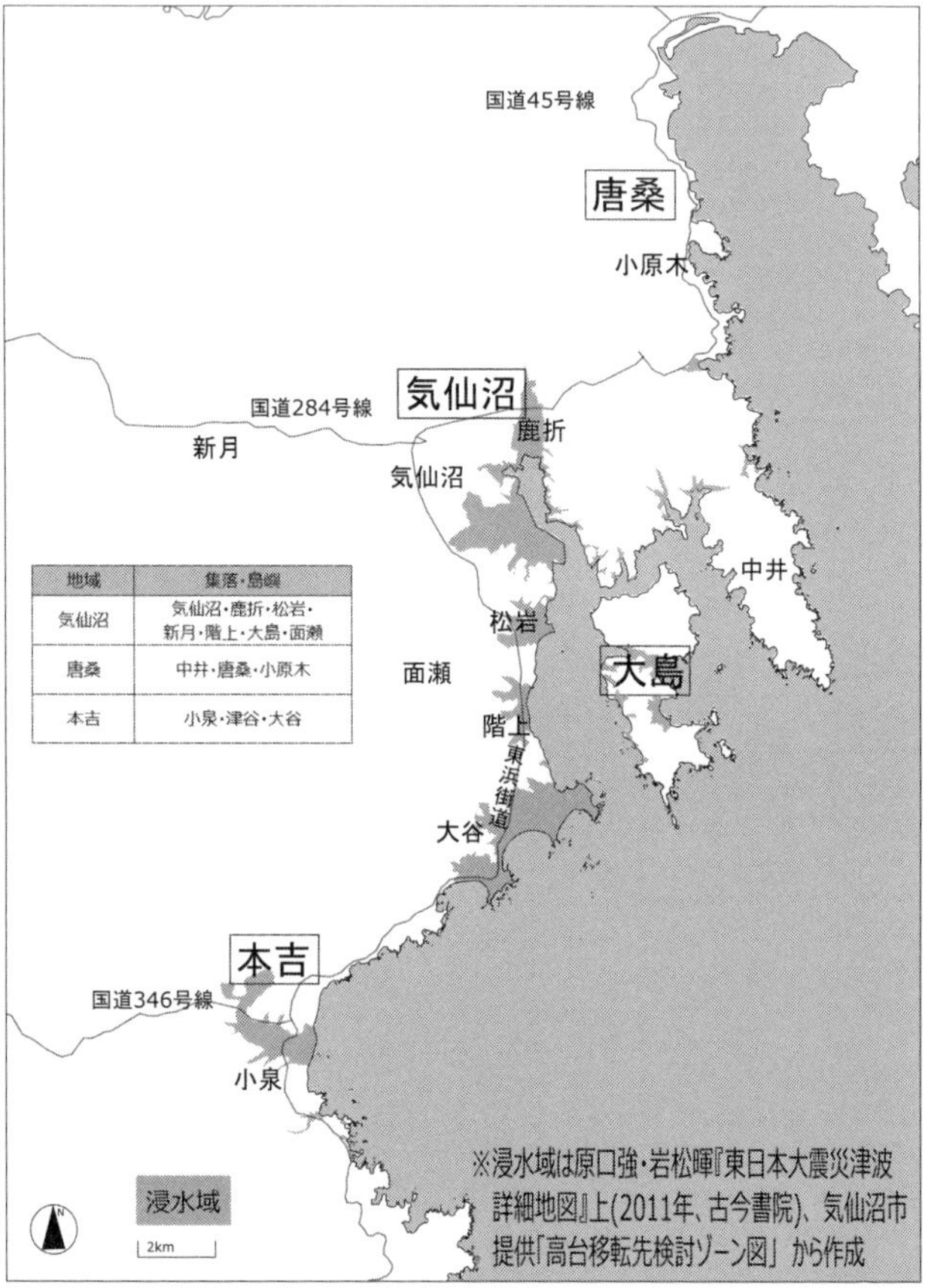

地域	集落・島嶼
気仙沼	気仙沼・鹿折・松岩・新月・階上・大島・面瀬
唐桑	中井・唐桑・小原木
本吉	小泉・津谷・大谷

図5－2　気仙沼市の各地区

二〇一一年一〇月に『気仙沼市復興計画』が公表されており、被害状況を示す数値は一部を除き、同書に拠った。

気仙沼地域、唐桑《からくわ》地域、本吉地域はそれぞれ二〇〇六年、二〇〇九年の合併で気仙沼市に併合

地域	人口	世帯	集落・島嶼	参考　2020年3月	人口減少率
気仙沼	55,512	20,703	気仙沼・鹿折・松岩・新月・階上・大島・面瀬	46,592人（20,504世帯）	83.90%
唐桑	7,598	2,389	中井・唐桑・小原木	5,869人（2,247世帯）	77.20%
本吉	11,137	3,509	小泉・津谷・大谷	9,548人（3,572世帯）	85.70%
合計	74,247	26,601		62,009人（26,323世帯）	

表5－3　2011年気仙沼市各地域の人口・世帯数（『気仙沼市復興計画』他）

された。図5－2にあるように唐桑半島と大島、本吉はそれぞれかなり離れており、さらにリアス式海岸の浦々が沿岸部に分布しているため、市当局は被害状況の把握に困難を極めたという。

各地域の震災前（二〇一一年二月）の人口、世帯数を表5－3に示す。この一〇年間で気仙沼市の人口は震災前の八三・五％となった。三地域のうち最も減少率が大きいのは唐桑半島の七七・二％であるが、世帯数の減少率は九四％であるからほとんど転出していないということになる。

『気仙沼市復興計画』には一〇〇〇人を超える遺体が発生した状況についてまったく記されていないため、当時、危機管理課で遺体対応などに当たった村上安氏に聞き取りを行った。

震災発生直後はライフラインが壊滅したため情報通信が遮断され、市の防災計画通りの災害対応は望むべくもない状況であったため、まずは人命救助、避難先の確保を優先し、遺体の対応に当たった。唐桑町《からくわちょう》、本吉町《もとよしちょう》のそれぞれの地区は離れており、遺体収容は当初、各地区で行われた。

遺体安置所について

気仙沼市沿岸部では各地で死者が多数発生し、遺体安置所が各地区に設けられた。気仙沼地域では五カ所に設けられ（小学校四、大島公民館一）、それぞれ閉鎖日は異なるが三月一二日から四月一五日まで開設された。唐桑町では唐桑町体育館（三月一二日～四月七日）、本吉町は本吉響《もとよしひびき》高校（三月一二日～四月七日）が避難所となった。

遺体三〇〇体（四月七日～一〇月三一日）については屋外のゲートボール場や体育館（屋根あり）にコンクリートパネルを敷いて対応したが、遺体収容場所と安置場所が離れてしまうケースが多く、遺族のことも考えて遺体安置所を一カ所（気仙沼スパーク）に統合し（四月一五日）、関係者以外の立ち入りを禁止した。そこでは氏名、住所、性別、年齢、発見場所、所持品などの情報をまとめた名簿を置き、遺族の手がかりとした。

市内外の葬祭業社は委託を受け、安置所から火葬所への遺体搬送業務を担った。協力した業者は山形県葬祭業協同組合、社団法人全国霊柩自動車協会青森支部、栃木県葬祭事業協同組合、いわい東農業協同組合と市内業者六社であった。

斎場の状況

気仙沼斎場では火葬炉三基が被災せず、使用可能であったので三月一三日から一日六体を火葬に付すことができた。唐桑斎場は火葬炉が一基あり、四月七日までは建物が停電したが火葬炉には被害がなかったため、三月一七日から一日三体を火葬に付すことができた。いずれも市職員、他の五人態勢で行われた。本吉斎場は津波で屋根の高さまで浸水し、被災後は火葬炉が使えなかったが、三月二二日から一日二体の火葬を実施した。

県は全国に向けて火葬場の遺体受け入れを要請し、一関《いちのせき》市の二施設で遺体を受け入れた。そのほかに埼玉県、山形県、奥州市、北上市、金ケ崎《かねがさき》行政事務組合、栗原市、加美町《かみまち》斎場に協力を依頼した。東京都からも火葬協力の申し入れがあったが、受け入れ条件、搬送方法、遺族の立ち会いなどの条件が折り合わず、実施されなかった。

仮埋葬（土葬）について

冷蔵・冷凍施設が壊滅状態で身元不明遺体の長期保存が難しくなったため、遺体二〇八人をふれあい広場（後に公営墓地とした）に土葬（仮埋葬）した。気仙沼市では当初、改葬（掘り起こして火葬）を予定せず、遺体が骨になる五年後まで埋葬しておくことについて遺族から承諾を取り、三月二五日から埋葬を開始した。

しかし、結局は次のような経緯で二〇一一年一一月一九日までにすべて改葬された。DNA鑑定（警察が担当）の結果、子供の遺体の身元が判明し、遺族の強い希望で改葬することになった。気仙沼斎場で火葬するために掘り起こした遺体を改めて棺に入れ、火葬したところ、ほかの遺族も改葬することを望み、DNA鑑定で不明者の身元が判明した遺体についても同様に改葬された。しかし遺体の腐敗が進み、遺族の協力を得た後に改葬するのでは間に合わないため、九月から市がすべての改葬を実施して斎場で遺族に引き渡し、身元不明遺体も改葬することになった。

当初仮埋葬した遺体二〇八体のうち身元判明遺体は八一体、身元不明遺体は一二七体であったが、改葬時には身元判明遺体一五四体が遺族へ引き渡された。身元不明遺体五四体はすべて鹿折《ししおり》公営墓地に安置され、一一月一九日に改葬作業は終了した。

各安置所で市職員三～五人（派遣職員の応援）が対応し、安置所の統一後は市職員二人、業務委託二人が対応し、遺体の埋葬は市職員二名、建設業者四～六名が担当した。埋葬遺体の改葬には市職員一名、葬祭業者五名、建設業者三～四名が関わった。

津波被害を後世に伝えるための取り組み

気仙沼市の担当職員は聞き取りの途中で当時のことを思い出したのか、席を中座しなければならないほど込み上げてくるものがあったようである。遺体の処置について、担当職員として大変な思いをされたことは十分に推測できる。

気仙沼市では岩井崎《いわいさき》にある県気仙沼向洋《こうよう》高校の校舎が三階まで津波に襲われた。生徒たちは無事逃げたものの、跡地は危険地域にあるため家は建てられない。取り壊される可能性もあったが、校舎を津波伝承館として活用することになった。佐賀市から派遣された職員の「長崎県の軍艦島に匹敵する存在になる」という言葉が市長や職員を動かし、すべてを震災遺構として残すことになった。いまや年間六万九〇〇〇人が訪れる人気コースのひとつとなっている（『朝日新聞』二〇一九年一〇月三一日、一一月二日〔てんでんこ七二五、七二七〕）。

石巻市の場合

石巻市《いしのまき》では二〇〇五年に一市六町（石巻市、北上、雄勝《おがつ》、河北《かほく》、桃生《ものう》、河南《かなん》、牡鹿《おしか》の六町）が合併し、人口一六万七〇〇〇人の宮城県第二の都市となった。二〇一七年三月に刊行された『東日本

大震災　石巻市のあゆみ』（以下、『石巻市のあゆみ』）によれば、津波によって潮位計が破壊され、正確な記録を欠くものの、沿岸部では一〇～一一メートルの津波に襲われ、市域全体の一三・二％に当たる七三平方キロメートルが浸水した。建物の被害は全壊が二万三九棟、半壊が一万三〇四八棟、一部損壊が二万三六一五棟で、合わせて五万六七〇二棟に及んだ。死者（関連死を含む）は三五五二人、行方不明者は四二五人で四〇〇〇人近くが亡くなった。

図5－3　石巻市の合併前の各町

地区	死者数・A	行方不明・B	A+B	震災前人口・C	A+B/C
本庁	2,287	202	2,489	113,054	2.2%
河北	412	43	455	11,946	3.8%
雄勝	166	70	236	4,300	5.5%
河南	23	5	28	17,240	0.2%
桃生	9	1	10	7,853	0.1%
北上	200	67	267	3,896	6.9%
牡鹿	84	31	115	4,533	2.5%
合計	3,181	419	3,600	162,822	2.2%

表5－4　石巻市の死者・行方不明者
（『東日本大震災　石巻市のあゆみ』81頁）

『石巻市のあゆみ』は四〇〇頁の大冊で一一章に及ぶ。第一～六章は震災前の市の概要、過去の自然災害、今回の地震の概要、県外の被害に続いて石巻市の被害、救助、避難所についての記述、第七章には石巻市の対応についての記述が見られる。東日本大震災の被災地のなかでも石巻市の死者数は突出しており、遺体の対応も困難を極めたが、それについてはほとんど触れられていない。

第七章「石巻市の対応と市内の状況」では「平成二三年三月一一日から平成二九年二月二八日」までの経過を年表と写真で示しているが、経過についての説明は見当たらず、遺体の処置に関連する記事は二〇一一年五月八日の「仮埋葬遺体の火葬を開始」（一三二頁）のみである。また、メディアでも大きく取り上げられた「大川小学校の児童七四名の死」についても一切触れていない。

石巻市の関係者からの聞き取り

石巻市役所の担当部署（生活環境課）に問い合わせたところ、以下のような回答があった。

石巻市の遺体安置所は本庁付近では総合体育館（三月一二日～四月五日）、旧青果市場（三月一五日～六月三〇日）、旧ふれあい広場（七月一日～一一月一三日）、河北地区では旧飯野川《いいのがわ》高等学校（三月一二日～四月一八日）、飯野川体育研修センター（四月一九日～七月二四日）、牡鹿地区では牡鹿公民館体育館（三月一九日～四月一六日）である。

遺族への遺体の引き渡しについては「遺骨の身元判明に係る捜査は警察が行い、判明した場合の遺族との連絡調整も警察が行っており、当課（遺骨管理所）では遺族に遺骨を返還するだけでしたので、大きな困難等はなかったものと思われます」という回答があった。

また、大川小学校の問題については次のような回答があった。「大川小学校の問題についてお答えいたします。本来、子供たちにとって一番安全で安心できるはずの学校において、このような事故はあってはならないことであり、本件事故により多くの児童の尊い命が失われたことを重く受け止め、ご遺族に対する説明会や話し合いを通して、誠意をもって対応してまいりました。また、この度の最高裁判決を真摯に受け止め、二度とこのような悲劇を繰り返さないよう、大切な子供の命を守るため、引き続き学校安全に向けた不断の取り組みを進めてまいります」。

また、行方不明者の最終的な納骨場所については「平成二八年度に供用を開始した石巻第二霊園納骨堂で遺骨を安置しています」という回答があった。

先に触れた清月記の『活動の記録』とは異なり、石巻市の回答からは被災現場での遺体処理が淡々と行われたかのような印象を受ける。震災から一〇年近く経過し、担当者も変わり止むを得ないところはあるが、大川小学校の問題にまったく触れないという姿勢は、公的機関が作成する記録誌として許されるのだろうか。これでは次の世代に問題の本質が何も伝わらないのではないか。

女川町の場合

『女川町　東日本大震災記録誌』（以下、『記録誌』と略す）は第一章「女川町はどういう町だったか」(一四頁)、第二章「女川町に、何が起こったか」(一八頁)、第三章「女川町は、どう立ち上がったか」(九八頁)、第四章「新しいまちづくりへ向けて」(一〇頁)、第五章「新しい女川へ、自助、共助のまちづくり」(一四頁)、巻末の資料編(二二頁)から成る全一九二頁で、二〇一五年一一月に刊行された。この頁配分からして、震災から立ち上がる経緯に最も力を入れていることは明らかである。

女川町観光協会からは『女川　復幸の教科書』(二〇一九年三月)が刊行されており、副題は「復興8年の記録と女川の過去・現在・未来」とされていることから、女川町の復興まちづくりへの自信がうかがえる。

女川町の被害状況

東北地方太平洋沖地震の震源域が牡鹿半島の東南東一三〇キロ、二四キロの海底であったことから女川町《おながわちょう》は津波の被害が大きく、震度六弱の揺れにも襲われた。町の調べによれば津波の最大浸水高は一八・五メートル、浸水区域三・二平方キロメートル、被害区域二・四平方キロメートルの激甚な被害を受けた。

人口一万一四人のうち死者(死亡判明者)五六九人、行方不明(死亡認定)者二五七人、行方不明者一人、確認不能者四人で人的被害率八・三%は被災自治体で最も高い。高台の町役場庁舎の三階まで浸水して役場機能が全滅し、その日のうちに高台にある女川第一中学校を災害対策本部とすることになった。

津波が引いた翌朝三月一二日から職員の連絡が可能となり、第一回災害対策本部会議が開かれた。その日の夕方はまだ遺体安置所が指定されておらず、発見された遺体を土葬してよいかという問い合わせが来ている。

翌一三日には陸上自衛隊第四四普通科連隊七〇名、和歌山消防隊一〇〇名から成る救援隊が到着し、女川町消防団と連携して瓦礫撤去、捜索などの活動を行った。そこで多数の遺体を安置する場所が必要となり、陸上競技場内の更衣室に収容されることになった。さらに、多目的運動場（女川町浜大原）の大倉庫も遺体安置場所となった。

多目的運動場の仮設テントでは宮城県警察と医師による検死作業が行われ、身元が判明した遺体は遺族へ引き渡された。当初から棺が不足し、一六〜八日にようやく納体袋などが届くようになったという。この日には復旧した火葬場も稼働しはじめたが、一日で最大六体しか火葬できなかった。遺体の腐敗などの問題が出てきたため、三月二四日には身元不明遺体を東京都瑞江葬儀所へ搬送し、火葬協力を得た。この日から五月一三日までの間に二四一体の身元判明遺体は遺族立ち会いのもと、

日付	計	累計
3/13	16	16
3/14	39	55
3/15	49	104
3/16	19	123
3/17	1	124
3/18	30	154
3/19	25	179
3/20	26	205
3/21	20	225
3/22	11	236
3/23	7	243
3/24	7	250
3/25	11	261
3/26	10	271
3/27	10	281
3/28	13	294
3/29	6	300
3/30	8	308
3/31	8	316

月	計	累計	判明数	不明
4	141	457	367	90
5	30	487	391	96
6	13	500	415	85
7	26	526	429	97
8	29	555	444	111
9	16	571	455	116
10	1	572	462	110
11	3	575	471	104
12	0	575	484	91

表5－5　女川町収容遺体数の推移
（『女川町東日本大震災記録誌』101頁）

戦没者慰霊碑のある鷲神《わしのかみ》公園に設置された仮埋葬場に埋葬された。

表5－5は女川町で二〇一一年に収容された遺体の月別の集計表である。三月末までにほぼ半数の遺体が収容されたが、それ以降も毎月少なからぬ遺体が発見、収容されている。やがて火葬場が復旧して再稼働し、六月一〇日までには仮埋葬された遺体の火葬がすべて終了した。

遺体はほかの地域で火葬されたこともあり、七月中旬までに安置所は撤収された。その後発見された遺体については石巻市の上釜《かみかま》広場で検死が行われ、女川町で火葬に付された。身元不明者の遺骨五体は納骨堂に納められた。

なお水門閉鎖、避難の呼びかけ、瓦礫撤去作業、遺体発見作業を担った女川消防署の殉職者は三名で、消防団の殉職者は七名にのぼった。

女川原発の被害

福島第一原発ではメルトダウンによって放射能が漏れ出し、住民は理由もわからずに避難させられた。これは世界的にも稀な原発事故として注目されたが、女川原発も地震による被害が皆無ではなかった。女川町の『記録誌』では一〇八頁から四頁にわたり、事故の概要が報告されている。

女川原子力発電所は一三メートルの津波に襲われた。三機の原子炉のうち一号機はタービン建屋地下一階の常用高圧電源盤で短絡・地絡による火災が発生して焼損し、非常用ディーゼル発電機が機能喪失となった。二号機は海水ポンプ室の取水路側から流入した海水が地下トレンチを通じて原子炉建屋内の一部に浸水し、原子炉補機冷却水系（B）系、原子炉補機冷却海水系（B）系および高圧炉心スプレイ補機冷却水系の三系統が機能喪失したが、原子炉補機冷却水系（A）系が健全であったため、機能不全には陥らなかったという。三号機は軽微な被害にとどまった。宮城県原子力センター、同防災対策センターの建物や機器はすべて流出し、損壊している。

こうした被害はあったが、福島第一原発のような最悪の事態は免れた。東北電力は自主的に避難してきた近隣住民三六四名に対して、三カ月にわたって発電所体育館などを開放し、女川町民だけでなく発電所周辺の石巻市からの被災者も受け入れた。

女川町の復興計画

女川町『記録誌』第四章では、復興への経緯について詳しく述べている。震災発生から約一カ月を過ぎた四月一五日に「復興対策室」、その半月後の五月一日に復興推進本部が設置された。そして大学教員、防災研究所など有識者、地元の漁業関係、商工会、観光協会、区長などで復興計画策定委員会がつくられた。復興計画の策定とそれに基づく公聴会がそれぞれの関係地域一〇カ所で開催され、町議会の議決を経て九月一五日に最終答申案が決定されている。

女川町の震災対応から復興に至る経緯について、当時公民連携室の主幹であった土井英貴氏に話を聞いた（二〇一九年四月）。女川の町づくりの理念は①コンパクトな市街地形成、②土地の所有と利用の分離（具体的には女川駅前への町有地の集約配置）、③民間資本金を主体とする町づくり会社の設立である。

二〇一四年一二月の町づくり事業組合の設立が復興庁認可の第一号であったという。女川の被害は非常に大きく、町民の誰もが被災したことにより、一丸となって復興に向かわざるを得なかった。自分だけの利益に固執せず、全体で絶えず協議し、人口減少の中で町の復興を図るという決意を町民で共有したことが、町づくりの成功の要因だという。

以上の町づくり理念構想は商工エリアで実現したが、漁業村落を中心とする二一浦々はそれぞれの意向を尊重し、高い防潮堤を設置しなかったという。二〇一九年三月末現在、災害公営住宅七四八戸・防災集団住宅二三九戸と引渡率は一〇〇％であるが、震災時の人口一万人から約四割減の六四六六人となっている。復興後に人が戻らないというのは、東北の被災地に共通する課題である。

東松島市の場合

石巻市の南に隣接する東松島市は震度六強、野蒜《のびる》海岸が一〇・三五メートルの津波に襲われ、浸水面積は市域全面積（一〇一・八六平方キロメートル）の三六％（三七平方キロメートル）に及んだ。二〇一一年時点での人口四万三一四二人、一万五〇八〇世帯（住民基本台帳）のうち死者は一一〇九人、行方不明者は二五人であった。全壊家屋は五五一三棟（流失一一六四、全壊四二四九）で、半壊以上の住宅を含めると家屋被害は七三・四％に及んだ。

明治初期の東北開発の拠点とされた野蒜築港で有名な野蒜には、かつての野蒜駅（仙石線《せんせきせん》）と海岸線の間に外洋からの高潮や津波に対するコンクリート防潮堤があり、石巻・仙台間の東名《とうな》運河の第三堤は松が植栽された土手であった。しかし津波はこれらを乗り越え、旧野蒜駅との間にあった水田地帯と人家を破壊した。駅周辺の矢本《やもと》地区も壊滅的な被害を受け、五〇〇戸が嵩上げ地に集団移転することになった。仙石線は線路の付け替えが行われ、かつての野蒜駅舎は東松島市の野蒜震災伝承館となっている。

『東松島市東日本大震災記録誌』三九頁の小冊子の情報は十分ではなかったため、前市長の阿部秀保《ひでお》氏（二〇〇五〜二〇一七年、三期在任）に聞き取りを行った（二〇一九年七月）。

東松島市における遺体の埋葬問題

家屋被害が市域の七〇％以上に及ぶなかで火葬場も被災し、大量の遺体の火葬が追い付かなくなったため、仮埋葬への決断は早かったという。三月一四日の厚生労働省からの通達に従い、当初は七〇〇体の仮埋葬を想定し、市の建設業協会に土地の選定を依頼した。一週間後には市の所有する山林一二〇〇坪の仮埋葬場が整い、三月二〇日から使用を開始し、三六七体が仮埋葬された。

遺体捜索には自衛隊・警察・消防に市が瓦礫撤去を依頼した東松島市建設業会と産廃業会が加わった。遺体の搬送は自衛隊が担当したが、建設業会の会長自ら三八体の遺体を運んだという。当時はガソリン不足もあり、二一日以降、一般火葬は暫定的に中止せざるを得なかった。

遺体安置所は東松島高校体育館など四カ所に設けられた。遺体が発見されると自衛隊が安置所に運び、医師、警察によって検死が行われた。当初は棺の調達が困難であったが、市内葬儀社から提供された棺・納体袋に納められ、遺族による遺体確認が行われた。

市の火葬場の二基の火葬炉をフル稼働しても一日に八体が限界であったため、ひとまず三六九体が仮埋葬されることになった。仮埋葬された遺体は一〇月中旬までにすべて掘り起こされ、火葬に付された。

四九日までは僧侶が毎日午後三時に読経し、遺族も参加した。通常は火葬後、遺族に引き渡して埋葬されるが、津波で家が流されて遺骨を置く場所がない場合には寺に保管された。現在、二体の身元不明者の遺骨は洞安寺《とうあんじ》に仮安置されている。行方不明者の捜索は消防団が行ったが、三月一一〜三一日の二一日間で延べ五七六〇人が出動し、捜索遺体数は八〇二体にのぼった。消防団員の殉職者は八名にのぼる。

瓦礫撤去は東松島市建設業会と産廃業会が共同で請け負い、市民を雇用して瓦礫の分別作業を行った。厚生労働省からの瓦礫撤去代七五〇億円を五〇〇億円で済ませ、一五〇億円を返却したことについて、市長自身は業者や市民の協力があってこそと評価している。

東松島市の復興事業についてはUR都市機構が請け負った。防災集団移転事業では野蒜北部の丘陵地に移転した東名運河以南の被災者住宅、土地区画整理事業に基づく災害公営住宅の大曲《おおまがり》浜《はま》・浜須賀《はますか》地区は東矢本駅の北地区へと移転した。

3　仙台平野の被災地——名取市・岩沼市・亘理町・山元町

名取市の場合

仙台平野南部の名取《なとり》市、岩沼市、亘理町、山元町では海岸線に沿う平坦部の集落が津波によって壊滅的な打撃を受けたが、震災対応とその後の復興のあり方がそれぞれ異なる。比較的な視点から、それぞれの自治体の対応を見ていくことにしたい。

名取市は市内に仙台空港を抱え、水田・農業用地が大半を占める平坦地であるため、浸水面積は二九平方キロメートルに及んだ。仙台市との境界線の名取川河口に位置する閖上《ゆりあげ》漁港は九・一メートルの津波で壊滅的な被害を受け、漁港に隣接する閖上町でも人的・物的被害が集中的に発生した。

名取市では強い揺れ（震度六強）により市全域が停電し、外部からの情報入手が不可能となった。地震発生時刻（一四時四六分）の三分後、津波到達予想時刻は一五時、津波の高さは六メートルという津波警報が出され、一五時一四分には一〇メートル以上の津波来襲と変更された。地震発生から一時間六分が経過した一五時五二分、閖上漁港に津波の第一波が到達して潮位計が破壊され、波高の計測は不可能となった。津波は瓦礫を巻き込み、仙台東部道路まで到達した。

『東日本大震災　名取市の記録』

名取市がまとめた記録誌『東日本大震災　名取市の記録』（以下、『名取市の記録』）は三九九頁に及ぶ大冊である。第一章は「名取市の概要」、第二章は「地震・津波の知識」、第三章は「地震の状況」、第四章は「名取市の被害状況」である。第五章「初動対応・応急対策」では対応の推移を年表で示し、第六章「救助・捜索活動」では遺体捜索、収容、検死、納棺、火葬などの実情が説明されている。

最も力を入れているのは災害の初動対応、住民の避難支援についての説明で、七七頁を費やしている。その一方で第一九〜二〇章の復旧・復興はわずか一四頁で、この段階では市としての取り組みを提示するに留まる。巻末の資料編では、市民の避難行動についてのアンケート調査に基づく専門家の分析を掲載している。

名取市における遺体の埋葬問題

『名取市の記録』第五章の年表および解説から遺体に関わる事項を抜き書きして、経過をたどると表5-6のようになる。

震災発生後すぐに多数の死者が予測されたため、当日夜の会議で遺体安置所の設置が決定され、翌日には検死に関わる警察・医師などの陣容が整えられた。遺体安置所に最初に八遺体が運び込まれたのは翌一二日の午前中で、市内葬祭業者の協力を得てその日のうちに納棺が行われた。一四日には四〇体以上、その翌日には九九体と収容遺体は急増した。

三月一四日には自衛隊二五〇人が救出・捜索活動に加わり、主に発見遺体の搬送を担った。遺体を収容しきれなくなったため別の安置所を設け、計四カ所となった。三月一九日には収容遺体が累計五〇〇体にのぼったが、検死が済み納棺された遺体はほぼ九九％に達した。しかし家屋の損壊などによって安置する場所がないため、遺族へ引き渡された遺体は収容遺体の半分に過ぎな

月	日	時間	事項
3	11	20:30	遺体安置場を増田体育館に決定（本部会議）
	12	0:30	市内葬祭業者の協力により遺体受け入れ準備
		6:30	遺体検視のため、警察、医師配置
		7:30	遺体安置所は家族が遺体確認可能の段階で公表とする
		13:00	11時15分、最初の8遺体搬送（本部会議報告）
		19:30	遺体収容42体、このうち身元判明8体
	13	7:00	市内葬祭業者の協力にて遺体納棺
		19:00	遺体収容99体、うち身元判明21名
	14	7:00	警察官100名で現地捜索・検視、自衛隊第35普通科連隊250名救出活動、被災地に盗難発生・県警巡回強化す
		8:00	増田体育館の遺体安置所は満杯となり、看護学校体育館借用を交渉
		19:00	本日の遺体発見59体、検視済108体、納棺済104体
	15	7:00	9時から新しい遺体安置所（旧空港ボウル）での遺体対面可能となる、行方不明者の登録1000名ほど
	19	19:00	遺体収容500体、検視済493体、納棺済493体、安置所に445体、引渡済245体
	24	19:00	遺体収容600体、検視済600体、安置所安置588体、引渡済463体（引渡率77％）
	25	8:30	安置所の遺体の痛みが激しく、仮埋葬を検討。
	29	8:30	東京の火葬場の協力で身元不明遺体108体火葬
4	1	8:30	遺体収容774体、検視済770体、納棺済770体、遺体安置所安置750体、引渡済649体（引渡率84.3％）
	8	17:30	安否確認（人口73,177人、確認済71,102人）
	11	17:00	遺体収容870体、検視済870体、納棺済870体、遺体安置所安置865体、遺族へ引渡し734体（引渡率84.3％）
	19	17:30	行方不明者1000人より大分少なくなる
	22	17:30	遺体安置所撤退、市職員常駐せず県警の業務となる
6	27	17:00	合同慰霊祭、関連死審査会にて20件を認定

表5-6　名取市の遺体処理
（『東日本大震災　名取市の記録』81頁～98頁、134頁から摘記）

い。三月二四日までの収容遺体六〇〇体はすべて検死済となり、遺族への引き渡しは四六三体で、七七％に達した。

地震発生から一〇日を過ぎた頃から遺体の腐敗が進み、仮埋葬（土葬）も考慮されたが、二五日の市内斎場の火葬炉の仮復旧、あるいは山形県上山《かみのやま》市、仙台市などの火葬協力によって仮埋葬は回避された。四日後の二九日には身元不明の一〇八遺体を東京の火葬場（瑞江《みずえ》葬儀所）に搬送し、火葬されている。

四月一日までの累計収容遺体は七七四体、そのうち検死済・納棺された遺体は七七〇体である。四月一一日時点での累計収容遺体は八七〇体ですべて検死を済ませて納棺され、遺族に引き渡された割合は八四・三％にのぼる。この一一日後には名取市職員が常駐した遺体安置所が撤去され、以後の遺体管理は警察に託された。

クリーン対策課の活躍

『名取市の記録』では市内で発見された遺体数は九一一体（名取市民八三一、市民以外七八、身元不明二）とされ、八九五体が遺族に引き渡された（二〇一四年三月三一日現在）。死亡原因の九五・九％は溺死で（六一頁）、これには市職員四名、消防団員一六名の殉死者が含まれている。

次に見るいくつかの自治体と比較して、名取市の遺体処置に関する対応は迅速である。聞き取りを行ったクリーン対策課長・木村敏氏は仙台市太白区の寶林寺の住職でもあり、職業柄、死者の対応については熟知していた。そのため葬祭業者への棺の発注、遺体安置所の設営、遺族への配慮などといった対応策を早急に実施できた。
またクリーン対策課はもともとゴミ処理対応を行う部署であるため、倒壊した墓石を瓦礫として処理し、寺の嵩上げに再活用した行政的手腕も高く評価されている。

岩沼市の場合

岩沼市で最も大きな津波被害を受けたのは、かつて水田が広がっていた玉浦地区であった。『東日本大震災　岩沼市の記録』（以下、『岩沼市の記録』）によれば、岩沼市は震度六弱で、市域の四八％（二九平方キロメートル）が浸水し、市内で一八〇名（岩沼市民一三三人、市外居住者四七人）の遺体が確認された。岩沼市民の死者は一五〇人（市外で亡くなった市民一六人、行方不明者一名）、全壊戸数七三六戸、大規模半壊五〇九戸、半壊一〇九七戸であった。犠牲者のうち殉職者は消防団員六名、消防協力隊員二名、市職員四名、区長一名など一三名であった。

市の中心部は市役所を含め、山手の奥州街道（仙台道《せんだいどう》）の宿場町として栄えた地域にあり、津波災害を免れた。耐震補強を終えたばかりの市庁舎も無事であったため、直後からの震災対応が可能であったという。

最も大きな被害を受けた地域は海岸沿いの六集落で、市内の犠牲者一五〇名のうち一一八名（七八・六％）の犠牲者を出した。六集落の

地区	津波犠牲者	移転戸数
相野釜	43	111
藤曽根	3	19
二野倉	19	91
長谷釜	37	74
蒲崎	11	127
新浜	5	43
計	118	465

表５－７　岩沼市玉浦６集落と集団移転
（岩沼市提供）

図5－4　千年希望の丘（第1号基）

住民は避難所に収容されることになったが、ここでは集落ごとにまとまって避難し、避難所では集落のまとまりを尊重した組織作りがなされたという。これが仮設住宅への入居、防災集団住宅への移転に際して極めて有効に作用し、比較的に早い復興が可能となった。避難所長となった岩沼市公民館館長菅原清氏は一九七一年の市制発足当時に市役所職員となり、二〇〇九年退職、震災当時は公民館での避難所運営を担当した。避難所長として集落ごとのまとまりを重視し、集落の意向をまとめる代表者との協議を重ね、三カ月後の六月一七日には避難者が仮設住宅へ移動して避難所が廃止され、復興へ向けてのプログラムに入ることができたという（二〇一九年九月一〇日聞き取り）。

「千年希望の丘」に未来を託す

ほかの仙台平野沿岸部の市町村とは異なり、岩沼市では犠牲者が比較的に少なかったことが幸いし、遺体を仮埋葬にすることはなく、火葬場も三月一五日から稼働可能であった。そのため、六集落を中心とする移転問題に早くから取り組むことができた。

二〇一一年五月七日、岩沼市出身の都市計画専門の大学教授を会長として震災復興会議が発足、四回の会議を経て八月七日に復興計画グランドデザインを決定し、八月一〇日に市民説明会が開催された。九月二七日には今後七年間の具体的な取り組みを定めるマスタープランに基づき、「環境未来都市」などの震災復興事業によって雇用を創出し、企業誘致などの復興プロジェクトが実現する運びとなった。

その目玉のひとつが、当時岩沼市長を務めた井口経明《つねあき》氏が主導した緑の防潮堤「千年希望の丘」の建設であった。旧玉浦地区は家屋全壊、多数の死亡者が出た地域であることから建築基準法に基づく「災害危険区域」とし、この地域一帯を居住用建築物の建築制限区域とした。津波浸水深二メートルを超える区域であるため既存の防潮堤・貞《てい》山堀《ざんぼり》に加えて、宮城県が新たに嵩上げ道路を設けた。岩沼市はここに旧玉浦六集落をつなぐ一五基の「千年希望の丘」（高さ

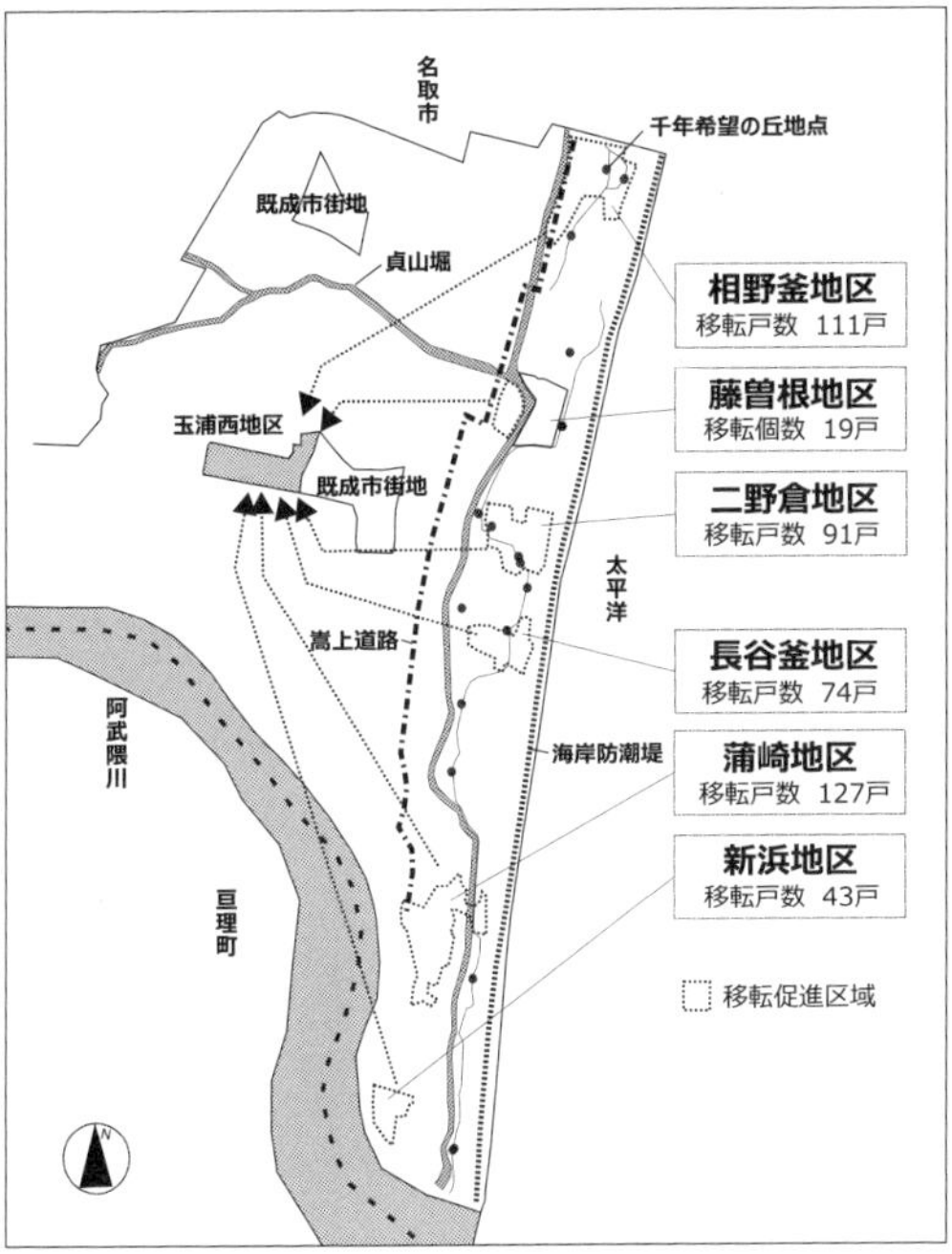

図5－5　岩沼市玉浦地区の移転と多重防御

一一メートル）を設け、多重防御施設を構築した。津波被害の沿岸部市町村でこうした構想を実現させたところはなく、貴重な試みとして評価されている。

井口氏によれば、瓦礫を埋め、その上に土盛りして植樹する「千年希望の丘」については極めて厳しい設計上、復興予算上の制限があり、実現は困難を極めたという（井口、二〇一五年）。井口氏は一九四五年生まれ、市長を四期一六年務め、二〇一四年退任した。社会福祉協議会会長として阪神・淡路大震災時に救援活動をした際、後に自殺などの関連死が増えたことを憂慮し、避難所経営のあり方について考えるようになったという。東日本大震災では避難者の生活環境を重視し、古くからの集落ごとの結びつきに配慮した。その結果、避難所生活三カ月の間に集落ごとの集団移転の話がまとまったという（二〇一九年九月一〇日聞き取り）。

亘理町の場合

亘理町《わたりちょう》はかつて亘理伊達《わたりだて》氏の城下町であり、奥州街道奥街道沿いに町が形成され、沿岸部の汽水湖・鳥の海《とりのうみ》には城下町を支える荒浜《あらはま》漁港が栄えた。震災前の亘理町沿岸部は稲作農家やインターネットを活用したイチゴ栽培農家などで活気に溢れていたが、七メートルを超える津波により、一瞬にして泥の海と化した。

亘理町は震度六弱で一五時五二分に津波が到達し、津波浸水面積は三五平方キロメートル、町の面積の四八％に及んだ。町民の死亡者は三〇六人、行方不明者は六人、全壊住宅は二五六八棟、大規模半壊は二六五棟で、六二二一棟が被害を受けた。

亘理町は常磐線の駅名となっている浜吉田《はまよしだ》・亘理・逢隈《おおくま》の各駅周辺三地区と鳥の海周辺の荒浜地区に分かれる（図5－6参照）。それぞれの地区の人口、世帯数と東日本大震災での死者を表5－8に示す。震災時の地区ごとの犠牲者率は荒浜地区三・二五％、吉田地区一・四四％、亘理地区〇・二一％、逢隈地区〇・一三％であった。海岸線に沿った荒浜と吉田地域の死者を合わせると二六六人で亘理町の死者の九割弱を占めていることがわかる。

	2011年2月		2020年3月		
地区	世帯	人口	世帯	人口	死者
荒浜	1,366	4,576	769	2,140	149
吉田	2,599	8,118	2,333	6,283	117
亘理	4,566	13,366	5,661	14,583	28
逢隈	2,930	9,525	3,820	10,606	12
計	11,461	35,585	12,583	33,612	306

表5－8　亘理町の震災犠牲者
（亘理町より提供、2020年2月）

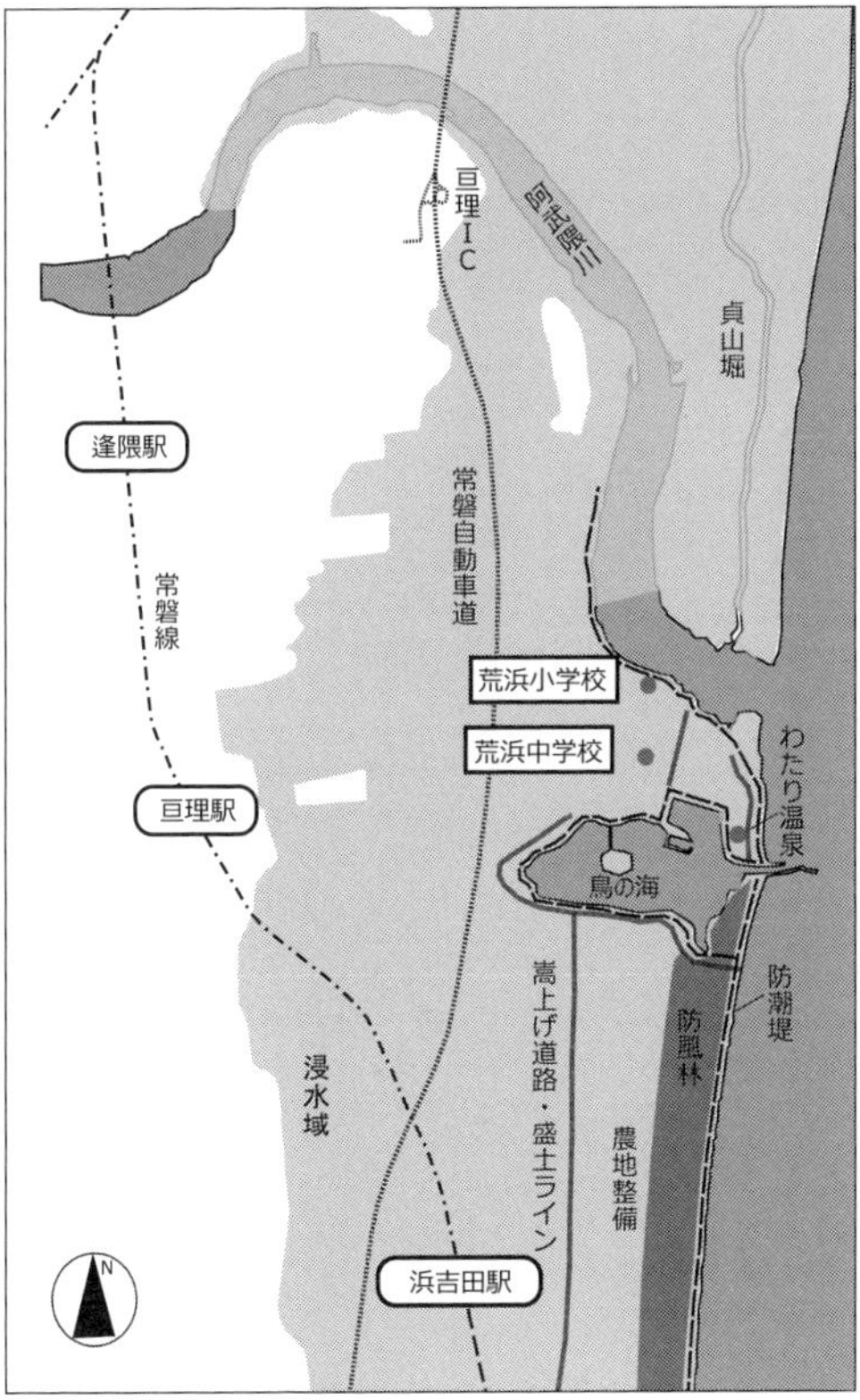

図5－6　亘理町復興計画図

『亘理町東日本大震災活動等記録集』

『亘理町東日本大震災活動等記録集』（以下、『亘理町記録集』）は豊富な写真でその様子を伝えている。

『亘理町記録集』は七章で構成されており、最も頁数が割かれているのは第三章「亘理町の地震発生後の対応と一年の軌跡」（五九頁〜一七九頁）の写真構成で伝える軌跡と第四章「亘理町被災現況調査について」（一八一頁〜二四三頁）の被災状況の分析で（避難状況、避難者年齢・行動、避難手段の調査に基づく避難流動図など）、これら二つの章で全二八七頁の六割以上を占める。震災後二年を経過した時期であるからまずは被災状況を重点的に分析し、復興への基礎データとするという意向があったと推測される。

第三章冒頭に掲げられた日報から抽出した遺体に関する記録は次の通りである。

三月一八日　B&G海洋センター体育館、隣町の旧角田《かくだ》女子高等学校を遺体安置所とする
三月二〇日　旧角田女子高等学校への町民の送迎バス運行開始
三月三〇日　旧角田女子高等学校安置の遺体のうち身元不明遺体一五名を宮城県警から町が引き受け、仮埋葬
五月一九日　仮埋葬遺体の改葬開始（〜六月二三日）
六月一七日　旧角田女子高等学校遺体安置所閉鎖

日報に記されたこれらの事実については本文で言及されておらず、「三月二二日から苦肉の策として採用された仮埋葬（土葬）。亘理町仮埋葬地（観音院内）で行われた」とキャプションが付された写真が一枚掲載されているのみである（第三章、八四頁）。そのため実情を把握すべく、当時の亘理町の担当者、および、仮埋葬地となった亘理町観音院について聞き取り調査を行った。

亘理町の仮埋葬担当に聞く

当時、仮埋葬などの業務を担当した市民生活課に問い合わせるとすでに担当者が入れ替わり、当時のことを知る者がいないとのことであった。そのため、二〇一一年一〇月二四〜二六日に仙台国際センターで開催された「第五五回　生活と環境全国大会」（日本環境衛生センター主催）における亘理町町民生活課山田氏の「東日本大震災に係る亘理町の仮埋葬の状況」という講演の要旨から、本書に関わる点を取り上げる。

亘理町の火葬業務などについては、隣接する山元町《やまもとちょう》と共同で行政事務組合が管理運営しているが、火葬炉は三基しかなく、亘理町三〇六体、山元町六三七体の遺体の火葬は困難と予想された。そのため火葬が可能になるまでの間、改葬を前提とした仮埋葬も視野に入れていたという。要旨からの抜き書きは次の通りである。

・観音院から、墓地約一六〇〇坪を仮埋葬地として協力できる旨の申し出あり。整地、敷砂利などの整備を行った。
・仮埋葬に対して遺族の理解を得る困難があった。現在では遺体は火葬にすることが常識として定着している。火葬施設が能力を超え、予約しても一〇日待ちとなり、その間に遺体の傷みが進むことを遺族に理解してもらい、どうしてもすぐに火葬を希望する遺族には県外の空き施設を紹介した。
・三月二二日から仮埋葬が実施された。当初は二年間以上の仮埋葬を想定し、棺の土かぶりは一・二メートルとなるよう掘削し、ロングアーム・バックホーを使用して短期間に多数の棺の安置ができるようにした。
・改葬は二年後を予定していたが、遺族の早く改葬したいという要望が日増しに強くなり、遺族の感情にも配慮して早期に改葬を実施することになった。
・二〇一一年六月一日～六月二三日までに一二三体の改葬を行った。
・火葬は亘理・山元町の共同利用火葬場のほか、仙台市葛岡《くずおか》斎場も利用した。
・遺体の取り違えのないように細心の注意を払った。

仮埋葬場を提供した寺院での聞き取り

亘理町逢隈《おおくま》にある真言宗智山派観音院《かんのんいん》の住職、本郷隆博氏に震災時の経験をうかがった（二〇一九年七月一二日）。

震災では亘理町で三〇六体、隣町の山元町で六三七体の遺体が発生した。亘理・山元両町は消防、火葬場、ゴミ処理などについて共同処理をする事務組合を組織していた。亘理町の火葬場では電気、水道などのライフラインが途絶え、ガソリン不足で使用できなくなったため、町役場は早い段階から仮埋葬を決断していたという。

観音院は丘の上にあり、周囲への影響も少ないという判断から町役場は仮埋葬場の提供を依頼した。前住職の本郷正繁氏は元町役場職員（一九九七年退職）であったこともあり、町からの要請を受け入れたという。五〇〇体分の埋葬地が必要とも言われていたが、引き受けた遺体は一二三体であった。仮埋蔵場に使用された場所は観音院墓地の奥地の山際に位置しており、いずれ墓地とする予定であったという。

亘理町の犠牲者に観音院の檀家はおらず、沿岸部の荒浜地区の犠牲者のほとんどはほかの寺院の檀家であった。観音院に運ばれた仮埋葬の遺体のうち、身元不明者の衣類はすべて洗濯して保管した。衣類は検死のときに警察が脱がせ、納棺後、棺の上のビニール袋に入れられていた。土葬する前、派遣されてきた市の職員（三名が常駐した）が洗濯機でそれらの衣服を洗い、専用のプレハブ小屋で干した。

この取り組みによって身元が判明した事例がある。三歳の子供の遺体は洗った着衣により、身元の判明に至ったという。子供の母親は津波で死亡しており、父親の強い希望で業者に遺体の掘り起こしを依頼し、火葬に付したという。

棺が足りず、納体袋のまま埋葬される遺体もあったが、掘り出したときには納体袋に体液が充満していた。体液を抜かなければ火葬に時間がかかるため、遺体を掘り出した後、一日ほど放置して体液を抜く。この間に蛆が湧き、臭いも相当なものであったという。二〇一一年三月一九日の段階で身元不明遺体は二三体であったが、二五年一〇月五日にすべて埋葬し、葬儀を終えた。

次に紹介するのは、本郷隆博氏が真言宗智山派の被害報告（真言宗智山派宮城教区宗務所、二〇一六年）に寄せた観音院の震災時の記録である。参考のため、簡単に紹介しておく。

一　観音院は、海岸線から六・五キロあり、一二二人を仮埋葬し、平成二三年六月二三日に改葬が終了した。

二　仮埋葬は、平成二三年三月二二日〜四月一四日までの間であった。このうち、身元不明者の仮埋葬一七名、洗濯した着衣から身元判明は一六人。最終判定は警察が担当するＤＮＡによった。

三　五月一九日に三名の遺体が掘り起こされたが、火葬場では体液などの問題から、若干の体液抜きをしてから火葬することになり、六月一日〜二三日の間に本格的に改葬作業を行った。

四　埋葬とは別に、沿岸部三カ寺（當行寺《とうぎょうじ》、遍照寺）の檀家の遺骨は、被災した寺の墓地が整備され、納骨ができるまでの間、観音院で遺骨を預かった。これらの作業を通じて、マスコミには仮埋葬引き受けの寺、あるいは身元不明者の着衣を洗濯した寺として取材を受けた。しかし、実際には裏方で作業された葬祭業者、仮埋葬地の掘削などを行った地元土建業者、ボランティア、亘理町役場の担当職員たちのお蔭で無事終了できた。

亘理町の津波対策

亘理町では『亘理町記録集』の刊行に先立ち、二〇一一年一二月に『亘理町震災復興計画』を刊行している。これによると、国が設定したレベル一（数十年から百数十年に一回程度の津波）を防御する施設として阿武隈川《あぶくまがわ》、荒浜・吉田浜通りの防潮堤、鳥の海湾の防潮堤を第一線堤とした。そしてレベル二（五〇〇年から一〇〇〇年に一回程度の津波）の減災をはかるため、嵩上げ道路や盛土などを第二線堤とし、図5－6のような計画図が示されていた。

復興計画もほぼ終了段階に近づいた二〇一九年末、亘理町で最も被害の激しかった荒浜地区、鳥の海周辺を視察したが、海岸線から一キロも離れていないところにある荒浜小学校、荒浜中学校が震災前と変わらない場所に修築・再建されていることに疑問を持った。このことについて、亘理町役場企画財政課復興管理班長南部浩秀氏にお伺いした内容は次の通りである（二〇二〇年二月一八日）。

・基本的に、危険区域の設定は国の規定を順守して計画した。
・復興計画書（平成二三年一二月）では以下のような基準を設け、復興を計画した。
・津波浸水深二メートル以上の被災地において流失・全壊家屋の割合が高いため、移転を促進する地域とするが、徒歩や車などによる避難道路や避難場所を整備する。
・最大浸水深二メートル以下となることが予測される地域については、居住が可能な地域とする。

・津波シミュレーションの結果、浸水二メートルラインを基準として鳴り砂や防潮林を設定した。

亘理町の復興計画の行方

また、復興については次のような計画を明らかにされた。

図5－6は防災整備方針を示す図で、津波シミュレーションの結果を踏まえている。それによれば、二メートルラインで居住区を限り、浸水二メートル以上のライン内は防潮林、砂地のままとした（この地域で津波被害を受けたのは五五一世帯）。津波襲来時は干潮時でTPマイナス〇・四二メートルであったが、亘理町では満潮時の水位に換算し、TPプラス〇・七六メートルを加えたうえで防災計画を立案した。

浸水二メートルラインに嵩上げ道路を設置し、鳥の海の周囲は盛り土＋緑地帯とする。さらに鳥の海から北の荒浜地区へ二メートル以上ラインに嵩上げ道路を設置し、鳥の海から北の吉田方面は二メートルラインに沿って嵩上げ道路を設置予定としている。

図5－6の浸水二メートルのライン沿いに常磐自動車道が設定されている。外洋に面する防潮堤はこれまでの六・二メートルに一メートル上乗せした七・二メートルとする（国の規定に沿った）。復興計画の詳細は次の通りである。

・荒浜小学校の位置は津波前と同じで、一階が浸水したが修繕して使用している。近くの荒浜中学校は全面改築し、元の場所に建てた。一階はピロティー式に空間を設定し、二・三階に教室をつくった。海岸線に近いところにあるので、避難場所となるように設計した。

・鳥の海の周辺には民家もあるが、これらの家は津波で流失せず、半壊・全壊した。修築であり、新規建築ではないので行政上、居住は許可される。

・荒浜地区鳥の海は漁業が生業のため、移転を基本方針とはしなかった。震災前の人口は四四〇〇人・三〇〇世帯であったが、現在は二〇〇〇人程度まで減少している。高齢化で漁業の跡取りがおらず、移転などによる人口減少が顕著であるが、これは東北の漁村に共通する傾向である。

・吉田地区は農業地帯で津波被害が大きく、内陸への移転を計画した。

・阿武隈川を挟んで隣り合う岩沼市の玉浦地区のように、集落のまとまりを崩さずに集団移転するのではなく、行政がそれぞれの希望を聞き取ったうえで各地に移転地を用意した。イチゴ栽培農家は二カ所にイチゴ栽培地を新たに設け、移転した。

・吉田地区に限らず、荒浜地区、亘理地区からも防災集団移転住宅への希望を募り、災害公営住宅（戸建て、集合）一二〇〇区画を造営した。四七七世帯が移転し、平成二六、二七年にほぼ完了した。

・岩沼市のように市長主導の移転計画ではなく、住民への説明会を通じて要望を聞いた。戸主だけでなく二〇歳以上の若い人にも会議への参加を呼びかけ、議会での承認を経て実施設計を行った。

・復興予算三三〇〇億のうち二〇〇〇億を消化し、現在では復興計画の九三％を完了している。

亘理町では二〇一一年六月二二日に第一回震災復興会議を開催し、一八人の委員が意見を交換し（都市計画、津波学などの識者四人、産業関係者七人、被災者代表四人、町議会議員三人）、三回の復興会議を経て九月五日に震災復興基本方針が決定された。一〇月一六日から復興計画案の住民説明会が行われ、一二月一六日に復興計画の策定に至った。女川町の場合と同様に、震災復興への姿勢を強く打ち出している。

多くの死者を出したことへの悔いも強く残るなか、角田町の遺体安置所を閉鎖した直後に震災復興会議が設置されたことは、震災犠牲者への対応とその後の復興との関係を示しており、示唆的である。

新しい町づくりに時間をかけた山元町の場合

山元町《やまもとちょう》は宮城県最南端に位置し、山を越えれば福島県である。震災前の人口は一六六九五人・五五六一世帯、震災の六年後に刊行された山元町震災復興記録誌『復興の歩み』（二〇一八年）によれば、二〇一八年一二月の時点で人口一万二四一五人・四六八七世帯と人口の四分の一が流出している。

東北地方太平洋沖地震では震度六強、津波襲来は一五時五〇分、浸水面積は町の三七・二％で

（一四平方キロメートル）海岸沿いの集落の全域が浸水した。山手の集落まで浸水が及び一部が水没し、農地面積の五九％が被害を受けた。

震災死亡者六三七人は当時の人口の四％にあたり、住宅被害は四四四〇棟、全壊家屋二二一七棟のうち一〇一三棟が流出した。揺れの激しさもさることながら、津波による被害がこの人口の少ない町を直撃した。震災記録誌が比較的に遅い時期に刊行されたことは被害の大きさ、人口流出の大きさを物語っている。町民は復興により町が再建されることに期待をかけた。

ＪＲ常磐線は津波被害により二〇一六年末まで運行を停止したが、復旧後は内陸側に一・一キロメートル移設され、新山下駅を増設することになった。この新駅を軸として、今後の人口変容を踏まえたコンパクトシティが企画された。災害危険区域に当たる地域の被災住宅の移転を促進するため、町独自の支援策が採られ、新山下駅の周辺地区二〇一区画、新坂元駅の周辺地区四〇区画が新しい街として造成された。

こうした復興事業には莫大な復興予算が必要となり、一般会計予算額は平時（五五億円）の七倍の規模となった。小規模な自治体では都市計画部門の技術者が必要となり、ほかの自治体からの応援が欠かせない。山元町にも、震災以降の六年間で全国の自治体から延べ六〇〇人の職員が出向した。

この記録誌にも遺体の処理についての記述はほとんど見られなかったため、町の担当職員と遺体の仮埋葬を引き受けた寺院から聞き取りを行った。

職員からの聞き取り

山元町役場では生活課の佐藤仁氏、危機管理課および町民生活課の職員から聞き取りを行った。震災後は携帯電話が通じず、一週間ほどは安否情報の確認もできなかったが、次々と情報が入り、職員は対応に追われたという（二〇二〇年一月二三日）。

・保育所では三人の子供が流された。
・中浜小学校には三〇人ほどが残ったが、三階の屋根裏部屋に避難して一夜を過ごし、翌朝自衛隊ヘリに救出された。
・町民からの安否の問い合わせへの対応。
・町外からの支援物資の送り先の問い合わせに対して、住民の避難先の把握に手間取る。
・町役場職員一七〇〜一八〇人は通常業務に対応できる人数だが、予算規模が通常の一〇倍になってもそれをさばける人員がいない。
・安否情報確認業務については、山元町職員ＯＢ会一六二人に手伝いを依頼した。
・瓦礫除去と遺体収容は同時並行で実施された。
・自衛隊、延べ一一万六二〇九人
・消防団三月一一日〜五月三一日まで、八二日間、延べ四四三〇人
・消防隊三月一二日〜四月二六日まで、延べ六一七〇人（亘理消防隊、愛知県、兵庫県、奈良県、

福岡県、仙南広域隊など）
・ボランティア延べ三万三八〇一人
・町民の死者数六三六人（遺体未発見での死亡届一七人、震災関連死一九人を含む）
・全壊二二一七棟（うち流失一、〇一三棟）、大規模半壊五三四棟、半壊五五一棟、一部損壊一、一三八棟
・遺体は明光院が管理する萬福寺の境内に仮埋葬した。一五四体（六月一六日まで）
・火葬と消防は亘理町と共同経営だが火葬炉の能力が低く、やむを得ず仮埋葬した。外部への火葬依頼はしなかった。

遺体の取り扱いについては応援職員が対応したが、彼らはすでに元の職場に復帰しており、当時の詳細については不明である。

明光院住職からの聞き取り

真言宗智山派明光院《みようこういん》（亘理郡山元町大平《おおだいら》字舘内二二）は沿岸部から六キロメートルの山寺である。宮部隆真氏は明光院の副住職で、真庭萬福寺《まにわまんぷくじ》、浜の礒性院（本堂を持たず）の住職も兼務している。檀家は三寺を合わせて七〇〇軒ほどあるが、山元町の常磐線より山側はほとんど津波の被害がなく、真庭地域・磯浜地域の檀家七〇名が犠牲となった（うち四一名は礒性院の檀家）。

山元町の死者は六三七名（関連死二〇名、遺体が未発見で死亡届が出された一七名を含む）で、火

葬場が足りない状態であった。山元町役場では町内寺院の墓地用地を一時的な仮埋葬場とすることにし、宮部氏に五〇〇名の仮埋葬場を依頼した。

遺族は瓦礫のなかから見つけた遺体が土葬され、その後改葬されることに強い抵抗を示し、自分たちで業者に依頼し、火葬に付した遺族も少なからずいたが、萬福寺に仮埋葬された身元不明者は一二六名であった。

四月から仮埋葬が始まり、六月一〇日にはすべて火葬に付し、六月二六日からは掘り起こした土地を埋め戻した。八月一九日に百箇日の法要を済ませ、二〇一一年末にはすべての遺体が遺族に引き渡された。当初、仮埋葬は二カ年計画の予定であったが三カ月で済んだという。

山元町の遺体安置所は角田《かくだ》市体育館で、家族を探す人たちはここで写真を見て、親族かどうか見当をつける。検死には歯医者も呼ばれ、歯形などから見当をつけることも行われた。

明光院では身元不明者の遺骨を預かることになり、多いときには三〇体の遺骨を預かることもあったという。萬福寺で仮埋葬や改葬があると住職が立ち会い、読経するなどして供養した。

震災報道のあり方の是非

宮部氏は三カ寺の住職を兼ねるため、マスコミなどが取材に来て、何度も同じ話を要求されたという。たとえば身元不明の遺体（推定年齢五～一二歳）について、北海道新聞の記者が取材に来た。『北海道新聞』（二〇一一年九月一一日付）に記事が掲載されると読者からおもちゃや現金が送られてきて、四カ月後の二〇一二年一月に身元が判明した。

この子供の遺体は福島県相馬市沖約一〇キロの海上で海上保安庁の巡視船によって発見され、宮城県角田市の安置所に運ばれた。DNA鑑定などから福島県在住の五歳の少年と判明したという。母親も津波で亡くなっていたため、母方の祖母が引き取りに来た。ただでさえ三カ寺の管理に忙しい時期にマスメディアから何度も取材対応を要求され、困惑したという。

萬福寺の近くにある坂元小学校が山火事で焼失し、地区の避難所が不足していたため、区長から萬福寺を借りたいという要請があった。近隣で支援を行うということで、本堂が避難所として利用された。この聞き取りから、地域の寺院が災害時にさまざまな形で住民や行政から助力を求められたことが明らかになった。

4 「検証報告」で明らかになった避難者行動と災害教訓──陸前高田市、釜石市

陸前高田市の場合

これまで見てきた自治体とは異なり、陸前高田市、釜石市では「検証報告書」と題する報告書を出している。両市では指定された避難所に向かった多くの人々が津波により命を奪われ、責任の所在が問われたため、記述の内容も震災復興にまで及ばない。目次は次の通りである。

『陸前高田市東日本大震災検証報告書』二〇一四年七月

冒頭には「本検証作業から得られた主な反省と教訓」の文章があり、市民に向けて検証報告を行う姿勢を示している。

陸前高田市では人口二万四二四六人に対し、行方不明者を含む犠牲者は一七五七人で宮城県石巻市に次いで二番目に多く、岩手県で最大であった。また、津波浸水域の人口に対する犠牲者率は一〇・六四％で、被災三県の三七市町村中で最大である。生死を分けたのは避難行動であり、過去の経験や記憶にとらわれず、繰り返し襲ってくる津波に注意し、場合によっては避難場所よりもさらに高台に逃げることも必要であると述べている。

専門家による人的被害の要因分析

本報告書の第一章は調査目的、方法、検証委員会の組織などの説明、第二章は岩手県最大の人的被害を出した当市の被害特徴についての分析に充てられている。これは検証委員の一人でもある防災行動分析の専門家、牛山素行《うしやまもとゆき》が担当している。

ここで牛山は同市の人的被害の特徴を析出した。津波浸水域と犠牲者数の関係を見ると同市は一〇・六四％で震災三県沿岸の市町村中最も高いが、同様に死者の多かった女川町では一〇・五四％、大槌町では一〇・三七％であり大差はない。これによれば津波を受けた範囲にいた人の約一割が犠牲となり、九割は生き残ったことになる。

次に浸水域一平方キロメートルあたりの流出家屋の割合を見ると、陸前高田市は六〇九棟で、女川町の一三四七棟、大槌町の一〇一八棟に比べれば、突出して多いわけではないと分析している。

また、津波被害の規模と犠牲者数をほかの犠牲者の多い市町と比較するため、リアス式海岸地区（石巻市牡鹿半島以北）、平野部（石巻市平野部以南）、陸前高田市に対して行ったアンケート調査結果から避難行動の分析を行っている。他市へのアンケート調査であるため悉皆《しっかい》調査ではないが、津波来襲への認識、警報への認識、避難行動意向、さらにはハザードマップの存在への認識についての回答を分析している。

結論として「あらかじめ考えられていた避難場所にこだわらず、さらに安全と思われる場所に積極的に避難しようとする人が、他地区に比べかなり高い」と評価し、大津波警報や避難の呼びかけといった行政からの情報伝達がほかの市町村に比べて不十分であるとは認められないとした。

多くの死者が出たことについては「他地区よりもさらに、激しい規模の津波に見舞われたことが示唆される」(三五頁)と付け加えている。

津波による人的被害の検証

本報告書における最も重要な部分は第三章の指定避難所と避難行動、第四章の震災当日の災害対策本部についての検証であろう。

宮城県沖地震後に想定された津波来襲のシミュレーションに基づく岩手県の津波浸水予測(二〇〇四年)によると陸前高田市は震度六弱で、市庁舎付近の浸水深は五〇センチメートル以上一メートル未満、高田松原での津波最大遡上高は一〇・二メートルであった。

陸前高田市はこれを受けて従来の一時避難場所を見直し、第一次避難場所として六七カ所を設定した。しかし東北地方太平洋沖地震の実際の浸水深は一五・八メートルであったため、一次避難場所の六七カ所のうち三八カ所が被災し、そこでの犠牲者は三〇三～四一一人と推計されている(八五頁)。

そのうち岩手県の津波浸水予測図で、浸水予測域内でありながら一次避難場所に指定されていた市民体育館、市民会館では二五〇人を上回る犠牲者が発生している。この二カ所については市議会で疑問視する声があったが、建物の一階は浸水しても上の階は浸水しないという想定に基づいて指定された。

震災当日、市庁舎の駐車場や館《たて》の沖公園に避難していた市職員は市民とともに市民会館と市庁舎に分かれて避難し、市庁舎内の職員も四階へ避難するなどした。その直後、市民会館は津波に襲われ、市庁舎も屋上付近まで浸水した。その結果、市民会館で六一人、市庁舎周辺で一一人の市職員が犠牲となり、市長を含む一二七人の市民と市職員は脱出不可能となり、市庁舎の四階で一夜を過ごす事態となった。一次避難場所と指定された市民体育館へ避難した人のうち、八〇人～一〇〇人が犠牲になったと推定されている。

町名	人口	生存者	割合(%)	犠牲者(＋行方不明者)	割合(%)	関連死
矢作町	1,793	1,766	98.5	27	1.5	5
横田町	1,405	1,389	98.9	16	1.1	0
竹駒町	1,291	1,244	96.4	47	3.6	5
気仙町	3,480	3,220	92.5	260	7.5	5
高田町	7,601	6,428	84.6	1,173	15.4	17
米崎町	2,902	2,789	96.1	113	3.9	4
小友町	2,025	1,963	96.9	62	3.1	1
広田町	3,749	3,690	98.4	59	1.6	5
合計	24,246	22,489	92.8	1,757	7.2	42

表5－9　陸前高田市地区別死者数（2014年6月30日時点の数値）
（陸前高田市市民環境課提供「地震・津波の概要、被害状況」11頁）

陸前高田市の犠牲者について

以下は、陸前高田市で多数発生した犠牲者の対応についての、聞き取り調査の結果である（二〇一九年一一月一九日）。

表5－9は陸前高田市の八地区別の死者数である。八地区のうち広田湾に面する気仙町《けせんちょう》、高田《たかた》町、米崎《よねさき》町、小友《おとも》町、広田町の死者数が多く、なかでもJR陸前高田駅のある高田町では市役所や市民会館で多数の死者が生じた。海に面していない内陸の竹駒《たけこま》、矢作《やはぎ》、横田地区でも多くの死者が出たのは、気仙川を津波が遡上し、両岸に越流した結果である。

聞き取りを行った金濱幹也氏は当時、民生部市民環境課で環境安全係長を務めており、事前に問い合わせ内容を伝えておいたところ、次のようなペーパーが用意されていた。これは二〇

図5－7　陸前高田市8地区（『東日本大震災　陸前高田市検証報告書』6頁）

一四年、高知県の自治体から同様の問い合わせがあった際に用意したものだという。ここにその概要を記しておく。

一　遺体対応担当者数　一日あたり約一〇人、延べ六〇〇人

二　遺体の保存対策　遺体数一五五五体

三　安置所　五カ所
下矢《しもや》作《はぎ》小学校（三月一二～四月一三＝三三日）、矢作小学校（三月一六～九月一一＝一八〇日）、米崎中学校（三月一三～四月九＝二九日）、矢作中学校（三月一八～四月三＝一七日）、住田町《すみたちょう》生涯スポーツセンター（三月二〇～五月一七＝五九日）
＊遺体の引き取り後、五月下旬には安置所が一カ所となり、閉鎖時は遺体一体残る

四　安置所の運営　警察が中心となり管理運営、市職員を配置し市民対応と連絡・調整

五　管理は岩手県警

六　火葬場　県内の火葬場の場合は、搬送を自衛隊へ依頼、岩手県が手配した霊柩自動車協会あるいは、遺族が手配したケースも含む

七　遺体搬送費用は遺族が立て替えて払い、災害救助法に基づき申請によって埋火葬費支給

八　葬祭具（御棺）は当初は不足、合板ベニヤなどで覆う、あるいは段ボールで囲って火葬するなどした。骨箱が不足した。

九　市内の火葬場は被災せず。ガソリン不足、電気不通。四日後の三月一五日火葬開始

＊発電機を備え、応急的に始動。火葬場は陸前高田斎苑、高田町北の光照寺《こうしょうじ》付近

一〇　市内外の火葬場での遺体火葬数

（以下は金濱幹也氏談）

＊瓦礫が気仙川の神崎《かんざき》付近に集まり、遺体もそこに多く流れ着き、収集した。

＊読経ボランティアは一関市の僧侶が行っていたようだが、詳細を把握せず

＊県外火葬（千葉）で身元不明遺体が一日あたり三〇体火葬された。

＊担当者は職員二名、市が委託した炉メーカー二名、その他日々雇用者一名

＊青森、山形などは個人で行った事例

＊土葬はしなかったが、仮埋葬の事態を予測して土地の準備をした。

＊市内陸前高田斎苑での火葬は五九六体、その他一〇〇体以上については近隣の大船渡市、一関市、奥州市などの協力を得て、遠野、盛岡、久慈などにも火葬協力を依頼した。さらに県外では千葉市や佐倉市の協力を得て、全体で一五〇四体が火葬に付された。

以上は、用意されたペーパーの内容だが、金濱氏は個人的なこととして、次のように話された。いまでも怪獣が出てくるなどの怖い夢を見るし、安置所があった場所に行くと、当時を思い出して動悸が激しくなる。思い出したくないことではあるが、伝えておかなければ事実が分からなくなるので、こうした形で話すことにしたということであった。

また金濱氏は地区の消防団員でもあったため、震災発生と同時に出動し、水門、陸閘《りくこう》の閉鎖、

地域名	人口	世帯数	死亡者	行方不明者	死亡・行方不明者合計	全壊住宅	半壊・大規模半壊合計
東部地区	6,971	3,336	213	16	229	1,238	482
平田地区	3,848	1,539	22	2	24	209	98
鵜住居地区	6,630	2,657	458	122	580	1,653	198
唐丹地区	2,106	805	19	2	21	292	110
中妻地区	4,856	2,232	24	2	26	–	–
小佐野地区	8,308	3,877	25	3	28	–	–
甲子地区	6,014	2,633	10	2	12	–	–
栗橋地区	1,263	482	4	3	7	–	–
合計	39,996	17,561	775	152	927	3,392	888

表5－10　釜石市の被害状況
注記：死亡者775名は市内の遺体収容数888名のうち釜石市に住民登録されている人数
人口・世帯数は2011年2月末現在の住民登録基本台帳による。死亡者、行方不明者数は2013年1月時点の数値
（『東日本大震災　釜石市証言・記録集』8頁）

市民避難誘導、瓦礫撤去などに当たったという。三月一二日の早朝四時半から多くの犠牲者が出た市民体育館で生存者の救出を行い、その後は瓦礫撤去と道路啓開を行い、遺体捜索に移った。消防団員としての仕事からやや遅れて市職員としての業務に戻ったが、この間、ほとんど休む暇のない日々が続いた。陸前高田市への自衛隊の支援は地震発生から二週間ほど後であり、一～二週間は消防団が遺体収集を行ったという。

釜石市の場合

釜石市では震災の二年半後の二〇一三年八月に『釜石市鵜住居地区防災センターにおける東日本大震災津波被災調査中間報告書』を刊行し、その二年後の二〇一五年には震災の年に設置された検証委員会が『釜石市東日本大震災検証報告書』（三一一頁）を刊行した。さらにこれらの検証報告に基づき、市民に向けて避難行動に関わる証言をまとめた「教訓集」「証言・記録集」を刊行している。ここで参考までに釜石市各地区の震災犠牲者数を挙げておく（表

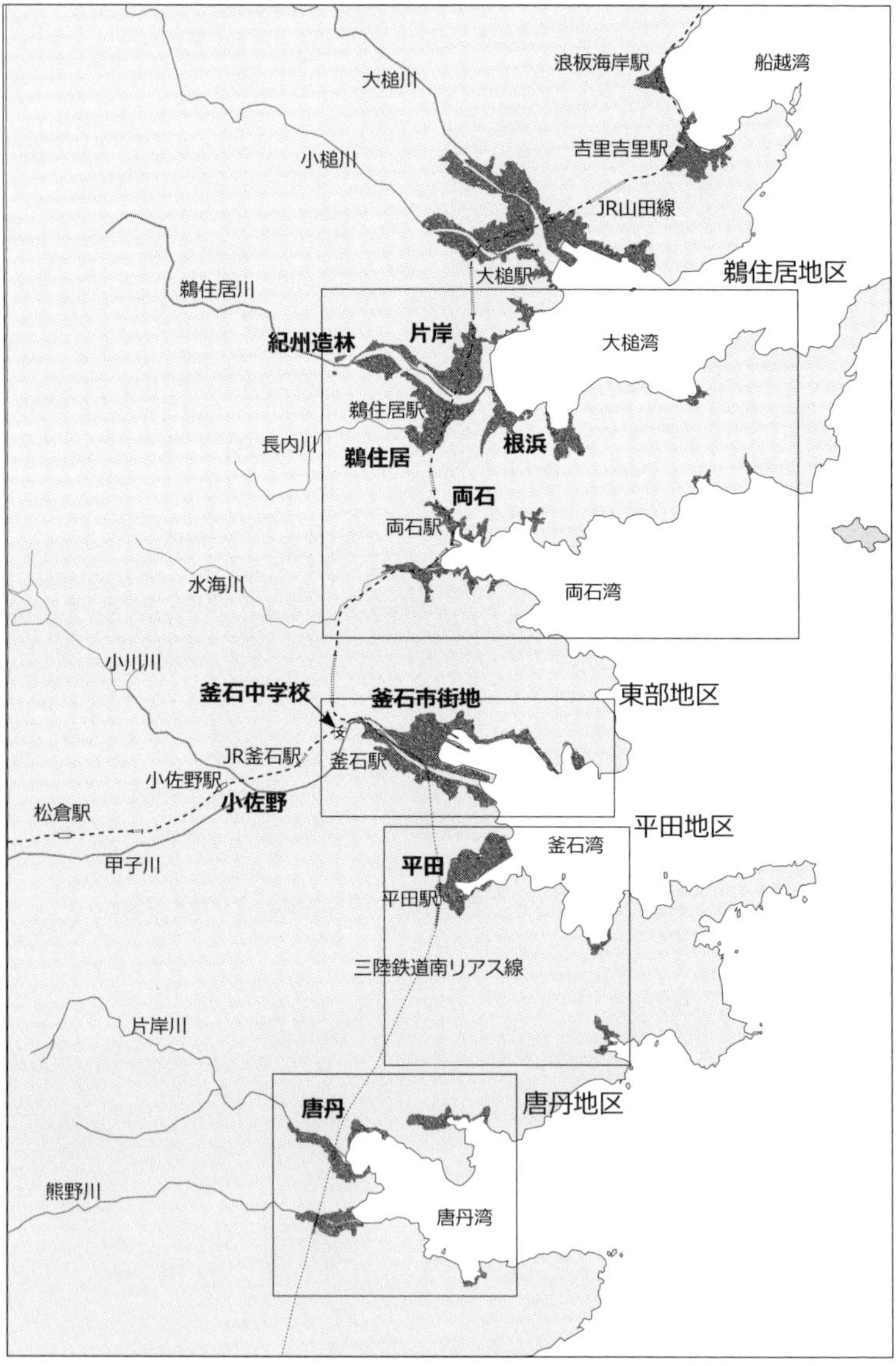

図5－8　釜石市の各地区（黒い部分は東日本大震災津波浸水域）
（『東日本大震災釜石市証言・記録集（伝えたい3．11の記憶）』9頁）

5－10）。

震度六弱～五強、津波は両石湾《りょういしわん》で最大浸水高一八・三メートル、釜石市九・三メートル、平田漁港九・二メートルとあるが、津波計測器が破壊されたため記録が残されておらず、第二波などからの推定値も含まれるという（岩手県、二〇一三年）。

鵜住居防災センターにおける「悲劇」はなぜ起きたのか

最も早くまとめられた『釜石市鵜住居地区防災センターにおける東日本大震災津波被災調査中間報告書』は、鵜住居地区防災センターに避難した多数の市民が犠牲になった原因・背景を多角的に調査・検討した中間報告である。「防災センター」と名付けられた施設へ二五〇人近い住民が避難し、その八〇％以上が犠牲になったことに対する検証と、そこから得られた結論からは学ぶべきところが多い。

釜石市は鵜住居防災センターでの犠牲者遺族に対して二〇一一年八月、一二月、二〇一二年三月の三回にわたって説明会を開催した。市側が犠牲者数を「約一〇〇名前後と推定」したことに納得できない遺族連絡会は二〇一二年一二月五日、釜石市長に次のような検証報告書を提出した。

一　避難者数及び被災状況について

平成二四年一一月三〇日現在で確認されている鵜住居地区防災センターへの避難者の数は二四八名と推定します。

被災状況について下記のように精査しました。
・防災センターに避難し防災センター内で身元が確認された犠牲者　六九名
・防災センターに避難し防災センター周辺で身元が確認された犠牲者　二七名
・防災センターに避難したと思われるが行方が確認されていない人　三三名
・防災センターに避難した可能性があると思われる犠牲者　八五名
・防災センターに避難し生存が確認されている人　三四名

（「調査中間報告書」一九頁、以下略）

この報告に基づいて二〇一二年一二月に調査委員会が設けられ、学識経験者、弁護士、新聞記者、遺族連絡会会長、釜石市危機管理監など七名の委員が二〇一三年五月から七月下旬にかけての短期間に、防災センターでの犠牲者数などについて一〇回以上の調査・協議を行った。

調査委員会による検証と報告——市民への広報活動の不徹底

調査では防災センターへ避難した人数の実態調査と防災センター設置の経緯が重視された。ここでは次の二点についての結論を紹介しておきたい。

まず犠牲者数については、市の被災者名簿から鵜住居防災センター周辺の犠牲者、行方不明者を抽出し、防災センターの避難者名簿が作成された（二四八名、生存者三四名を含む）。これは遺族連絡会の精査報告がほぼ追認されるかたちとなった。

そして防災センターの設置については、次のような経緯があることが明らかとなった。旧釜石市役所鵜住居出張所・旧消防屯所・旧鵜住居生活改善センター・同公民館は老朽化したため、二〇〇六年に取り壊して合築する計画が浮上した。防災施設としての起債で財源確保を考えたが、津波避難ビルに関してはほかの一般行政施設との合築が認められないことが明らかとなった。そこで市は単独事業として施設を建設することにし、二〇〇八年に着工、二〇一〇年に防災センターが開所した。

新しい防災センターの一階には消防屯所と鵜住居地区生活応援センターの事務所、二階には防災用備蓄倉庫や避難室が設けられた。防災センターは津波災害の一次避難場所ではなく、洪水・土砂災害の一次避難所に指定されていたが、この行政上の設定は住民にはわかりにくい。二〇一〇年に新施設で行われた三回の避難訓練には一三〇人が参加しており、住民が津波災害の場合の避難場所と認識するのも致し方なかったと検証委員会は結論付けている。

市側も広報活動を怠っていたため、津波災害の一次避難場所と認識していた多くの住民が命を落としたこととの責任を認めている。

市担当者からの聞き取り

鵜住居防災センターの調査の結果、市側の防災業務の問題点が明らかとなった。これを踏まえ、東日本大震災における釜石市の行政を見直す動きが三一一頁という大部の『釜石市東日本大震災検証報告書』に結実した。外部から学識研究者、防災専門家などが検証委員に招聘され、事実関係や課題を明らかにするため、庁内にも検証委員会が設けられた。検証の対象は初期対応から応急対応までとし、二〇一〇年三月に定められた釜石市地域防災計画に基づく業務の実態について考察した。

ここでは遺体の捜索・搬送・安置・火葬等の検証に注目するが、実際の状況については当時防災課長を務め、二〇一四年に退職した佐々木守氏に聞き取りを行った（二〇一九年八月八日）。

震災発生時、佐々木氏は市役所の三階で会議中であったが突然大きな揺れに襲われ、議長は議会の休会を宣言した。気象庁は三メートルの津波と予測し、防災行政無線で直ちに警報を出し、一五時一六分に津波が襲来した。高台にあった市役所の一階は浸水したが、庁舎は無事であった（浸水一五メートル）。電気、水道などライフラインが不通となるなか、三月一四日に市役所機能をCプラザに移転した。

生涯学習課の松岡公治氏は当時、予定されていた国体を担当していたが、震災を受けて応援として遺体搬送などの業務を担当した。震災が発生した一一日は避難者対応に当たり、翌一二日には大渡《おおわたり》地区の橋のたもとに並べられた二七遺体を三トンダンプで仮遺体置き場へ搬送するなどした。これが最初の遺体搬送であったという。

三月一四日には大阪市消防局、兵庫県警の支援隊が到着し、市職員は遺体の仮検死を担当した。仮検死とは指定の用紙に遺体の特徴（性別、所持品、衣服、身体的特徴など）をメモし、遺族が遺体を判別する際の資料とする作業である。メモは警察が撮影した写真などとともに、遺体安置所の廊下に張り出された。

紀州造林の貯木場《ちょぼくじょう》も遺体安置所に指定され、市役所職員は遺体・遺族の対応を行った。しかし強い精神的負担を伴う作業に職員たちが疲弊したため、シルバー人材を雇用して対応した。収容された遺体のほとんどが窒息死で、泥まみれであった。最後の遺体搬送は六月初め頃であったという。

釜石市の四つの湾に臨む浦々では多数の死者が発生したが、電信不通、交通路不通によって対応が遅れた。

遺体安置所の状況

研究者団体が聞き取りを行った報告書では、遺体捜索について次のような記述がある。遺体捜索は消防団、教育委員会事務局、保険福祉部の男性職員二〇人ほどで行った。市職員が遺体の確認を行い、捜索は自衛隊、警察隊、消防隊に任せた。しかし道路には瓦礫が押し寄せたため道筋の確保が難しく、四カ所の遺体安置所へ遺体を搬送することが困難であったという（名古屋学院大学総合研究所、二〇一四年）。

以下は「釜石市検証報告書」に示された数値である。遺体安置所は廃校した中学校の体育館を中心に市内五、六カ所に設置された。表5－10に示した通り、釜石市の遺体数は八八八体だが、それぞれの遺体安置所に収容された遺体数は不明である。カッコ内に示した数値はネット上で得られた「遺体認定情報」から遺体数をカウントしたものである（二〇一一年三月一九日午前九時現在）。

釜石市各区の被害状況表参照、釜石の遺体数は八八八体
釜石第二中学校（市中心部・七一体）……三月一二日〜四月九日（平成二四年三月三一日閉鎖）
紀州造林工場（鵜住居・二五体）……三月一二日〜九月一五日（七月以降、大槌町と共有）
旧小佐野《こさの》中学校体育館（三五体）……三月一五、三月一六日〜三一日
釜石製鉄所構内施設……（三月三一日閉鎖）
唐丹《とうに》中学校体育館、釜石商業高校第一体育館、臨時的設置

遺体の腐敗による土葬案の浮上

佐々木氏によると、遺族による遺体の確認後に火葬し、遺骨引き渡しとなるため、各遺体安置所をめぐるバスを巡回させたという。釜石市の火葬場は四基あったが、停電、ガソリン不足などで稼働が困難となり、後に二基のみ稼働した。三月一三〜一六日までは非常用発電機で火葬し、保守点検のため委託業者から技術職員が派遣され、機能が維持された。その結果、三月一七日から一日最大一四体の火葬処理が可能となり、三月三一日に遺体安置所から火葬場への出棺を終了した。三月三一日以降に発見された遺体は旧小佐野中学校の体育館に安置されたという。

当初は火葬場が機能不全に陥り、遺体の腐敗が進行するなか、ほかの自治体と同様に一旦土葬することが提案された。三月一七日に埋葬（仮埋葬）場所の候補地を選定し、一九日に埋葬に関する協議会で候補地が決定され、翌二〇日には常楽寺《じょうらくじ》裏山林（鵜住居地区）、大平《おおだいら》墓地内駐車場

（釜石地区、その後は平田湾口原野）で墓苑工事が開始された。

一方で仮埋葬を避けるべきとする仏教会からの要請もあり、近隣県・市町村に火葬協力を打診した。遺体、遺族の移送手段の車両確保、給油券の配布、消防団による移動先導などの条件で交渉が成立し、盛岡市、花巻市、雫石町《しずくいしちょう》、秋田県（大仙市《だいせん》、横手市）、青森県（平川市、黒石市、十和田市）の八市町で受け入れ可能となり、土葬は回避された。また、遺族が独自に市外・県外で火葬を行ったケースもある。

仙寿院における被災者支援

土葬問題が発生した釜石市では結果的に土葬は取りやめとなったものの、遺体の腐敗状況などから仮埋葬地が用意された。釜石市と大槌町の合同仏教会の会長を務めていた仙寿院《せんじゅいん》住職芝﨑恵《しばさきえ》應《のう》氏（釜石市大只越町二―九―一）からの聞き取りにより、釜石市の避難状況や仮埋葬地確保への経過が明らかとなった（二〇一九年六月二七日）。

仙寿院の境内は高台にあったため、震災直後、約一二〇〇人が避難してきた。その後、本堂や庫裡などで五七六人を受け入れ、避難所とした。収容できなかった約一五〇人は公的な場所（裁判所・集会所）などへ分けて避難させた。住職は六キロの山を越え、避難者のために食料の買い出しに行ったという。

三月一七日には隣の石応禅寺《せきおうぜんじ》で釜石市の寺院七カ寺が話し合い、釜石仏教会を立ち上げて震災対応策を模索した。石応禅寺には約三〇〇〇人が避難したが、一週間は四メートルもの厚さの瓦

図5－9　津波襲が突き抜けた常楽寺本堂と倒壊した石碑（陸前高田市鵜住居）（2011年7月27日撮影）

礫により、道を歩くこともできなかったという。自衛隊と警察はインフラの復旧と死体捜索のどちらを優先させるかでもめていたが、住職は「死体は逃げない」と一喝し、道路復旧作業を優先させたという。

三月二一日、市長から住職に遺体の腐敗が進んでいるので土葬（仮埋葬）の場所を探してほしいという依頼があった。芝﨑住職は土葬反対の立場であったが、市の要請によってやむを得ず、鵜住居の常楽寺境内に七〇〇坪の場所を借りることにした。しかし関係者の懸命な努力によって火葬場が使用可能となり、土葬はせずに済んだという。

常楽寺における仮埋葬地とその経緯

また、鵜住居常楽寺の藤原育夫住職にも話を聞いた。地震発生後、本堂は津波に襲われ、本尊などの須弥《しゅみ》壇《だん》は瓦礫に埋まった。庫裡にも津波が襲来したため、やむなく七、八キロ離れた栗林の民家に避難し、ここを改造して二年ほど避難生活を送ったという。

常楽寺はわたしが二〇一一年七月、明治三陸津波・昭和三陸津波の石碑の状況を調査した際に訪れた場所であった。本堂を津波が突き抜け、屋根や土台は残っていたが裏の林が見通せる状態で、本堂の前にあった津波記念碑などはすべて倒壊していた。墓地は本堂から離れた高台にあったが墓石は倒壊し、散乱していた。

住職によると、三月下旬に市長から電話があり、市内で遺体を埋める仮埋葬地を設けることは無理であるため、常楽寺の山林を提供してほしいと打診されたという。常楽寺としては、遺体を埋める墓地を掘り起こす場合には更地にして返却することを条件に土地の提供を承諾した。三月二〇日から自衛隊が土地を掘り起こし、仮埋葬場所を作ったが、前述したように土葬はされなかったため使用されず、仮埋葬場は二年間そのままの状態であったという。

常楽寺の檀家からも犠牲者四三〇人、行方不明者八〇人が出た。避難所では遺骨を抱えた家族、無事な家族、まだ遺骨が見つからない家族の間で関係がぎくしゃくしたこともあったという。四月一一〜一四日の間、本堂が使えない状態であったため設けられた庵所で、檀家一五〇体以上の遺骨を埋葬するための法要を営み、常楽寺本来の墓地に埋葬したという。

なお、市の要請で設けた仮埋葬場は本堂再建に向けて埋め戻してもらう約束であったが、更地にする費用の見積額は五〇〇〇万円となり、費用負担をめぐり市との交渉は難航したという。結局、寺院側の負担を覚悟で埋め戻し、本堂・庫裡の再建に踏み切ったという。

遺体問題におけるボランティアの貢献

遺体安置所でボランティア活動を行った千葉淳《ちばあつし》氏からも聞き取りを行った（二〇一九年八月九日）。千葉淳氏は昭和一六年生まれの七九歳、すでに退職していたが、互助会（葬儀会社）に三〇年勤務した経験があり、自ら申し出て遺体安置所で遺体の取り扱いについて助言などを行ったという。

三月一三日、千葉氏は市長と面会し、遺体を丁寧に扱うよう進言した。遺体安置所には遺族以外の関係者は立ち入り禁止であったが、千葉氏は釜石第二中学校体育館に五〇日間出張し、遺体の取り扱いについて助言した。釜石第二中学校は廃校後五年が経過しており、水道が止まり、停電しているという劣悪な環境であったという。

遺体安置所は関係者以外立ち入り禁止であったため、最初のうちは消防団の法被《はっぴ》を着用し、その後は防犯協会のジャンパーを着用した。多くの遺体は泥で汚れていたため、沢の水を汲んできて泥を拭きとり、硬直遺体の取り扱い方について助言した。その際、遺体に声がけをするようアドバイスしたという。

警察による検死、DNA鑑定、納棺後に遺体を火葬場までトラックで運び、遺族を乗せたバスがそれに続いていく。火葬場では遺骨を拾って骨壺に入れ、遺族に引き渡す。火葬場までは消防団員、市職員が同行した。

ジャーナリストである石井光太が釜石市の遺体収容を取材した『遺体――震災、津波の果てに』は話題となり、『遺体 明日への十日間』（監督 君塚良一）として映画化もされた。もちろん石井は遺体安置所には入れないため、千葉氏が作業を終えてから状況を聞き取り、メモを取っていたという。映画で千葉氏の役を演じたのは西田敏行、國村隼《くにむらじゅん》が演じる読経ボランティアの僧侶は仙寿院の芝﨑惠應住職がモデルであった

千葉氏のこの活動に対しては、二〇一七年二月二七日に釜石市長から「災害から地域を守る共

助の意識を高めるものであり、絆と支えあいを大切にするまちづくりにつながるもの」とする感謝状が送られている。

しかしながら、当時防災課長であった佐々木守氏は、石井光太の『遺体』に対して否定的で、「あれ〔小説や映画〕が事実だと思ってもらっては困る」と釘を刺された。

5 まとめにかえて

宮城県の検証報告

そもそも、震災の記録誌は行政の上部機関からの指示によって刊行されたものなのか。担当部署に電話で問い合わせたところ、宮城県総務部危機対策課地域防災班の担当者からは「当県では、記録誌作成について市町村へ指示はしておりません。」(二〇二〇年五月二一日)という回答があり、岩手県からも同様の回答を得た。各自治体はそれぞれの判断で記録誌を刊行し、独自の構想・視点に基づいたものだということである。

市町村の上部機関である県でも、震災対応についての検証報告を刊行している。宮城県は『東日本大震災――宮城県の発災後一年間の災害対応の記録とその検証』というサイトを県のＨＰにアップしている。ここでは全般的な内容の検討は省くが、死者に関わる問題についてどのような検証を行っているのかを見ておく。

発災後は通信手段、交通手段が全面的にマヒ状態で、県地方支部七カ所・地域支部から管内市町村へ職員を派遣して情報収集に当たったが、困難を極めたという。これまでは市町村からの被害状況報告を都道府県がとりまとめ、消防庁長官に報告するというのが一般的であったが、この震災では市町村での確認が困難な場合が多かった。

被害数値の把握について、当初は県災害対策本部発表の死者数と県警察本部発表の数に乖離が生じたが、今回の津波災害における死者数は検死・身元確認が済むまで行方不明者に計上された。また、死者の計上場所は原則的に被災地だが、被災地が不明な場合は死体発見場所で計上とするなど方法上の改善が見られ、一定の前進が見られたとしている（第三章「初動対応と活動状況」一一一〜一一二頁）。

しかし各自治体でやむを得ず遺体の土葬（仮埋葬）が行われたこと、それに伴う県下の自治体職員の苦悩・困難についての言及は見られなかった。

岩手県の検証報告

岩手県の『東日本大震災津波に係る災害対応検証報告書』では検証項目として「遺体処置」が挙げられ、現場で発生していた問題、行政の対応上の問題点、原因分析、今後の課題などについて検証している。

ここで挙げられた項目は行方不明者捜索、検死・身元確認、遺体安置、遺体の搬送、遺体の火葬、遺体等の引き渡しなど多岐にわたる。本書との関連で注目すべき点は①遺体数があまりに多く、遺体の捜索について警察、消防、自衛隊との連携が機能的に作用せず、職員も知識のないまま遺体処理に関わらざるを得なかったこと、②遺体数が急増し、安置場所が分散的に指定されたため、遺族との対面に困難が伴ったこと、③遺体安置場所に寺院や小中学校体育館などが使用されたが、閉鎖時の消毒・消臭には問題が残ったこと、④遺体が多数発生したため当初は棺が不足し、発注が相次いだが後には余剰物資となってしまったこと、⑤遺体が長期間安置される状態が起きたこと、⑥遺体に関わる一部職員に負担が集中したこと、⑦身元確認にはＤＮＡ鑑定やデンタルチャートによる確認が不可欠であるが、沿岸の歯科診療所の半数近くが被災して生前記録が流失したため、確認作業に時間を要したこと、⑧遺体の火葬依頼が殺到し、火葬能力が追い付かなかったことなどである。

そして以上を総括し、次のように結論付けている。

一　葬祭業者や安置所の設置（寺院を含め）について予め災害時における協定が必要

二　過酷な業務が一部職員の負担に偏らないよう、全職員で負担を分け合うマニュアル作りが必要

三　検死官の不足解消のため、地域の医療従事者との災害時を想定した連携をしておくこと

岩手県は情報の収集が困難となった状況についてのみならず、県下の市町村が遺体の処置で直

面した問題を具体的に列挙し、検証している。遺体処置は被災地全体で発生した大きな問題のひとつであり、岩手県の検証では問題点が整理され、今後に向けた指針が示されている。

自治体記録誌が触れない遺体処置問題

各自治体では遺体の捜索や回収作業で極めて深刻な事態に至ったにもかかわらず、記録誌ではほとんど触れていないケースがあることは先に述べた。陸前高田市と釜石市の検証報告では予期しない場所で多くの死者が出たことについて原因を真摯に問い、その結果を市民に公表している。記録誌の多くに共通する流れは発災、初期対応、応急対応、復興計画、復興住宅建設で、応急対応期の避難所設置・運営、復興計画の策定と住民合意過程に重点が置かれている。初期対応期の遺体処置などが済んだ段階から本格的な復興へと進んでいくが、そこでは当然のことながら生存者への配慮が優先される。復興が最大の課題となるにつれて、犠牲者についての話題は避けられる傾向がある。

しかしながら災害対応に当たった自治体が記録を残し、後世の指針とすることが求められるのであれば、客観的事実を記録化しておくことは重要である。どう解釈され、利用されるのかは後世に託されるべきことであり、当事者が判断すべきことではない。

震災発生当時、釜石市鵜住居防災センターで生活支援センター長を務めていた千葉敬《けい》氏がメモを記した二冊の手帳がある。これを託された新聞記者はメモから当時の様子を再現して記事にした。

それによれば、千葉氏は鵜住居地区の行政事務から健康管理に至るまで幅広い業務を担っていたため、住民からはしばしば防災センター所長と呼ばれていたという。震災発生時は出張中でセンターを留守にしていた。鵜住居生活支援センターでは部下二名が避難者とともに津波に巻き込まれ、命を失ったが、住民から部下二人が避難者をセンター内に誘導したという証言があり、民事訴訟が起こされた。市と訴訟を起こした住民とは和解したが、千葉氏は部下への贖罪の意味を込めて手帳を公表することにしたという（『朝日新聞』二〇二〇年三月三一日〜四月四日〔てんでこ七四七〜七五一〕）。

現在、この防災センターは取り壊され、跡地には「うのすまい・トモス」という名称の「東日本大震災の記憶や教訓を将来に伝える」地域活動や観光交流を促進する施設が設けられ、その中心に「東日本大震災慰霊碑」「防災センター跡地碑」などが建立された（二〇一九年三月一一日）。

第5章では、行政の職員への聞き取りから、記録誌には掲載されていない死者の行方を追った。震災発生と同時に、避難者への指示、死者の発生と遺体の安置、避難所の確保、瓦礫の撤去と道路の啓開など、行政が発災後次々に発生する問題に立ち向かう必要に迫られたことも聞き取りからは十分理解できた。自治体記録誌が、概して生存者への対応に重点が置かれていることは、頁数の比重から歴然としている。例えば、避難所への収容、避難所、復興住宅への希望などのアンケートによる住民の意向調査は、ほとんどの自治体が実施し、その成果をグラフなどにして公表している。

こうした目の前の喫緊の山積み問題が一段落した段階で、はじめて住民たちが先へ向かう目標の設定、つまり、復旧、復興への道筋を示すことになる。それらのこともいち早く住民に示して復興への意志を固めてもらう必要がある。こうした状況では、記録誌に死者についての記述が少ないことも、当然の成り行きだとは思う。

しかし、敢えてここでは死者の行方を追った。東日本大震災がもたらした亡くなった人たちへの遺族の想いは消え去ることはない。遺族たちの死者への想いは澱《おり》のように深く心に刻まれて残り続ける。公的な自治体記録誌としてはこれらの問題を扱う困難もあるかもしれないが、個人の研究としては死者の行方に焦点を絞って追うことは許されるだろうと考え、多くの自治体の職員たちへの聞き取りにご協力いただいた。行政上の立場として関わった事実を個人としての立場からであっても語っていただきたいと考えたからである。公的な記録誌に記録されなければ後に残ることがないとすれば、個人としての立場であっても、事実を記録して残しておく必要があるのではないかと思ったからでもある。

震災遺構も死者との関わりが強い。例えば、気仙沼向洋高校は四階建ての校舎全体がほぼ津波の被害を受けたが、生徒たちは逃げて無事であった。この校舎が丸ごと震災遺構として残され、見学者も多い。二〇二〇年九月に公開にこぎつけた宮城県山元町の中浜小学校は、生徒たちが引率教員とともに避難、屋根裏の一角で一夜を過ごしたが、犠牲になる者はいなかった。いずれもそれぞれの場所で死者が発生していないという点では遺構対象として、住民たちの心を逆なでするような問題は起きず、むしろ、住民の意志がまとまって震災遺構としての位置付けが得られている。しかし、多くの場所では、遺族の気持ちへの配慮から、震災遺構として残さずに、瓦礫として処分され、それが住民を二分するような事態にも発展した。

死者の問題は、復興の姿に隠されているように見えるが、少なくとも残された遺族たちには決して消え去ることがない。そして、震災発生以来、こうしたことに向き合ってきた行政の職員たちの姿にわたしたちは思いをいたす必要がある。

第6章

『大熊町震災記録誌』が伝える原発事故と住民避難

1　原子炉四基を抱える大熊町

福島県双葉《ふたば》郡の第一原発には六基の原子炉、第二原発には四基の原子炉が設けられていたが、東北地方太平洋沖地震による地震、津波によって、予想もされなかった放射能の拡散という長期にわたる被害がもたらされた。地震発生時、第一原発の六機の原子炉は一～三号機が稼働中、四～六号機は点検のため停止中であった。しかし、地震によって送電鉄塔が倒壊、津波襲来以前に停電し、次に襲来した津波によってディーゼル発電装置が水没し、全電源喪失の非常事態に陥った。その上、原子炉停止後も大量に発する熱量を冷却するための装置が作動せず、熱放出ができない状態によって遂に炉心融解という最悪の事態に至った。このことが今に至る長期にわたる被害をもたらしている。第二原発の四機も地震、津波の襲来による被害をうけたが、第一原発のように炉心損傷に至らず、残留熱量除去の電源装置の復旧作業によってようやく冷温停止状態が確保された。第一原発六基のうち、一〜四号機が大熊町、五〜六号機が双葉町《ふたばまち》に設置されていたが、そのうち、三号機が三月一四日、四号機が三月一五日に水蒸気爆発を起こした。

原発事故の影響は、福島だけでなく、周辺県の市町村に住む人々に放射能汚染が及んだばかりではなく、農作物や漁獲物から検出された汚染物質のため収穫物の放棄・耕作放棄となった。さらには日本からの輸出品は忌避されるだけでなく、輸入禁止の措置が取られたケースも少なくない。放射能汚染に敏感に反応した在日中の欧米人たちは本国に帰還を急ぐなど、放射能問題では、日本列島が一種の鎖国状態に等しいに陥った。この問題では、同じく震災被害を受けた岩手、宮城両県とは質が異なり、故郷への帰還が望めない福島の避難者たちのうちには、震災関連死が三七三九人のうち六〇％以上を占めた（二〇一九年三月）ことにも象徴的に表れている。

第一原発を抱える大熊町では二〇一七年三月に震災記録誌刊行、第二原発を抱える富岡町《とみおかまち》では二〇一五年に震災発生から三年後に第一冊を、二〇一九年にそれ以降の震災記録誌を刊行している。二町とも、第一原発の炉心融解に至る原発事故の放射能放出によって、町民が避難を余儀なくされた。

ここでは、二〇一七年三月に刊行された大熊町の震災記録誌に拠りながら、原発事故によって、過酷な状況に追い込まれた大熊町の町民と行政職員たちの姿を追うことにしたい。地震や津波による避難とは異なる放射能汚染問題も、同じく東北地方太平洋沖地震の被害の一環でもあったことを位置付けておく必要がある。

大熊町は、二〇一七年三月に『大熊町震災記録誌』を刊行した。東日本大震災で起きた事態とそれへの対応について客観的な事実を追った記録誌である。本文の中扉には「記録誌の編纂にあたっては、関係機関で事実の認識が異なる場合、町側の証言・認識を採用いたしました」とあるが、基本的な事実について当時の役場の担当職員にアンケートあるいは聞き取りを行い、事実の確認を行いつつ編纂したとされる。ここに語られているように、この記録誌は、原発四機を抱え、それらが水素爆発などにより、住民避難を余儀なくされた大熊町の全町民が他所に避難し、大熊町役場は他市の行政機関に間借りをし、業務を行うという前例のない事態に関してどう対応したのか、その記録を後世に残すべく編纂されたものである。

2　東日本大震災の発生と住民避難

震災被害と原発事故の発生

大熊町《おおくままち》は、一九五四年一一月、町村合併促進法により旧大野村《おおのむら》と旧熊町村《くままちむら》が合併して大熊町となる。東北地方太平洋沖地震が発生した二〇一一年三月一一日に至る住民基本台帳によれば、人口一万一五〇五人（四二三五世帯）、町面積七八・七一平方キロメートル、六割が山林で構成される町であった。

大熊町は福島第一原子力発電所のうちの一号機～四号機が存在し、五、六号機が隣接する双葉

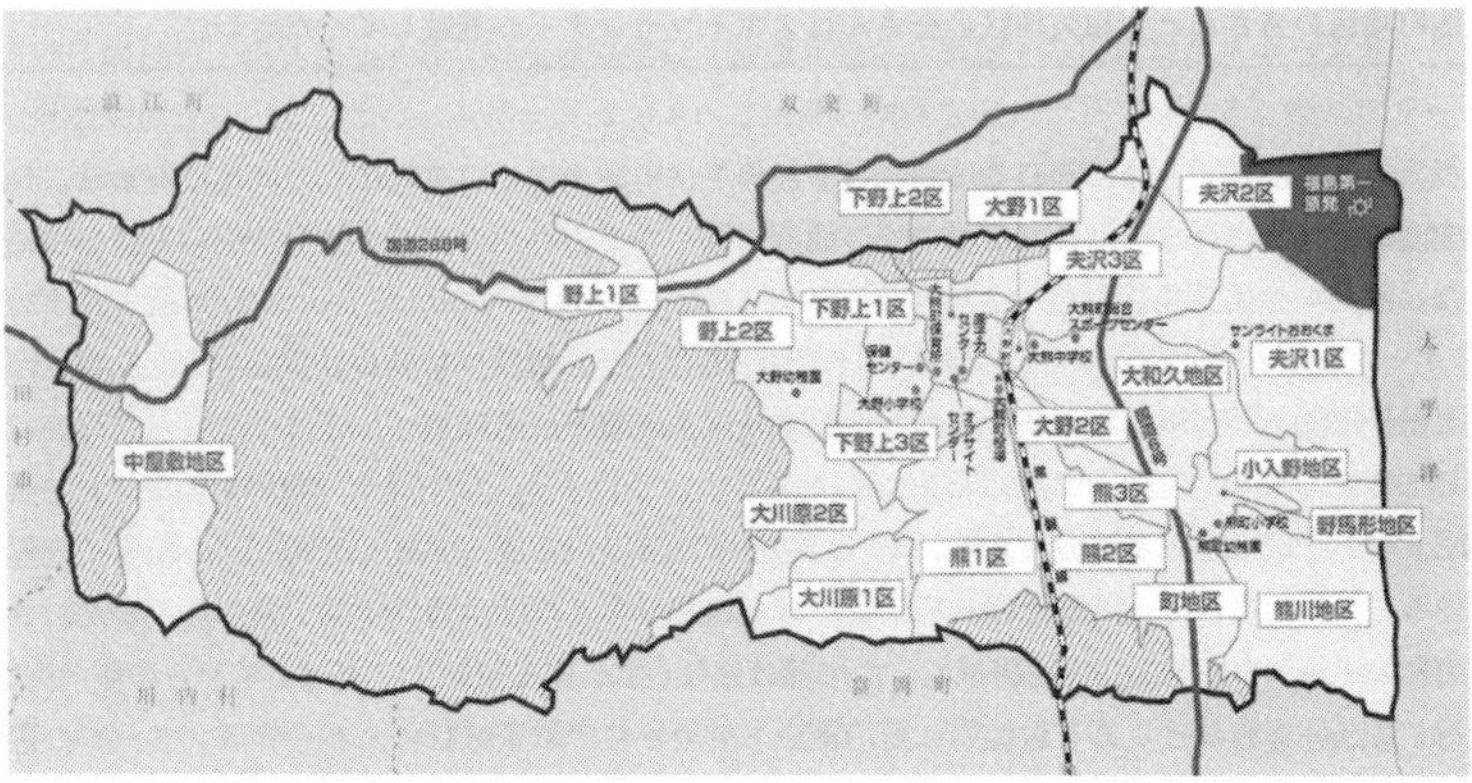

図6－1　大隈町内地図（『大熊町震災記録誌』55頁）

町にあった。これら原子炉の建設開始時期は一号基の一九六七年九月、四号基の一九七八年一〇月、双葉町の五号機が一九七八年五月、六号機が一九七九年一〇月であった。一号機の発電開始は一九七一年三月からであり、その後次々と発電が開始された。

さて、東日本大震災での地震の被害は、大熊町で震度六、津波の第一波は三月一一日一五時二七分、第二波は一五時三六分、波高は一三メートル、遡上高は一五メートルで、夫沢《おっとざわ》、小入野《こいりの》、熊川《くまがわ》で約二平方キロメートルにわたり浸水し、津波による死者は一〇人、行方不明者一人、地震による死者は一人であった。その後、震災関連死が一二〇人にのぼった。

原発の一号機~四号機が地震によって自動停止して以降の大熊町の対応を日報に沿って記述すると以下のようである。

第一原発・電源喪失

三月一一日

14：46　地震発生、第一原発一〜三号機自動停止
14：49　大津波警報発令、14：57、大熊町防災無線で津波避難広報
15：00　災害対策本部設置
15：27　津波第一波
15：36　津波第二波
15：42　東京電力、第一原発一〜五号機について原子力災害法第一〇条（全交流電源喪失）に該当と判断
16：36　第一原発一、二号機の非常用炉心冷却装置注水不能となり、東京電力は、原子力災害法第一五条に該当する事態と判断
17：00頃　東京電力から大熊町へ電話で第一五条の通報
17：21　大熊町は防災無線で、一〜三号機の緊急自動停止を広報
18：03　大熊町夫沢、小入野地区へ大熊中学校への避難呼びかけ
18：33　第二原発一、二、四号機が原子力災害法第一〇条に該当する事態（原子炉除熱機能喪失）と東京電力が判断
19：03　内閣総理大臣による第一原発の原子力緊急事態宣言
20：50　福島県、第一原発の半径二km圏内からの避難指示
21：23　内閣総理大臣が福島県知事、および大熊、双葉、富岡、浪江の各町長に第一原発の半径三km圏内からの避難、半径一〇km圏内の屋内退避指示

図6－2は東京電力から大熊町宛に送られた、原子力災害法第一五条に該当する緊急事態を通報するファックスである。先に電話で連絡のあった緊急事態の発生は一六時三六分であったが、大熊町へファックスで送信された文書は「確認の為送付」と付記され、大熊町が受信したのは、一九時〇七分であった。電話連絡からファックス送信まで約二時間半を要している。発信者は第一原子力発電所長吉田昌郎《まさお》、緊急事態の具体的事象は「非常用炉心冷却装置注水不能」とし、「現在もこの状態が続いてます（19：05）」と添え書きされている。すべての事態はここから始まった。前頁からの時間を追った経過は、三月一一日の午後二時四六分から夜の九時半まで次々と発生する前代未聞の異常事態であった。

'11年03月11日(金) 19時07分　宛先：大熊町役場　　発信：東京電力(株) 福島第一原発　緊急対策室　　R:837　P.02

確認の為の送付

様式9－1

原子力災害対策特別措置法第１５条第１項の基準に達したときの報告様式（原子炉施設）

平成 23 年 3 月 11 日
発信時刻　　時　　分

経済産業大臣，福島県知事，大熊町長，双葉町長　殿骨折

第　１５　条　報　告　　報告者　福島第一原子力発電所長　吉田 昌郎
連絡先　0240-32-2101(代)　（　　G　　）

原子力災害対策特別措置法１５条第１項に規定する異常な水準の放射線量の検出又は，原子力緊急事態に該当する事象が発生しましたので，以下の通り報告します。

原子力事業所の名称及び場所		東京電力株式会社　福島第一原子力発電所 福島県双葉郡大熊町大字夫沢字北原２２
原子力緊急事態に該当する事象の発生箇所		福島第一原子力発電所 ~~号機~~ 1、2号機
原子力緊急事態に該当する事象の発生時刻		平成 23 年 3 月 11 日 16 時 36 分　（２４時間表示）
発生した原子力緊急事態に該当する事象の概要	原子力緊急事態に該当する事象の種類	① 敷地境界放射線量異常上昇　⑦ 格納容器圧力異常上昇 ② 放射性物質通常経路異常放出　⑧ 圧力抑制機能喪失 ③ 火災爆発等による放射性物質異常放出　⑨ 原子炉冷却機能喪失 ⑩ 直流電源喪失（全喪失） ④ 原子炉外臨界　⑪ 炉心溶融 ⑤ 原子炉停止機能喪失　⑫ 停止時原子炉水位異常低下 ⑥ 非常用炉心冷却装置注水不能　⑬ 中央制御室等使用不能
	想定される原因	□特定　　☑調査中
	検出された放射線量の状況，検出された放射性物質の状況又は主な施設・設備等の状態等	1、2号機の原子炉水位の監視ができないことから注水状況が分からないため、念のために原災法15条に該当すると判断しました。 ⇒現在もこの状態が続いてます （19：05）
その他事象の把握に参考となる情報		

備考　　別紙は様式８－１の別紙と同じ

図6－2　原子力災害法第15条の適用通告（『大熊町震災記録誌』58頁）

避難、再避難と放射能に追われる町民

すでに一一日の二一時二三分には、大熊、双葉、富岡、浪江の各町長に対して、総理大臣から第一原発半径三キロメートル圏内からの避難、半径一〇キロメートル圏内屋内待避の指示が出されていたが、翌一二日の未明からは、行く先も不確かなままの避難が始まった。

三月一二日

05:20　第二原発一、二、四号機の圧力抑制機能喪失（原発災害法第一五条通報該当）
05:44　総理大臣が第一原発半径一〇km圏内避難指示を発令
06:00頃　総理大臣補佐官から大熊町へ「一〇km圏内避難指示」の電話連絡
06:09　防災無線と広報車で全町民に避難指示の広報
06:30　**町民避難**（各地区集会所などに集合、バスで避難所へ）、一二日の一四時頃まで避難続行
07:45　総理大臣が第二原発の原子力緊急事態宣言を発令、第二原発の半径三km圏内避難指示、半径一〇km圏内屋内待避指示
16:30頃　避難先の田村市総合体育館に大熊町災害対策本部設置
18:25　第一原発半径二〇km圏内からの避難指示、大熊町町民の避難先であった都路《みやこじ》地区も避難指示圏内になり、**再避難を行う**

以上の時間経過から、最初の避難指示に従い大熊町からバスや自家用車で田村市へ避難したが、避難先が再び第一原発から二〇キロメートル圏内とされ、再避難となった経緯である。

一二日早朝の住民避難については、避難先は「田村市」という連絡を福島県から受けるものの、行く先の詳しい指示もなく、国土交通省手配のバス五〇台が一二日午前三時頃到着しはじめ、住民が次々と乗り込み、職員も同乗、道路が渋滞するなかを田村市に向かった。自家用車で避難する者も含め約二〇〇〇人の住民は、田村市スポーツセンターに避難していた。「サンライトおおくま」の介護の必要な入所者一一〇人はバスに乗車できない人たちも含め、ようやく午前一〇時に避難を完了した。田村市都路地区の避難先も一杯となり、三春町《みはるまち》や郡山市など、隣接する四市町二〇カ所以上の避難所に町民は分散避難となった。

しかし、一二日の一八時二五分、国の避難指示が第一原発から二〇キロメートル圏内に拡大され、避難先の田村市の住民も避難せざる得ない状況となり、大熊町町民は、田村市の指示で田村市船引《ふねひき》小・中学校へ再避難した。この段階では、避難は一時的と誰もが思っていたという。この時に避難後初めて田村市総合体育館で大熊町災害対策本部会議が開かれている。

ところが、一四日には第一原発三号機が水素爆発、一五日には第一原発四号機が水素爆発した。一四日に避難所の再編成が行われ、総合体育館に二一〇七人、新たに開業前の「デンソー東日本」（田村市船引光陽台）が避難所となり、一九六五人が避難した。この間、避難民は放射線スクリーニング検査の対象となったが、住民は災害対策本部からは大熊町に立ち入らないという通告を無視して、自宅へ戻り必要なものを取り出すなどした。この段階では、道路はまだ立ち入り禁止とはなっていなかったからでもあった。自衛隊による残留者捜索で大熊町からは四〇人が救助された。この時には付き添いの役場職員は防護服で付き添った。

二次避難——丸ごと町が避難する

三月一八日　避難所で初めての死者が発生、心身の不調を訴え、子供の就学問題（小中学校就学予定者一五八四人）などが話題となる。中旬よりノロウイルス流行、町民がひとつにまとまることができる避難所の必要性が大きくなる。

三月二二日　大熊町教育長と会津若松市教育長との話し合いで会津若松市の全面支援の約束

三月二四日　大熊町長と会津若松市長が会談

＊廃校跡を避難所として想定（水、電気、その他の確認）

＊福島県観光課が旅館施設の無料受け入れを了承

三月二五日　大熊町長、報道を通じて会津若松市への二次避難を発表、各避難所を回り、町民への説明

会津若松市へ二次避難となり、分散避難したい町民は、四月三日、四日に放射能スクリーニング実施後、四月三日に田村市と三春町から一一五七人（バス四七台）、四月四日に田村市総合体育館とデンソーから一〇一八人（バス四四台）、四月七日に郡山市内の避難所からも、四月二五日には田村市から三五人（一七世帯）会津若松市へ移動した。総計二〇〇〇人を超える町民が会津若

松市内に集約された。この間、四月五日には県立会津学鳳《がくほう》高校で、大熊町役場会津若松出張所が開所した。

二次避難の経緯は以上のような流れであったが、町民の間でもっと関心が高かったのは、子供の教育問題であった。会津若松市は、教育環境、医療環境に優れ、放射能汚染にも気遣いがないという点があり、その上、市の支援体制が十全であったことによって、一つの自治体のなかに別の自治体が存在するという例のない、行政上の一種の実験的試みが遂行された。

その象徴的な事柄は、会津若松市が行政サービスの調整事項をまとめ、各担当部局ごとに会津若松市と大熊町が実施すべきことなどを項目ごとに分別したことであった（『震災誌』八七頁の表）。行政サービス区分のうち、会津若松市が市の業務を負担する場合、あるいは施設を利用する場合などの項目を示し、協議を重ねたという。

会津若松市と大熊町の行政サービス事項八八項目が示され、そのうちの三五件は大熊町自らが実施し、会津若松市と大熊町が協議継続するべきもの二件を除く五一項目は大熊町の行政サービスを会津若松市の事業として実施されるとした。たとえば、財務担当の住民税課税業務や、大熊町民仮設住宅や民間借り上げ住宅入居者のゴミ収集、あるいは図書館利用など、会津若松市が実施するとされている。実に多様な業務を大熊町の行政サービスを会津若松市が担うことが提案された。一つの行政体に他の行政体が一時的であれ同居するという前例のない試みであった。

住民のさまざまな動き

全町の緊急避難以降、住民たちはそれぞれ所縁のあるところを求めて避難先を変えている。会津若松市への避難者は五年間で当初の三分の一ほどに減少したが、当初避難先となっていなかったいわき市へは、震災の年の翌年には三四〇〇人、五年後には四七〇〇人余りの大熊町民が避難していた（表6－1）。こうした動きは、もちろん福島県内にとどまらない。

表6－2は全国各地へ避難した大熊町民の震災後五年間の動きである。受け入れ先との関係も考える必要があるが、避難先は全国的に分布している。もちろん、東北地方のうちには、（ ）内に示した大熊町民に限らず福島県内の避難者数が含まれている。福島県内を除くと、関東圏に多くの避難先を求めた人が多かったことがわかる。この点については、親が仕事を求める、子供の放射能汚染を恐れ、教育の機会が豊富に得られる地域などの理由が挙げられるが、大熊町への復帰を復興の基本とする行政にとっては、町民の避難先の把握は大きな課題であった。

当初、会津若松市での避難先は、市内や周辺自治体のホテルや旅館が指定された。福島県の指示により、会津地方の六〇以上の施設が

福島県内	H23.8.31	H24.10.31	H28.9.1
福島市	253	258	276
会津若松市	3,684	2,850	1,191
郡山市	729	814	1,134
いわき市	1,754	3,408	4,753
喜多方市	326	153	51
相馬市	80	79	111
田村市	65	64	65
南相馬市	78	159	260

表6－1　大熊町避難者の福島県内分布推移
（『大熊町震災記録誌』95頁の表から作成）

	H23.8.31	H24.10.31	H28.9.1
北海道・東北	8,033	8,615	8,929
（福島県）	**7,649**	**8,254**	**8,470**
関東	2,537	2,090	2,389
北陸・中信	609	425	357
東海	78	69	65
近畿	88	63	47
中国	31	21	17
四国	11	4	3
九州・沖縄	81	73	89
合計	11,468	11,360	11,896

表6－2　大熊町避難者の全国分布の推移
（『大熊町震災記録誌』95頁の表から作成）

割り当てられ、宿泊、食事代も避難者の負担はなかった。しかし、均質な対応が得られるわけではなく、不満や要望、苦情が募った町民はみずからアパートなどを見つけて退去するなど、避難者の数は変動し続け、震災発生から九カ月後の二〇一一年の年末にはすべての旅館・ホテルから町民は退去した。

町民向け仮設住宅建設は会津若松市内やいわき市内で五月から着手され、入居は住民同士の繋がりを重視する配慮が取られた。しかし、避難の長期化が予想され、賠償金を元に土地を探し家を建てる人々が多くなり、仮設住宅の入居率は二〇一四年一〇月の九〇％から、五年後の二〇一九年には二二・八％まで減少した。

これに伴い、避難町民の生活支援を行う行政の拠点も会津若松市のほかに、いわき市にも設置され、住民たちのコミュニティー維持の拠点も会津若松市、いわき市のほか、中通りの郡山市にも設ける計画が立てられた（二〇一七年三月段階）。

3　大熊町の復興計画と除染

汚染度の線引きによる分断を避けた大熊町

国は、二〇一一年四月二二日に、福島第一原発から同心円上に半径二〇キロメートルを警戒区域（立入り禁止区域）、半径二〇キロメートル圏外で一年間の積算線量二〇mSv（ミリシーベルト）の区域を計画的避難区域、半径二〇〜三〇キロメートル圏内で緊急時に屋内退避、避難準備をする区域を緊急時避難準備区域の三圏域と定めた。これによって、大熊町は全域が警戒区域となった。しかし、二〇一一年一二月には、第一原発の原子炉が「冷温停止状態」となったとして、これまでの警戒区域と計画避難区域を見直し、年間積算線量に応じて、避難指示解除準備区域（二〇mSv以下）、居住制限区域（二〇mSv〜五〇mSv）、帰還困難区域（五〇mSv）に再編する方針を決めた。線量による線引きで町が分断され、町の六〇％、居住人口九〇％を超える地域が帰還困難区域に該当した。会津若松市へ住民の大半が避難し、町役場の開所式が行われた二〇一一年四月五日の二カ月後の六月三日、第一回大熊町復興構想の検討をはじめた。その半年後の一〇月三一日に復興構想案を策定した。町への帰還を前提とする以上、放射能除染が前提となる。

そこで大熊町は、国と除染についての協議を前提に、「避難指示解除見込み」時期を全町一律として、精神的賠償と不動産の損害賠償に区域での差をつけないことを確定させ、二〇一二年九月二一日には第一次復興計画を策定した。この構想に基づき、復興帰還区域となる大川原《おおがわら》の南《みなみ》平《だいら》の先行除染を開始し、翌二〇一三年四月一日には町役場現地連絡事務所を開所させた。この間、二〇一三年四月一五日、国が要望する中間貯蔵施設設置問題について、国や県との交渉を経て、三〇年間の貯蔵を認めるが、最終処分場にそのまま移行することはしないという条件を付して、双葉町二カ所、大熊町六カ所、楢葉町一カ所の計九カ所が決定された。

大熊町庁舎開設へ

汚染線量の低い大川原地区へ先行除染を開始した翌二〇一三年四月一日には、町役場現地連絡事務所を開所した。大川原地区への町役場建設を二〇一八年五月一六日に着工、二〇一九年三月二九日に完成させた。故郷への帰還の第一歩として、新庁舎建設は住民にとって大きな期待を抱かせた。二〇一九年五月に役場機能が大川原の新庁舎に移るに従い、会津若松市といわき市の出張所は大幅に機能を縮小しているものの、三拠点とも戸籍や税務関係の手続きができるよう窓口職員と保健師を置いて住民サービスに配慮しているという。また、会津若松市には町立幼稚園・小学校・中学校がいまも開校しているため、教育長以下職員は会津若松出張所に勤務している現状だという。

もちろん、住民が戻ってきての町役場であるから、ここに復興住宅の建設が進められ、第一期工事（工期二〇一八年一二月二六日～二〇一九年四月三〇日）で五〇戸が建設された。二〇二〇年九月一日現在の入居者数は五〇世帯七一人、第二期工事（工期二〇一九年一一月七日～二〇二〇年三月二七日）で四二戸が建設され、二〇二〇年九月一日現在の入居者数は二一世帯三〇人であるという。その後第二期は入居予定者が決まり、残り一戸となっている（二〇二〇年一〇月一九日聞き取り、補足一〇月二七日）。

大川原に建設されている災害復興住宅地へ案内していただいた。一区画八〇坪という広い住宅の庭一杯に植木鉢やら、植木を植えている夫妻にお話を聞いた。仮設住宅で育てていた植木鉢の花々などを持ってきたが、故郷へ戻れた実感がかけがえのないものだという気持ちに溢れていた。

4　まとめにかえて

以上は、『大熊町震災記録誌』に沿って事実経過を追った。記録誌以降、現在にいたるまでの住民動向については、聞き取りによって補った内容である。

会津若松市への町ごとの移転という前例のない避難を強いられた大熊町であったが、「避難指示解除見込み」時期を全町一律として、精神的賠償と不動産の損害賠償に町内区域での差をつけないことを国に確定させた大熊町の復興計画では、住民を分断させないという原則が効果を発揮したことは疑いない。すでにいわき市やその他の避難先の地で家を建て大熊町へは戻らない人達のなかにも、故郷回帰への気持ちが強く、墓だけは故郷に残したいという町民も少なくない。こうした町民への配慮として、大熊町が一望できる丘の上に「やすらぎ霊園」も建設された。もちろん、遺骨のスクリーニングを行った上でのことだという。

聞き取りを行った二〇二〇年一〇月中旬、瀟洒な二階建ての新庁舎で、三人の職員からお話を聞いた。記録誌の企画を担当した喜浦遊《きうらゆう》氏は、長崎出身だという。毎日新聞に入社して最初の赴任地が福島であり、二〇一六年に大熊町職員に転職、そのまま記録誌編纂の担当になり、二〇一七年三月に完成させた。少し大げさかもしれないがとしながらも、百年後にも残る客観的な記録が必要だと感じ、全職員へのアンケート調査などを行い事実の確認を基本にしたという。大熊町に「しがらみ」がないことが客観的な事実の記録に与ったとの感想を漏らしている。

現在も会津若松市の大熊町出張所に勤務する武内洋氏は奥さんも役場の職員であり、次々と変わる避難先の行政要員としての勤務で、お互いに一カ月間、会うこともできない状態であったという。子供四人のうち、保育園の二歳児がどうなったか一番心配だったが、目の前の住民への対応がまず優先され、家族からの連絡がないことが無事の証拠と思わざるを得なかったと話された。

幾橋みね子氏は、災害対策本部詰めであり、当時全体の動向を把握できる立場であったことから、紹介された。詳細なメモを残されており、不満も愚痴も一杯書いてあるから、他人には見せられないと話されていたが、メモをとることが一種のストレス解消でもあったという。幾橋氏が漏らされた言葉でもっとも印象に残ったのは、武内氏と同じように、子供に会えなかったことである。汚染問題も深刻であったから、山形のご主人の実家に子供を預けた。しかし、もっとも多感な中学生の時期を側にいてやれなかったことを悔いているという。退職しようかと思うことも度々あったが、ここまでこられたのも職員としての立場があったからだと思っているという。

職員もそれぞれ家族を抱え、悩みながらもこの一〇年の歴史を刻んだ。公の記録誌の裏にこうした行政職員の声には出せない苦労があったことを改めて思い知らされた。

Ⅱ

関東大震災――死者供養と寺院移転

関東大震災では、一〇万五〇〇〇人の死者が出た。東京市だけで、このうちの六三％にあたる六万五九〇二人が亡くなっている。ほとんどが地震後まもなく発生した火災による焼死であった。東京本所の被服廠跡に避難した三万八〇〇〇人以上の人々が火災旋風によって焼死し、焼骨の山に向かって自然発生的に人々が手を合わせ、僧侶は供養のお経をあげた。ここで亡くなった人たちは誰が誰ともわからずに火葬に付されて、遺骨となった。関東大震災の被害を象徴するこの場所に建てられた震災記念堂には、現在、戦災で亡くなった人々の遺骨と併せ、一六万の人々の遺灰が納骨堂に納められ、震災犠牲者については、毎年九月一日に全宗派の僧侶による供養の祈りがささげられている。

火災によるこの大量の焼死者は、当時の東京市の中心部の四三％が焼失したためであった。当然のことながら、帝都東京の復興問題は、国家の喫緊の課題となる。九月二日に山本権兵衛《ごんべえ》内閣の内務大臣に就任した後藤新平は、東京改造の好機と捉え、壮大な帝都復興事業を画策した。震災から四カ月後に虎の門事件によって内閣総辞職とはなったが、後を引き継いだ後藤の子飼いの都市計画の官僚たちが縮小した復興事業を遂行した。道路幅の拡充、減歩《げんぶ》一割の土地の無償提供、さらに墓地移転の跡地の宅地化などによって、区画整理事業は一応終わり、一九三〇年に復興祭が執り行われた。

この時の墓地移転は跡地を宅地にするために、江戸時代以来埋納されている遺骨を徹底して掘り起こし、郊外地へ移転した。東京市公文書館には当時の墓地の移転事務の資料が多数残されている。

墓地移転問題については、一般住宅の区画整理とほぼ同様な方法で行われた。Ⅱ部の各章では、震災による寺院の被害とその後の墓地移転を資料に基づいて検討する。

第7章
関東大震災の寺院被害と復興――関東圏における真言宗智山派寺院の場合

1　これまでの研究

関東大震災後の寺院・墓地移転についてわかったこと

関東大震災における寺院被害と復興についての研究は多くないが、東京市の寺院移転問題についてはいくつかの研究がある。宗派を問わず、郊外移転によって寺町《てらまち》が形成された地域として有名な烏山《からすやま》町に関する展示図録（世田谷区郷土資料館、一九八一）では、寺町形成に至る歴史の概要と移転寺院二五カ寺の紹介を行っている。また個別寺院については、東京市内の真宗本願寺派寺院の被害の概要を知ることができる（築地別院慶讃二法要記念事業特別委員会出版部会、一九八五）。

築地本願寺は郊外移転を決めたものの、檀信徒の反対によって移転構想を破棄し、一九三〇年、すなわち帝都復興祭の年に現地に新築することが決定された。辻岡健志は内部資料の分析を通じ、伊東忠太による特異な寺院建築が実現する過程を明らかにしている（辻岡、二〇一七）。

都市計画史・建築史の分野では江戸初期の寺町成立から明暦《めいれき》の大火、明治期の市区改正事業、震災に至るまで移転を繰り返しつつ形成されてきた寺町が、都市空間で伝統的文化景観を保持しつつあることの今日的意味を読み解く分析がなされている（千葉一輝他、一九九〇・一九九一）。

歴史学の最近の成果としては一八八九年の市区改正以来、課題とされてきた境内墓地の移転を一挙に推し進めようとした東京市の思惑とその実態が明らかにされている（鈴木勇一郎、二〇一六）。さらに、震災後の区画整理に直面した二寺院が抱える移転問題についても詳細に分析されている（田中傑、二〇一一）。

以上の研究では、東京市の場合、寺院移転はかねてから市区改正事業における喫緊の課題とされており、関東大震災を機に計画されたものではなかったとする。しかし、これらはいずれも東京市における寺院移転を対象としており、震災府県の被災寺院を広く対象としたものではない。当然のことながら、震災によって被害を受けた寺院は東京市だけではなく、関東平野の震災府県にも広く存在していた。ここでは被害の大きかった四府県、東京府、千葉県、神奈川県、埼玉県における真言宗智山派の被災寺院の状況と復興までの過程を見ていく。

なお、以下では被害を受けた寺院を罹災寺院と表現する場合は歴史史料に基づくことにして、一般的な表現として被災寺院とすることにした。

震災被害を受けた寺院の内部史料について

ここで分析の対象とする史料は、京都の真言宗智山派《ちさんは》総本山智積院《ちしゃくいん》宗務庁が所蔵する『大震災被害調査表』とその関連史料群である。智山派寺院の震災被害調査表は震災直後の一九二三年九月一九日、智山派本山が被害地の宗務支所に依嘱し、調査させたものである。関東大震災当時、智山派本山宗務所は東京愛宕山《あたごやま》下真福寺《しんぷくじ》に置かれ、寺院関係事務を統括していた。

調査項目は「被害寺院調査表」（『智嶺新報』二七一号）に見られるように本堂・庫裡《くり》・門などの建造物規模とその被害（焼失、全潰《ぜんかい》、半潰《はんかい》、破損、傾斜）、仏像など什器類、被害総額、復旧への希望など多岐にわたっている（表7－1）。京都本山が提示した調査項目に基づいて作成された調査表は支所ごとにまとめられ、支所を管理する住職の奥書を添えたうえで本山に提出された。

ここでは調査対象の坪数、被害の状態、損害概算額が被害物件ごとに示されている。たとえば千葉県君津郡成願寺《じょうがんじ》（君津市中島一〇〇五）は中島宗務支所を兼ねる重要な寺院であったが、庫裡三カ所として挙げられた被害の坪数は空欄で、被害額七五〇〇円と記入されている。井戸の被害は記入されているが、水田の被害は集計結果からは外されている。

被害状況についての記述は寺院境内地（本堂、庫裡、什器、付属建物）に限られ、寺院の私有地とみなされるものは除外されたと思われる。なお、墓地は被害調査の対象外であった。

府懸　宋務支所　町村大字　等地　寺院			
名稱	建物	焼失又ハ倒潰ノ部分	損害概算
本堂	間口　間　奥行　間　建坪　坪　造　葺		
庫裡	間口　間　奥行　間　建坪　坪　造　葺		
門	建坪　坪　造　葺		
其他建物			
什器			
被害總額　金			
被害後の施設			
復舊に對する希望			
備考			

表7－1　「被害寺院調査表」

ここからは被害の実態とその分析、本山による被災寺院の救助策とそれに対する被災寺院側の対応、寺院が行う慰霊行事などを史料から読み取っていく。関東大震災での寺院被害については寺院内部の史料が公にされていないため、寺院側の震災対応策が示された史料は極めて貴重である。

名称	建物	焼失／倒潰	損害概算
本堂	間口15間・奥行間、坪数91坪、木造、茅葺	大破	1,500円
庫裡	計3棟、此建坪124坪、木造、萱葺	少破	750円
門	計3門	少破	300円
其他建物	計7棟	少破	1,000円
什器	仏体、仏具	破損	200円
水田用水・井戸	突貫井戸2カ所減水	復旧費	700円
水田	畦畔陥没、延300間	復旧費	600円

表7－2　君津市中島　成願寺の震災被害報告
(「千葉県中島支所下　震災被害届」真言宗本山智積院宗務所蔵)

2　真言宗智山派寺院の被害

関東大震災時の各宗寺院数

真言宗智山派は各宗派のなかで、どれほどの寺院を擁していたのか。関東大震災の復興祭が行われた一九三〇年、全国の寺院数は七万一二四一寺であった。

二〇〇〇以上の寺院があったのは関東圏で埼玉、千葉、東京、神奈川、北陸の新潟、関西圏では愛知、三重、滋賀、京都、大阪、兵庫であった。このうち最も多くの寺院が存在したのは愛知県（三六一八寺）、次いで滋賀（三一八八寺）、京都（三〇七二寺）、兵庫（三〇四九寺）で関西圏に集中しているが、近代化の過程で人口が集中した関東圏、関東大震災で被害を受けた六府県にも多くの寺院が存在した。

宗派別寺院数のうち最も多くの寺院を持つのは真宗（一万九六八七）、次いで曹洞宗（一万四二三四）、真言宗（一万二一一二）となる。この三宗派のうち震災六府県の寺院数は真言宗（三七九〇）、曹洞宗（二四二八）、真宗（二〇一一）で、真言宗の宗派寺院が最も多い。真言宗の二大宗派は豊山《ぶざんは》派・智山派であるが、ここで分析対象とするのは智山派の震災被害寺院である。真言宗の寺院は相対的に見て関東圏に多く分布していたため、ほかの宗派よりも震災による被害を受けた寺院が多かった。

四府県の真言宗智山派寺院の震災被害

寺院の被害実態と復興の問題に入る前に神奈川、千葉、東京、埼玉の被害状況を関東大震災の震度分布図、地盤図に示し、被害状況を把握しておく。

関東大震災の住宅被害に基づいて作成された震度分布図に被災寺院を加え、千葉県、神奈川県、東京府、埼玉県の四府県別に示し、まとめて表示した。これらの図の作成については、関東大震災における住宅被害・全潰率から震度分布図を作成した諸井孝文氏の協力を得た。以下は諸井氏による分析結果である。

ここでは四府県の被災寺院の分布図を住家の全潰率およびそこから推定された震度の分布と比較している（諸井・武村、二〇〇二）。各府県の寺院被害の特徴を見ると、千葉県の倒潰寺院は一般の住家と同様に房総

宗派	寺院数
天台	4511
真言	12112
浄土	8303
臨済	5933
曹洞	14234
黄檗	523
真宗	19687
日蓮	5023
時宗	491
融通念仏	356
法相	41
華厳	27
合計	71241

表7－3　全国寺院数
（1924年）
（伊藤由三郎編輯『全国寺院名鑑』1930年）

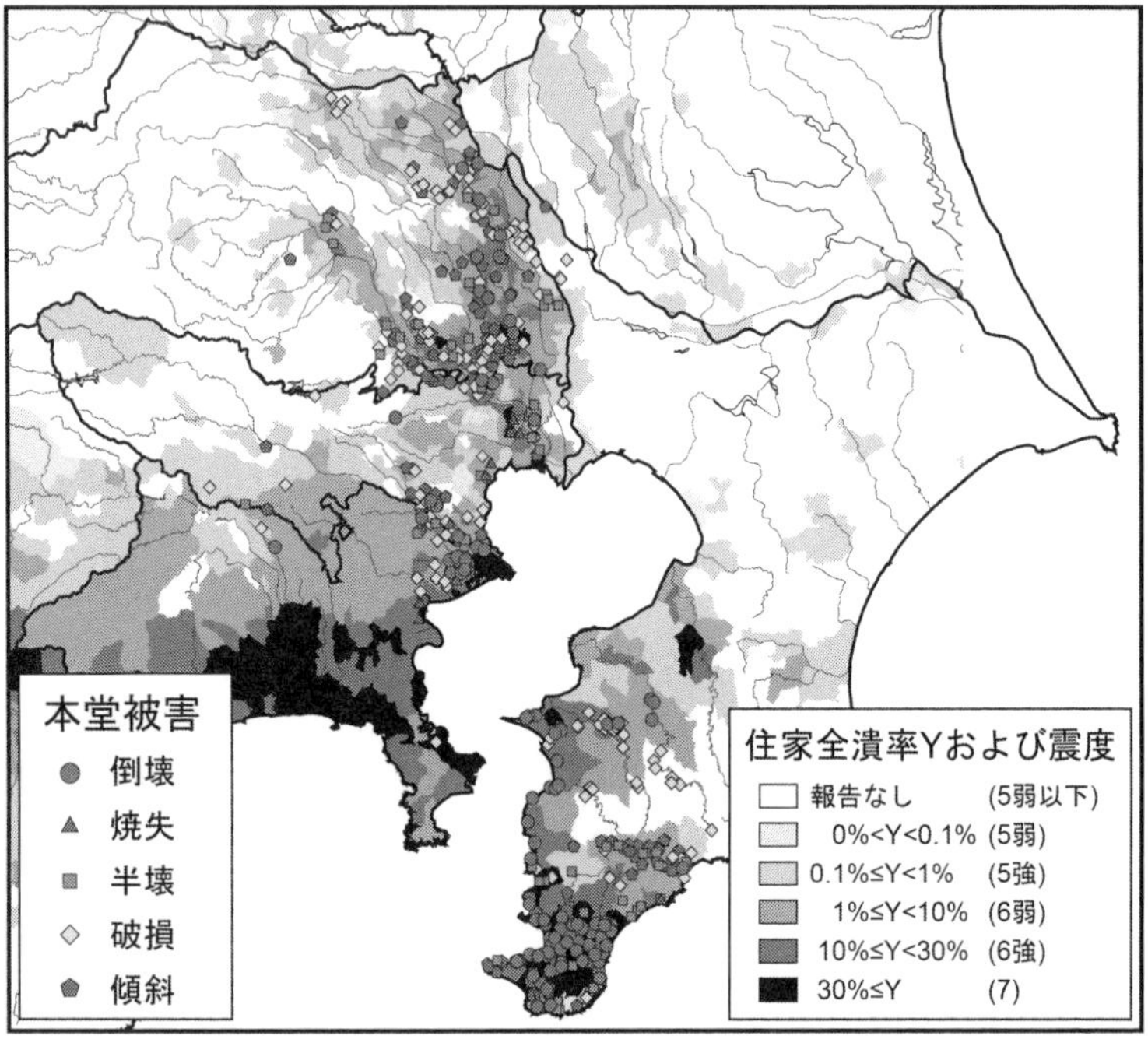

図7－6　四府県の真言宗智山派寺院の被害分布

半島先端の安房郡《あわぐん》の館山《たてやま》低地に集中し、そのほかは内房の海岸線に沿って点在している。また、外房の鴨川低地では傾斜もしくは半潰程度の寺院が分布している。

神奈川県では川崎市の倒潰寺院が目立ち、横浜市では焼失のほかは破損・傾斜の被害に留まっている。東京府では東京低地・多摩川低地の被害が多く、特に多摩川低地では住家全潰率一％前後という比較的に被害の小さい地域でも倒潰寺院が認められる。埼玉県の寺院被害は住家被害と同様に生じており、荒川低地および中川低地の被害が多い。

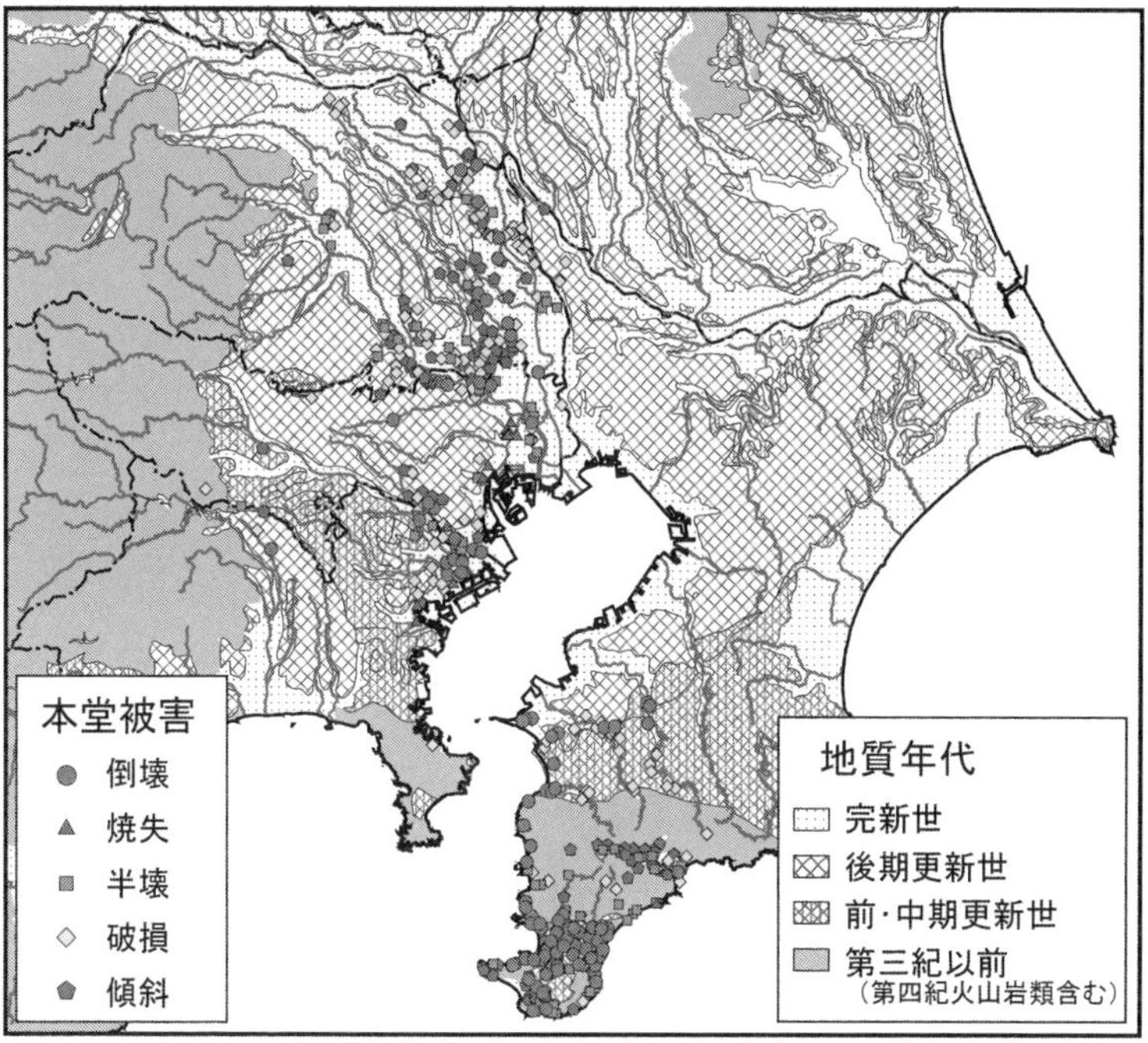

図7－7　真言宗智山派寺院の被害分布と表層地質図

このうち中川低地では寺院の倒潰も多く発生し、南北に広がる分布を見せている。

寺院被害と住家被害の分布

これらの府県別の寺院本堂被害をまとめ、住家全潰率と比較してみると、関東大震災における寺院の被害は主に高震度地域、つまり住家全潰率が高い地域で発生していることがわかる。一部の地域で多少の違いはあるものの、寺院被害と住家被害の分布はほぼ同じである。震度七が推定されている神奈川県南部では寺院被害がないが、これは真言宗智山派寺院が丘陵地帯に分布しているためであり、地形条件を反映している。

これまで見てきた寺院被害の分布を地質調査所（一九九五）による表層地質と重ねてみると、寺院本堂の被害は完新世《かんしんせい》低地に広がっており、一般住家の被害分布とよく似ている。地域性を考察するには無被害の寺院についても調べる必要があるが、この結果からは寺院被害の分布と住家被害のそれに大きな違いはなく、いずれも低地に多いことが指摘できる。

ここでは地震の被害分布を住宅被害の全潰率から求めた震度分布図により、地質図と重ねた考察を行った。先の『大震災被害調査表』はこうした分析的・概観的把握とは異なるが、寺院の被害状況を早急に把握し、再建に向けた対策を考えるという意図があったと思われる。

被災寺院の巡回見分

『震災害慰問調査　派出報告』によれば震災発生後、愛宕山下真福寺にある智山派寺院全体を管轄する宗務所は九月二日午前一時に真福寺類焼とともに焼失し、宗務管理に必要な書類もすべて失った。詰めていた所員たちは愛宕山や芝公園、三田仏乗院《みたぶつじょういん》、三日には三田大聖院《だいしょういん》など避難先を転々とした後、八日に焼失を免れた下谷《したや》の西蔵院《さいぞういん》を宗務所仮事務所とした。

九月五日、鵠沼《くげぬま》の別荘に避暑中の石川大僧正（成田山新勝寺《しんしょうじ》住職）の見舞いと真福寺・宗務庁の被害報告を兼ねて高麗慈充（会計部主事）は自転車で東海道を下り、鵠沼の別荘を訪れた。その際、道路の亀裂や橋梁の陥落、家屋倒潰の惨状を目にしている。

真福寺の被害を体験した宗務所所員たちは関東一円の被害を把握すべく、巡回見分を行った。

被災寺院の継続的調査が始まるのは九月一四日からで、宗務所会計部長の田辺栄隆は随員一名を伴い、智山派寺院の被害状況の把握と慰問という目的で巡回調査を始めた。

この調査は九月一九日の宗務所からの指示による被災寺院の調査より前、一四日から行われている点に注目したい。地域寺院の統轄事務を束ねる宗務所が焼失したのは、東京ではこの智山派真福寺宗務所のみで、ほかの宗派の宗務所は焼失を免れた。宗務所所員たちは被害の大きさに驚き、自発的に被害状況を把握しようとしたと推測される。

ここからは巡回記録を通して、彼らが目の当たりにした智山派寺院の被害状況を見ていく。カッコ内に示した巡回寺院の住所は震災当時の住所ではなく、『真言宗智山派寺院・教会名鑑』(二〇〇九)の現住所表記に従い、地図に表記した寺院もこれによった。若干の所在未確認寺院を除き、智山派の被災寺院は震災当時からほぼ移動していないことが確認できる。

東京市の寺院の被害状況

九月一四日、焼失した真福寺(港区愛宕一―三―八)のある愛宕山から南に下り、三田、馬込《まごめ》、多摩川流域を囲む六郷《ろくごう》へと南下しつつ、被災寺院の状況を巡回記録している。すぐ近くの三田鏡照院《きょうしょういん》(港区西新橋三―一四―三)も全焼し、馬込に至る地域では総じて被害は僅少としている。

翌九月一五日は早朝から羽田へ向かう。亀裂の入った道路や泥道を歩みつつ羽田の自性院(大田区本羽田《ほんはねだ》三―九―一〇)に着くと庫裡は全潰、本堂は傾斜という有様で、檀徒が応急策を講じていた。六郷組一八カ寺のうち本堂や庫裡の全半潰あるいは傾斜、門倒潰、屋根瓦落ちなどが一〇カ寺、被害僅少は八カ寺で、このうち増明院（大田区鵜《う》の木《き》一五―五）では避難民が多いと観察している。一五日は「日ハ没シ省線モ既ニ汽車興リ、為ニ疲シ足ヲ引摺リツツ……京浜蒲田駅ニ至」り、仮事務所に戻った。

九月一七日は神奈川支所の巡回検分である。午前七時半に出発し、品川から電車で新子安まで行き、六郷橋を渡る。途中、新子安では倒潰家屋のなか、塵埃《じんあい》を浴びつつ午前一〇時に東光寺（横浜市神奈川区東神奈川二―三七―六）に着く。東光寺は本堂が半潰、庫裡が全潰であった。普《ふ》門寺《もんじ》（横浜市神奈川区青木町三―一八）は全焼したが、本尊と過去帳は井戸に投げ入れて無事であった。金蔵院（神奈川区東神奈川一―四―三）は本堂が全潰、庫裡が半潰、鐘楼が全潰であった。

延命院（野毛山《のげやま》不動尊、横浜市西区宮崎町三〇）に行く途中、岡山工兵隊が応急作業で架橋した高島橋を渡り、正午に野毛山不動尊に着いた。住職は、寺は全焼したが避難民が建物を破壊してまで猛火と戦い、本尊を急造のバラックに納めたと語った。「携帯ノ握飯ヲ喫シ小憩後火葬ノ煙ニ鼻ヲ抱《かか》ヒツツ新子安迄引返シ鶴見駅下車、東福寺ニ至」った。一一カ寺を回ったが、神奈川支所の寺は総じて本堂が倒潰、あるいは庫裡が倒潰など、被害が甚大であると記している。

神奈川県・千葉県・埼玉県の寺院の被害状況

特に真観寺《しんかんじ》（川崎市川崎区大島二―一〇―一六）は本堂・庫裡ともに全潰し、住職とその子供は家屋の下敷きになって即死し、妻と子供四人が残された。「日没頃川崎駅ニ辿リ付キ六郷橋ノ徒歩連絡ヲ心配シツツ乗車十五分ヲ要スル渡橋モ無事過キテ午後八時十分帰宅」、本日の行程十里余と記す。二四日には汽車で大原、成東を経て錦糸町に帰着し、仮事務所の下谷西蔵院に戻り、二六日に報告書を提出した。

　この後、日を改めて別動隊が九月一九日に東京荏《え》原《ばら》郡玉川村金剛寺（世田谷区中町二―二〇―一一）近辺の三、四寺を巡回した。九月二一日から二四日にかけては千葉県の東京湾に沿った内湾の君津、富津《ふっつ》辺、山武《さんぶ》郡作田の辺り、さらには別動隊が二〇日には香取、海上郡、二三日には匝《そう》瑳《さ》、印旛《いんば》各郡の寺院を巡回し、被害僅少と判断された。しかし、激甚被害を受けた安房郡には赴くことができなかったようである。埼玉県については九月二一日に羽生《はにゅう》、二二日に熊谷《くまがや》辺各郡の宗務所で「教令」を伝達したと記録されている。

　ここで最も重視されたのは調査項目に基づく被害報告であったため、広範な地域を自動車でめぐる程度だったようである。埼玉県の被害は蕨《わらび》町、川口近辺を除き、概して「僅少」と記録され、宗務所で各支所管轄の被害概数を聞き取りする程度であった。

　しかし被害の激しかった神奈川県では九月二六日、東京では一〇月八日に北部の岩淵《いわぶち》・南葛飾、隅《す》田《だ》の被害激甚地域にある宝蔵寺（墨田区八《や》広《ひろ》六―九―一七）、蓮華寺（墨田区東向島三―二三―一七）など本堂が全潰、庫裡が半潰している寺院を巡回し、一〇月一八日の勝智院《しょうちいん》（江東区大島《おおじま》五―三九―二〇）を最後に被害調査のための巡回を終えた。

　調査では二名一組となって巡回した。本山から被害調査の指示が出されてから被害見分というよりはむしろ、本山からの被害調査に応じるよう各寺院に伝達することが重要な目的となったようである。

県	1906年	1923年	1935年	2009年
埼玉	625	594	590	603
東京	217	217	170	196
神奈川	39	41	41	44
千葉	776	732	703	625
計	1657	1584	1504	1468

表7－4　智山派寺院数の変遷（明治・大正・昭和・平成）
1906年：『新義真言宗智山派宗典』智嶺新報社、明治39年
1923年：『智山派宗典』芙蓉浄淳等編、智嶺新報社、大正12年
1935年：『寺院明細帳』智山派宗典編輯部、昭和10年
2009年：『真言宗智山派寺院・教会名鑑』真言宗智山派宗務庁

府県	関東	被災寺院数	
埼玉	594	170	28.6%
東京	217	92	42.4%
神奈川	41	36	87.8%
千葉	732	227	31.0%
計	1584	525	33.1%

表7－5　震災当時の被災寺院比率
（1923年4月寺院数と9月震災被害寺院数）

しかし被害実態を把握したうえで救助対策を立てるという目的がある以上、この調査が極めて重要であったことは言うまでもない。調査の早い段階では鉄道が寸断された状態で、宿泊する場所の確保も困難であったため、二三〇円という費用が後に承認を受けている（『智嶺新報』二七二号）。当時の関係者のこうした準備があったため、『大震災被害調査表』は一定の精度で当時の被害状況を伝えるものとなっている。

四府県の寺院被害の詳細

日本の仏教界は明治維新以降、廃仏毀釈《はいぶつきしやく》による存続の危機、外来宗教との抗争などを経て近代市民社会における方向性を得るべく模索を続けていたが、関東大震災の被害によって再度、存亡の危機に直面した。真言宗智山派の震災前後の寺院数の推移は、それを如実に示している。震災当時、智山派寺院は全国に三〇七六寺分布しており、その半数に当たる約一五八四寺が東京・埼玉・千葉・神奈川に所在した。

神奈川県は寺院数が少ないが九〇％近くが被害を受け、埼玉県は四府県の平均よりも若干、被害を受けた寺院が少ない。しかし、関東圏に分布する智山派寺院の約三分の一は何らかの被害を受けている。それぞれの坪数の平均は本堂が三五坪前後で、東京以外の庫裡は二〇坪を多少上回る程度だが、東京は三〇坪余で四府県中では庫裡が広く、平均を六坪弱上回っている。

本堂と庫裡の倒潰数に大きな開きのある千葉県の場合、坪数の無回答が二八三件中八二件に及ぶが、無回答であっても什器損害額や玄関、下屋の倒潰を記している場合があり、必ずしも被害がないわけではない。

埼玉県の場合、破損・傾斜が多いが、千葉県と比べて倒潰、半潰のケースはかなり少ない。庫裡の坪数については一七〇件中四四件が回答せず、被害の申告はない。千葉県と同様に什器や玄関などの被害を記しており、庫裡に被害がなかったわけではないが、ここでは庫裡の被害は不明とする。

数値を見る限り、千葉県では本堂の倒潰に比べて庫裡の倒潰が三分の一程度少なく、破損・半潰も同様の傾向を示している。建物の面積に注目した場合、坪数が少ないほうが倒潰・破損しにくいという結果が得られる。仏事に関わる行事を営む本堂は居住空間を主とする庫裡よりも広く、建造物の脆弱性につながったと考えられる。

県別	本堂	庫裡
神奈川	35.9	21.8
千葉	32.1	22.6
東京	35.9	30.6
埼玉	38.7	22.7
平均	**35.7**	**24.4**

表7－6　智山派寺院本堂・庫裡平均坪数

県別	焼失	倒潰	破損	傾斜	半潰	計
神奈川	4（2）	8（9）	14（13）	6（4）	4（6）	36（34）
千葉	1（2）	89（51）	49（37）	48（43）	41（35）	228（168）
東京	16（16）	11（6）	24（29）	29（29）	12（7）	92（87）
埼玉	0（0）	10（12）	68（44）	65（58）	19（21）	162（135）
計	21（20）	118（78）	155（123）	148（134）	76（69）	518（424）

表7－7　智山派寺院被害　本堂（庫裡）集計

3　本山による被災寺院救済策

前例のない被災寺院の救済提案

では、京都本山はどのような救済方針を示したのか。智山派の会報『智嶺《ちれい》新報《しんぽう》』の記述からこれについて考察していく。

「国家の宗祀」とされた神社は関東大震災の被害に遭うも、政府は被害の規模に応じて社殿復旧費用の貸付金を交付するなどしていたが、寺院に対する救済はなかった（千葉県罹災救護会、一九一〇）。これまで、震災被害を受けた寺院の救済についての考察はほとんど行われていない。震災の翌月、一〇月一二日発行の『智嶺新報』二七一号の社説では帝都の半分が焼け、罹災者は生きる苦しみを味わっている、仏教徒は精神面の苦痛を救う道を示さなければならないと述べているが、智山派被害寺院に対する救助の具体策は提示していない。

しかし翌一一月一二日発行の『智嶺新報』二七二号は東京別院幹事の平沢照尊（伝道部長）による被害の調査結果を踏まえた「復興の第一義――罹災

寺院の救済と復興」という社説を掲載し、具体的な提言を行った。その内容を要約すると次の通りである。

東京別院宗務所は真福寺とともに焼失した。この宗務所を復興、再建する際には鉄筋コンクリートにすべきである。帝都復興計画の対象地にならない場合、堂々たるビルディングを建て、教化事業、社会事業の機関とすべきである。また地下には倉庫や金庫を設け、公簿類、有価証券などをしまうべきである。宗務所と真福寺は切り離し、別の場所に宗務所を置くべきである。従来本派は暴風雨でも海嘯《かいしょう》でも「一文半銭」も救助をしたことはないが、今回の大惨害は別であり、本派全体で救助すべきである。しかしながら義捐金は一時しのぎに過ぎず、寺院の復興と住職の救済は別である。

ここで言う暴風雨とは一九一〇年（明治四三）の利根川水害、海嘯とは一九一七年（大正六）の高潮災害を指している。ここでは焼失した東京別院宗務所を鉄筋コンクリートの不燃建築として再建する、智山派寺院全体で被害寺院を救助するという二つの方針が掲げられている。

社説ではさらに現状の宗教界を批判し、次のように述べている。仏教徒はキリスト教に比べ、旧式の救済のあり方しか頭にない。読経無料、遺骨を預かるなどといった広告を新聞に掲載しているが、これは一般の人々からの要望に応えているというよりも、むしろ檀徒の奪い合いであると批判し、復興の現状のあり方に釘を刺している。ここからは、宗派を統括する本山・宗務所が直面する厳しい現実を前にした決意が読み取れる。

被災寺院に対する復興支援予算

本派寺院の自力復興を説く宗務所は、どのような具体策を示したのか。智山派本山の大正一二年度の歳入・歳出案から被災寺院復興策関連費目を拾うと被災寺院の宗費免除、罹災寺院への見舞金、予算案外の随意の義捐金募集などが挙げられる。

大正一二年度予算案によれば歳入・歳出はともに八万一四三〇円で、前年度と比較すると八万七三六三円から五九三三円減少している。これのほぼ全額、五九三〇円は寺院賦課金の減額である。これは震災で被害を受けた寺院の宗費免除によるものであり、震災被害寺院のうち二〇二カ寺が一年間の宗費免除、五七カ寺が第一期宗費の免除を受けた（『智嶺新報』二七三号）。

宗費とは各寺院が本山へ納入する負担金であるが、その額は寺院の等級によって定められていた。智山派の場合、特等七級段階と等級三〇段階に格付けされ、特等一級は一カ年一三二四円、同二級は六六二円と多額の宗費を本山に納入するが、一般寺院は等級一等が六六円二〇銭、等級二等が五九円五八銭、等級三等が五二円九六銭と六円六二銭ずつ費額が減じられ、三〇等級は三四銭を負担した。宗費とは一般社会の所得税に相当する。

一一月には何件かの寺院を昇級させることが提案され、四七寺院の等級八等から四等への昇格が認められている。このほかにも寄付金を条件として等級の昇格が認められた寺院があったが、「其氏名及金額は報道の自由を有せない」（『智嶺新報』二七三号）として寺院名を伏せている。宗費収入を少しでも上積みするため、寺格の昇級など苦肉の策が取られたと推測される。

震災救助対策費を捻出するための取り組み

さらに震災救助対策費を調達する手段として、震災被害を受けていない免災寺院から等級に基づく臨時賦課金の総額、一万七四四五円九一銭を徴収することが提案された。この臨時徴収費はほぼすべて震災手当に充当されたと考えられる。その内訳を見ると震災対応策を練るための臨時宗会費、類焼寺院の整理や器具補充費が三〇〇〇円余、被災寺院巡回調査費が二三〇円、被害地震見舞金が二一一〇円、本山営繕費（宗務所・真福寺焼失に伴う）が七七六八円余とある。このうち、最も高額な本山（真福寺宗務所）営繕費の内訳は墓所西側崩壊所および参道修繕費二五四〇円、壁塗替費二〇〇〇円、屋根瓦修繕費一九五〇円余などである。この復興救助費についての提案は宗会において承認された。

震災の被害を修復し、克服することが事態打開の差し迫った課題であったことが、一一月二一日の智山派管長への次のような建議からも読み取れる（『智嶺新報』二七二号）。

宗務所及真福寺ノ再建事業並過般ノ震火災ニ際シ罹災セル本派各寺院ノ救済及復興事業ハ就レモ慎重ニ考慮スベキ大問題ナリト認ム。依テ当局ハ速ニ適当ナル方法ヲ考究シ次期宗会大会ニ提案シソノ他ノ罹災セル寺院ヘハ臨機ノ処置ヲ以テソノ復旧興隆ヲ助成スベシ

本山は寺院復興の道筋に強い危機感を持っていたがゆえに、震災被災寺院に対する支援策のた

めの資金調達という前例のない措置に踏み切った。

義捐金募集

以上のような震災復興策の実行に向けて、智山派内部からの資金調達だけでなく、外部からも復興資金を獲得するための呼びかけが『智嶺新報』二七二号で行われている。一〇月末の段階では被災寺院の総計が五二〇寺、被害総額が四五〇万円と概算された。当面の救済目標額を三万円と定め、すでに成田山新勝寺五〇〇〇円、平間寺《へいけんじ》(川崎大師)一五〇〇円という応募が決定していた。それを差し引いた額を二六〇〇カ寺で分け、一カ寺あたり八円程度の負担をするという見積もりが立てられている。さらに焼失寺院には六〇〇〜四〇〇円、全潰寺院には一五〇〜一〇〇円、半潰寺院には六〇〜四〇円、そのほかは一〇〜三円を配分するという見込みを立てている。

高額応募の成田山新勝寺の五〇〇〇円は変わらないが、その後、平間寺は一五〇〇円から三五〇〇円に増額、高尾山薬王院は一五〇〇円が三口で合計一万円となり、残りの二万円が義捐金募集の目標額となった。

義捐金は翌年九月まで募集され、義捐金の合計額は二万八五七円四七銭で目標の三分の二に達するという結果に終わった(『智嶺新報』二七三〜二八二号)。この間の応募件数と応募金額の動向をグラフで示すと、募集が開始された震災の年の一一月から翌年四月までは順調に増加している。その後は一九二四年七月に『智嶺新報』で募金高が目標額に達していないという急告が掲載され、若干応募件数は増えたものの、九月の三〇件をもって義捐金は締め切られた。

成田山新勝寺、川崎大師平間寺、高尾山薬王院など一般参詣者の多い三山の計一万円を義捐金総額から差し引くと、ほかの寺院からの応募件数は一三六一件、合計すると一万八五七円余となる。平均すると一寺あたり八円となり、これは当初本山が予定していた一寺あたりの義捐金高に相当する。

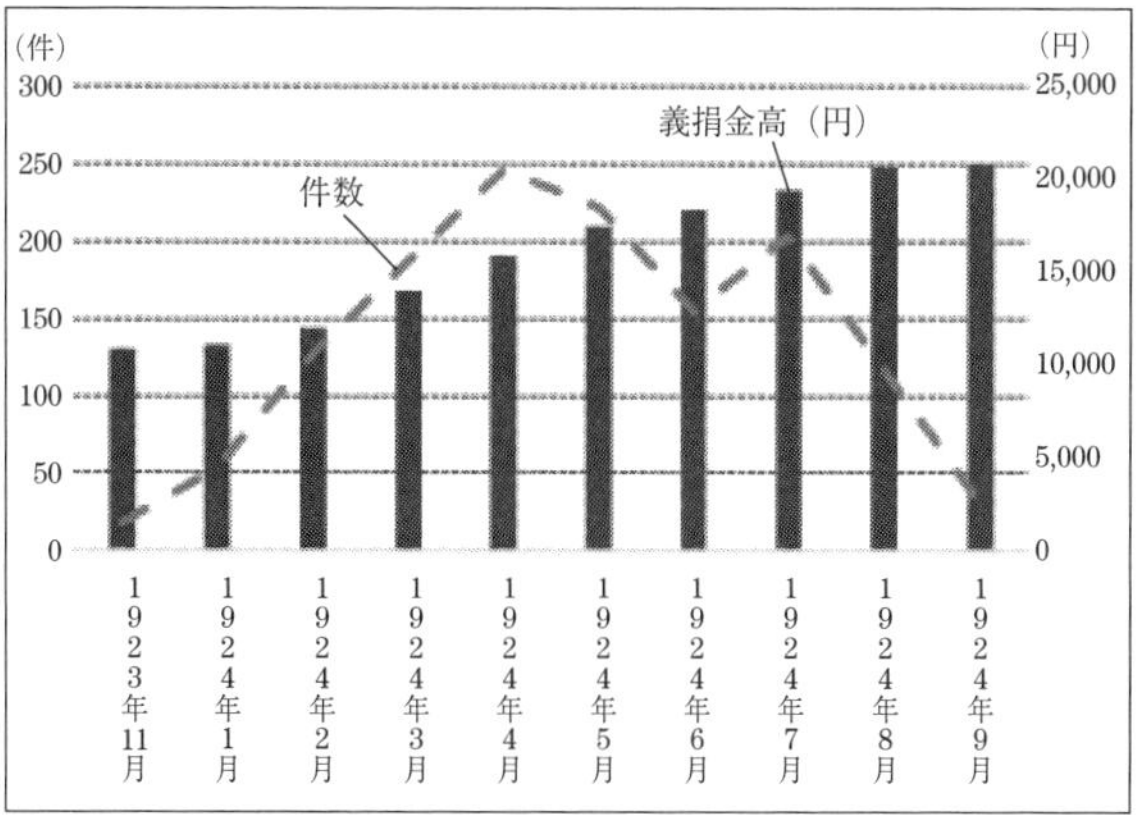

図7－8　義捐金募集額の動向

義捐金では僧侶の個人名での応募も少なくないが、寺院名、檀徒有志、檀徒一同、愛知県支所下組寺院一同などの例も見られ、応募主体はさまざまである。応募件数は全体で一三六〇件余だが、これに被災寺院五一二寺を加えると一八七二寺となり、関東圏の智山派の寺院数・一五八四寺を三〇〇ほど上回ることになる。これは寺院名の義捐、住職個人、檀徒一同の義捐などが重複した結果であり、個々の寺院の檀徒による負担があったことが見て取れる。

義捐金応募者については震災から一年後の九月三日、東京別院幹事側、罹災寺院側、宗務所側から六名の委員が出席して復興助成金配分委員会が開かれ、以下のような配分率が定められた（『智嶺新報』二八二号）。

覚　書

一、助成金配分ハ全潰寺院一ヶ寺ノ単位一トシ焼失寺院ハソノ三倍、半潰寺院ヘハ単位一ノ半額トシ総額ヲ個数ニ按分配布ス

二、助成金ヲ交付スベキ罹災寺院ハ宗費ヲ免除セラレタルモノニ限ル

三、住職ノ正兼ニヨリ配分ニ考慮ヲ加フルコト

四、助成金交付ノ方法ハ当局ニ一任ス

各被災寺院の実際の受け取り額などについては、いまのところ未調査である。

被災寺院の動向

『大震災被害調査表』の最後には、復旧へ向けての希望を問う項目がある。この項目は空欄も多いが大半は「檀徒復旧後を待つ」という回答で、そのほかには「合併希望」（自力復旧の見込みが立たないなか、ほかの寺院との合寺を希望する）「積立金と寄付金」、あるいは寺の財産を売却して復旧資金に充てるなどといった回答がある。

ほとんどの寺院では地域一帯が被害を受けたため、檀徒も復旧困難な状態であり、その復旧を待って寄進を受ける以上、早急な復旧工事は困難であった。被災寺院では住職、僧侶の当面の生活も危ぶまれたが、最も大きな課題は本堂、庫裡、鐘楼などの復旧のための多額の資金の調達で

あった。

ここでは千葉県安房宗務支所、埼玉県南部宗務支所が本山に出した復旧・復興資金の請願書をもとに、復旧の方策についてどのように考えていたのかを見ることにしたい（『大震災害後策ニ関スル上申書』）。

千葉県で最も被害が大きかった安房郡宗務支所は一九二三年一一月一六日、宗費免除の請願書を本山に提出している。その要旨は次の通りである。

まず安房支所に属する二〇九寺中本堂全潰七二寺、焼失一、半潰四六、大破損六二棟、庫裡・客殿・他付属建物全潰一九〇、半潰八一、大破一〇三、焼失二棟、総被害額一四〇万円余に及ぶとし、檀信徒のほとんどが全滅する大惨害でほかのことを顧みる余裕はまったくないと訴えた。

被災寺院は援助を求める手立てもなく、工賃・人夫が払底し、再建への見込みも困難な状態であるとして本山管長に宗費免除を願い出た。先に述べたように宗費は寺の等級によって異なるが、宗費免除の年限を一〇年（七四寺）、七年（二〇寺）、五年（一二寺）、三年（二八寺）、一年（一八寺）にするよう合計一五二寺が連名で請願書を提出した。

埼玉県南部宗務支所（支所管轄下の寺院は川口市、草加市などに分布）の山口宥存は当該支所が埼玉県では最も大きな被害を受けた地域であるとし、復興資金の調達について智山派宗務長旭純栄宛に次のような提案をしている。

①基本金（たとえば土地の売却代金）を持つ寺院が、それを復旧資金として活用を希望する場合

には、管長より所轄官庁へ交渉を願う。
②境内地上立木伐木、境内外所有山林伐木の出願の場合は①と同様に、所轄官庁へ交渉を願う。
③倒潰、そのほか被害大にして復旧に多額の資金が必要な場合には、本山教学財団の基金の低利貸し付けを願う。
④被害程度に応じて、宗費の免除を乞う。

①、②の寺院境内外の伐木、寺院所有の土地の売却について管轄官庁へ交渉を願うということには明治初年の朱印地上知令《しゅいんちじょうちれい》、寺院境内外の区別、寺院地に対する地租改正条例に基づく官・民有地の区別が関係している。そこでは寺院地の官有地に対して地券を交付せず、地租を賦課しない土地として処遇してきた歴史があった。そのため寺院境内の土地処分については理由を具申し、檀家総代二名の連署を添えて管轄官庁（この時期は文部省）へ出願する必要があった（文化庁、一九八三）。

4　寺院復興に向けた仏教界の結束と提言

救護と慰霊

東京を中心とした被災者、避難者の救護活動については仏教聯合会が九月八日に幹事会で呼びかけを行い、智山派もこれに呼応した。その詳細な実施記録はないが幹事会議の記録が残されており、仏教聯合会としての組織的な対応の概要が見て取れる。

九月八日、仏教聯合会本部主事の窪川旭丈から智山派幹事の旭純栄宛に、震災死亡者弔祭および救護事務について緊急の幹事会を開催するという連絡があり、ここで震災救護方針の決議が行われた（『救護団及聯合会通牒綴』）。

一般被害者の救護あるいは死者の遺体収容について、仏教聯合会として救護所に幹部若干名を常駐させ、救護に努める。この呼びかけは、東京市役所が九月九日から本所横網町被服廠跡《ほんじょよこあみちょうひふくしょうあと》で執行される死体火葬の作業援助を依頼してきたことによる。当時の東京市長・永田秀次《ひでじ》郎《ろう》は衛生上、氏名不明の多くの死体を早急に処理せざるを得ないと考え、死体火葬処理を決断した。永田は死者に対して深い懺悔の念を持ち続け、後に自費で震災犠牲者の名を刻んだ陶板を納める慰霊堂を高野山に建立した（北原、二〇一二、坂口、二〇一五）。

この作業は九月一一日頃には山場を迎え、仏教聯合会の救護運動方針も事態の推移に即した内容に変化した。次にその主なものを挙げておく。

①臨時火葬場が設けられた被服廠跡、吉原公園、待乳《まっち》山《やま》などでは一足の角塔婆《かくとうば》を仮堂の前に設置し、輪番で僧侶が常駐する

②遭難者の遺骨を一時的に預かる寺院として芝増上寺、上野寛永寺、浅草伝法院《でんぼういん》、音羽護国寺、

小石川伝通院《でんづういん》、中野宝仙寺、麻布長谷寺《ちょうこくじ》、高輪泉岳寺、根岸西蔵院《さいぞういん》、湯島麟祥院《りんしょういん》、駒込吉祥寺《きちじょうじ》、谷中《やなか》瑞輪寺《ずいりんじ》など、東京市民に名を知られた著名寺院が指名された。

③曹洞、日蓮、浄土、天台、豊山の各宗派の学生は救護班を組織し、被災者を訪問して施薬、日用品の配布などを行い、百般の相談に応ずるよう指示された。

④孤児の収容には京都の各派本山が設備を設ける。

⑤京都の仏教聯合会幹事は横浜、鎌倉、横須賀、小田原などの激甚地の宗務所へ見舞いに出向く。

帝都罹災寺院復興会の発足

一〇月に東京市による公設バラックが芝公園、芝離宮、青山外苑、新宿御苑などに建設されると、そこへ救護要員を派遣することが決定され、一〇月一九日に予定されていた東京市主催の追《つい》弔会《ちょうえ》に各宗派の代表者が参加することなどが議題となった。

以上の救護活動が一旦終息状況に向かった九月二五日、被災寺院自体の復興を課題とする帝都罹災寺院復興会が発足した。この組織の主な目的は、仏教徒としての災害時の救済と慰霊事業を行うこと、被災した寺院の復興をめざすことの二つであった。この二つの課題は、それぞれつぎのようなものであった。

一つ目は、「仏教聯合会東京仏教護国団と協調を取り政府当局及東京市等と交渉すること」（傍線は引用者による）、傍線で示したように寺院が一丸となって行政府と交渉し、二つ目には、震災復興の有利な展開を目指すことであった。委員長には市外中野町宝仙寺の富田教順、副委員長には芝高輪東禅寺の霄紀学《しょうきがく》が指名された。ちなみに宝仙寺は真言宗豊山派の寺院である。

九月二五日の会議では次の二つの課題について決議した（傍線は引用者による。読みやすくするため句読点を施した）。

一、各宗免災寺院ハ変局ニ際シ東京罹災寺院復興会ヲ組織スルコト

二、各宗寺院ハ委員ヲ選出シ、仏教聯合会東京仏教護国団ト協調ヲ取リ、政府及東京市ト交渉スルト共ニ其他ノ復興事業ニ努力スルコト

右決議ス

大正十二年九月二十五日

東京仏教護国団

免災寺院大会

ここで注意すべきは、被災寺院の復興については災害を免れた各宗派の寺院がまとまって政府・東京府と交渉するという点である。続く二六日には芝増上寺においてこの会議の総会が開かれ、復興委員就任の要請が行われた。

粛啓今回ノ大災害ハ其影響スル所極メテ広汎ニシテ、中ニモ罹災寺院興廃ノ如何ハ今後教界

ノ活動ハ勿論、復興セラルベキ新帝都ノ内的生命ニ甚深ノ関係ヲ有スル次第ニテ有之《これあり》候《そうろう》為《ため》、本月二十五日本団主催ノ免災寺院復興会ヲ組織スル事ニ相成《あいなり》貴師ヲ右委員ニ推薦致《いたし》候《そうろう》間《あいだ》、御多用ノ事ハ万々察上候モ何卒御承諾御出席被成下度《なしくだされたく》此段得貴意候

日　時　　九月二十九日午後一時

場　所　　芝増上寺

大正十二年九月二十六日

東京仏教護国団

一九一五年に仏教諸宗派を結集し、成立した仏教聯合会と東京仏教護国団から委員候補の選出が行われた。天台宗、真言宗古義派、豊山派、臨済宗、真宗高田派、黄檗《おうばく》・時宗から各一名、浄土宗、真宗本派、真宗大谷派、日蓮宗、智山派から各二名で、計一八名の委員が指名されている。委員二名の宗派は、関東圏の寺院数が圧倒的多数を占めている。ここには全宗派が参集しており、東京仏教護国団と仏教聯合会の構成員はほぼ重複していた。

一〇月に入り、東京仏教護国団・仏教聯合会の提唱による免災寺院復興会は帝都罹災寺院復興会の設立を決議し、一〇月一〇日、両者合同の第一回協議会を開催した。ここでは次のような覚書を決議した（『大震災被害後策ニ関スル上申書』）。

覚　書

一、罹災寺院救護ノ為、最小限度一ヶ寺ニ対シ金壱千円也ヲ宗派トシテ贈与セラレタキ事
二、寺院復興ノ為ニ低利資金融通ノ方法ヲ講究セラレタキ事
三、宗派寺院並ニ檀信徒ヨリ義捐金ヲ募集シテ罹災寺院復興ノ資ニ充当セラレタキ事

この覚書のうち三は実施されたことが確認できるが、被災しなかった寺院から一〇〇〇円を徴収することについては確認できていない。二の低利資金の融通についてはどこに請願するのかが明記されていないが、おそらく請願先は管轄官庁であろう。

免災寺院復興会、罹災寺院復興委員会の働きかけにより、各宗派が一つにまとまって復興に向けた道筋を作った。災害という危機に直面したからこそ、宗派間の連絡やつながりが困難な仏教界においてこうした結束が実現した。

平澤照尊による「東京罹災寺院復興問題」についての提言

地震発生から四カ月を経た翌一九二四年一月号の『智嶺新報』二七四号で智山伝道会長・平澤照尊は「東京罹災寺院復興問題」を提起した。ここでは東京市内の復興問題の方向性が不明確な段階での区画整理問題への不安を払拭すべく、寺院側から寺・墓地の復興計画を具体的に提示している。

まず、前書きに次のように述べている。「(前略)従来唯一の財源であった墓地はどうなるか、現在の境内が焼跡其のままに境内として寺院の再建が許可されるのかどうか、うっかりしている

と境内も墓地も寺院の自由には出来なくなりはすまいか、此処が一番大切なところである」。ここには寺院の不安と復興への積極的な姿勢が如実に現れている（『智嶺新報』二七三号）。次は平澤による七条の私案である。

東京罹災寺院復興問題

一、本派東京罹災寺院は各寺関係者の協力に依り自発的に復興計画を立て互いに相扶助して其実現完成に努むること。

二、各寺院住職並檀徒総代人会を開き前項復興方針を協定し委員を挙げて宗当局及宗会議其他本派有力者を説きて其助力を求め、一方仏教聯合会並東京護国団の組織せる帝都寺院復興会と提携して復興院及所轄官庁に交渉して其諒解と援助とを求むること。

三、寺院境内地の占有権を確保し且つ墓地管理権と古来の縁故とを尊重し寺院の既得権に対し最も有利なる解決を求むること。

四、東京市内には各寺檀徒の分布に依り適当なる地点に教会堂式斎場を設け且つ各種教化事業の設備をなすこと。

五、罹災寺院は悉く墓地と共に市外に移転し前項斎場には各寺住職の輪番を以て主任者及役僧を置き墓地と斎場との連絡を密接にすること。

六、前各項に要する経費は各寺の境内及墓地移転跡地との収益金及住職並檀信徒の寄付金と宗派の補助金及義捐金とを以て之に充て尚ほ不足なる時は低利資金を借入れて之を補填することと。

七、市内の斎場は法人組織として各寺院住職中多額の出資をなしたる者数名を理事とし其他の寺院住職及各寺檀信徒惣代人を評議員とし、其純益金は各出資額の多寡により按分比として分配すること。

これの要約は次の通りである。①本派（真言宗智山派寺院）の被災寺院は相協力して自立復興を図り、②東京市の被災寺院は墓地も含めて市外に移転し、③宗派が出資して市内に共同の斎場あるいは教会堂を設け、法人組織としてその管理と運営を行う。その際、④市内寺院連合の帝都寺院復興会は組織として復興院あるいは管轄官庁に交渉し、寺院境内地の占有権と墓地管理の既得権について有利な解決策を講ずる。

提言の政治・社会的背景

平澤はこの提言の最後で、自らの意図について述べている。市内墓地の郊外移転は長年の懸案であり、経済主義に則った都市計画においては、従来のように人口が密集した地帯に寺院が多数存在することは許されない。ここは転禍為福のつもりで都市寺院の面目を一新し、寺院の社会的存在の価値を高めたい。

この提言が出された背景には、当時の政治的な動きがある。内務大臣・後藤新平が帝都復興審議会に提案した復興予算三〇億は八億からさらに五億に縮小され、独立省庁として構想された復興省案は復興庁、さらには内務省の外郭組織としての復興院となった。ところが一九二三年（大正一二）一二月二七日の虎の門事件により（裕仁《ひろひと》親王が無政府主義者・難波大助《なんばだいすけ》から狙撃を受けた暗殺未遂事件）、震災復興を進めていた第二次山本（権兵衛）内閣は引責による総辞職を余儀なくされた（北原、二〇一一）。

政治情勢の急変により帝都復興が頓挫しかねないことを危惧した平澤はおそらく、帝都復興計画とともに寺院のあり方が変わることを期待していたのではないか。仏教界にこうした構想を持つ人物がいたことはあまり知られていない。鈴木勇一郎が指摘したように、ほとんどの寺院は墓地移転・寺院移転に反対したため移転事業は停滞し、墓地のみ縮小するケースも少なくなかった。

今後の課題

寺院内部の史料が公にされない現状にあって、真言宗智山派宗務庁が所蔵する被災寺院の詳細な記録の閲覧を許され、寺院の復興への取り組みが明らかになったことは大きな収穫であった。帝都復興事業の一環としての区画整理事業では、寺院・墓地の改葬による土地収用は一つの要であった。東京仏教護国団・仏教聯合会は寺院側の意向を代表する団体として墓地整理の移転料を復興局に要請するなど、復興事業の進展を左右した（東京市役所、一九三二）。今後は個別寺院の事例分析を通じて寺院団体の動向を探り、移転対象となった寺院の境内地、墓地の処理について具体的に考察する必要があると考えている。

第8章
関東大震災と寺院移転問題——誓願寺塔頭と築地本願寺末寺の場合

1　震災と寺院移転

関連分野の研究

本章では、関東大震災による東京市の焼失地域に適用された特別都市計画法の実施に伴う寺院移転問題について考える。

この問題に関してはすでにいくつかの研究成果がある。宗派を問わず郊外移転によって寺町が形成された地域として有名な烏山町については、世田谷区郷土資料館の展示図録に烏山寺町形成に至る歴史の概要と移転寺院二五カ寺の紹介がある。

『新修築地別院史』は東京市内の真宗本願寺派寺院の震災被害の概要を伝えるが、築地本願寺についは辻岡健志によって復興過程が明らかにされた。辻岡によると、築地本願寺は郊外移転を決めたものの檀信徒の反対によって構想を破棄し、一九三〇年に元地に新築することが決定されたという(辻岡、二〇一七)。

また都市景観論・建築史の分野では千葉一輝らの共同研究により、江戸初期の寺町成立から明暦の大火による寺院移転、明治期の市区改正事業による郊外移転、震災による寺院郊外移転までの歴史を概観し、都市空間において伝統的文化景観を保持している寺町の今日的意味を読み解く分析がなされている(千葉、一九九〇・一九九一)。

田中傑《まさる》は都市計画史の視点から焼失寺院の郊外移転のケース・スタディとして、子院群を持たない浅草の日輪寺《にちりんじ》、真宗築地本願寺子院群五八寺のうち三寺院が共同で郊外に移転地を求めたケース、江戸時代に一一の塔頭を有し、震災後は四塔頭のみが残った下谷廣徳寺《こうとくじ》跡を区役所、警察署、学校の移転先にしようとした行政による措置など、それぞれ異なる経緯を明らかにしている(田中、二〇一一)。

歴史学の鈴木勇一郎は一八八九年の市区改正以来の課題とされた境内墓地の移転について、震災を機に一挙に郊外移転を推し進めようとした復興局、東京市と寺院側の抗争過程を分析し、墓地無代下付をきっかけとして墓地改修・移転が進んだ事実などを明らかにした(鈴木、二〇一六)。

寺院移転と区画整理事業

東京の震災被災寺院の移転については寺院史、都市計画史、近代都市史などといった関連領域で研究が進みつつあるが、関東大震災による寺院被害そのものについての研究はなされていない。

そこで、千葉、神奈川、埼玉の各県および東京府に一五〇〇余の寺院を有する真言宗智山派の被災寺院、宗派本山の寺院復興の取り組みを明らかにした（第7章参照）。

埼玉県、千葉県、神奈川県郡部では震災後の寺院移転はほとんど問題とならず、被災寺院の再建は元地で行われている。東京府の智山派被寺院についても若干の事例を除き、震災による移転は確認できず、被災寺院の移転が必ずしも実施されたわけではなかったことがわかる。

東京における寺院の移転に研究関心が集まったのは、帝都復興事業により市街地・宅地とともに寺院境内地・墓地が区画整理の対象になったためである。江戸時代、将軍家の墓地を擁した寛永寺や増上寺の子院群などを除き、府内には約一〇〇〇カ寺が存在し、明治初年の寺院整理後の一八七二年には六大区一一三小区の府下全域で二四八六寺を有した。一九二五年の時点でも二五四三寺を抱えていた東京で、墓地を含む寺院境内地の処置が大きな問題となっていたことは間違いない。

ここでは東京府における被災寺院の概要を把握し、区画整理事業に同調しない寺院に対する行政側の墓地の無代払い下げという解決策から、寺院移転問題について考察する。

2　関東大震災における被災寺院

寺院が受けた被害の概要

関東大震災による被災寺院の数値は得られていないが、震災前後五カ年の全国の寺院数、住職数は表8－1の通りである。震災の年には寺院数が七万一三一四、住職数が五万四一一〇人で寺院数の減少は見られないが、住職数は前年に比べて一〇〇人弱減少している。その後は寺院、住職ともに漸増傾向にある。寺院数・住職数には合寺、廃寺とそれに伴う住職数の変動も影響するが、震災前後でさしたる変化はない。

年度	寺院数	住職数
1921	71,141	53,949
1922	71,288	54,203
1923	71,314	54,110
1924	71,317	54,619
1925	71,329	54,650

表8－1　全国寺院数（1921 ～ 1925）
（伊藤由三郎編輯『全国寺院名鑑』）

全国の寺院のうち最も多数を占める宗派は真宗で一万九六八七寺、次いで曹洞宗の一万四二二四寺、真言宗の一万二一一二寺で他を圧倒している。震災当時、全国に一万二〇〇〇寺以上の寺院を擁した真言宗は智山派と豊山派に分かれてそれぞれが本山を持っていた。第7章で東京、埼玉、神奈川、千葉の四府県の真言宗智山派寺院一五八四寺のうち、約三分の一に当たる被災寺院五二五カ寺の被害実態を分析した（表8－2）。

これを見るとわかるように、同一の宗派であっても府県ごとの寺院の分布は極めて不均等である。ここでは東京府における被災寺院の移転問題を取り上げるため、まず東京府の宗派別の寺院数を把握しておく。最も多数を占めるのは真言宗の五四六寺、次いで浄土宗の四九六寺、日蓮宗の三七七寺、曹洞宗の三七四寺であるが、これは必ずしも全国の傾向を反映したものではない（表８－３）。

東京府に所在した寺院の被害についてまとめた表８－４によると、区部の寺院被害は焼失五六二カ寺、倒潰八五カ寺、郡部の焼失寺院一〇三カ寺、倒潰六〇カ寺で総計八一〇カ寺が焼失・倒潰した。この時期の東京府における諸宗派寺院総数は二五四三カ寺であるから、約三割が被害を受けたことになる。

日本橋・京橋・下谷・浅草など区部全域の九〇％以上が焼失した地域では焼失した寺院が多い。ここでは都市計画法による区画整理が行われた区部の寺院被害に注目するが、郡部でも焼失・倒潰寺院が少なくないことには注意しておきたい。

県	関東	被災寺院数	被災率
埼玉	594	170	28.6%
東京	217	92	42.4%
神奈川	41	36	87.8%
千葉	732	227	31.0%
計	1,584	525	33.1%

表８－２　智山派寺院の震災被害
（「関東大震災の寺院被害と復興問題」表２－２）

宗派	全国寺院数	東京府	東京府の各宗派別比率
天台	4,511	215	8.5%
真言	12,112	546	21.5%
浄土	8,303	496	19.5%
臨済	5,933	223	8.8%
曹洞	14,234	374	14.7%
黄檗	523	15	0.6%
真宗	19,687	278	10.9%
日蓮	5,023	377	14.8%
時宗	491	19	0.7%
融通念仏	356	0	0%
法相	41	0	0%
華厳	27	0	0%
合計	71,241	2,543	100.0%

表８－３　各宗派別寺院数（1925）
（伊藤由三郎編輯『全国寺院名鑑』1930）

区	焼失	倒潰
麹町	−	1
日本橋	2	−
京橋	60	−
芝	42	18
麻布	7	17
赤坂	6	6
牛込	−	10
本郷	14	19
下谷	47	14
浅草	269	−
本所	40	−
深川	75	−
区部計	562	85
郡部		
荏原	18	6
豊多摩	8	9
北豊島	19	1
南足立	13	12
南葛飾	13	14
南多摩	29	15
北多摩	3	3
郡部計	103	60
総計	665	145

表8－4
東京府の被災寺院数
（『東京府大正震災誌』東京府、1925年）

震災以前の寺院移転

第7章で述べたように、東京の寺院被害に関する研究では被害そのものよりも復興過程に重点が置かれたものが多い。そこで共通して指摘されているのは、寺院移転問題は震災に端を発したものではなく、一八八九年の市区改正事業ですでに具体的に策定され、ある程度は進行していたという点である。ここからは研究史を概観しつつ、震災以前の寺院郊外移転問題について見ていく。

寺院移転問題は一八六八年三月の神仏分離令、一八七一年の寺社朱印地《しゅいんち》・除地《じょち》の上知《じょうち》に始まり、このとき、三一三万坪の七割が上知の対象となった。一八七二年の「府下寺院明細帳」によると寺院数は二四八六寺である。開墾などによる私有地は別として、地租改正では無縁地としての墓地を含む寺院境内地は無税地とされた。

一八七三年七月に都市の衛生問題を鑑み、旧朱引内墓地での火葬禁止令が出された（明治六年太政官布告二五三号）。ここでは神道側の仏教牽制論が台頭して父祖の遺体を焼くことへのイデオロギー的反発が起こり、宗教問題に行政・国家が介入することに対する批判が噴出した。この問題に関連して教部省、内務省、大蔵省がそれぞれの立場から国家政策的論争を展開したが、郊外九カ所の共葬墓地を設け、旧朱引内寺院は埋葬地のみ朱引外寺院墓地から借地することでひとまず決着した。

中嶋久人《なかじまひさと》によれば一八七五年に旧朱引内墓地への火葬禁止令が解除され、火葬骨であれば朱引内墓地への埋葬が許可されたが、依然として朱引内墓地の使用が続く状況であったという（中嶋、二〇一〇）。この状況を改善すべく、一八八九年に東京市の市区改正条例で火葬場と共葬墓地の問題が盛り込まれ、東京市内の面積一〇〇〇坪未満の小規模な墓地については郊外移転が推奨された。資金難で移転事業が停滞するなかで市区改正を推進するため、一九〇三年には事業計画を縮小した「新設計」で立て直しを図り、移転墓地の跡地を管理者に無代交付することで事業の推進化が図られることになった（明治三六年東京市告示第四六号）。

鈴木勇一郎はこの政策転換を高く評価し、震災以前の段階で旧朱引内から豊島区へ移転した寺院は二七カ寺にのぼっていたと指摘している（鈴木、二〇一六）。関東大震災での多数の寺院焼失により、東京市は墓地移転を一挙に進めようとしたが、寺院側は区画整理による減歩を恐れ、強い抵抗を示した。これに対して東京府および東京市は、従来の墓地の改葬規則を変更して特設墓地制度を設けた。従来の墓地面積を三分の一以下に縮小し、簡易の納骨堂を境内に設置する場合、これを墳墓の移転と同等と認め、従来の境内地にとどまることを許可した（大正一三年一一月府令六七号）。

これにより一般寺院の墓地面積は二四万坪から一四万坪に減少したが、被災墓地約九万坪のうち七割は特殊（特設）墓地への改装であったという。これは現在地で墓地が集約されたことによる成果であり、震災を機に一挙郊外移転を推し進めようとした東京市の思惑とその実態との差が

区	震災前	区画整理後	比率
麹町	643	643	100%
京橋	2,479	–	–
芝	44,076	32,788	74.4%
麻布	7,681	6,818	88.8%
赤坂	5,007	5,007	100.0%
四谷	13,065	11,785	90.2%
牛込	12,904	11,061	85.7%
小石川	22,534	19,555	86.8%
本郷	26,036	23,897	91.8%
下谷	34,342	27,139	79.0%
浅草	42,225	639	1.5%
本所	12,228	2,071	16.9%
深川	18,177	46	0.3%
日本橋	–	–	
計	241,397	141,449	58.6%

表8－5　各区墓地整理面積（坪）
（日本統計普及会『帝都復興事業大観』下巻、1930年）

明らかとなった。

移転に対する寺院側の抵抗

一九三〇年の段階での墓地移転面積を見ると実施率は五八・六%で、六割近い移転が達成されたことになるが、区ごとに見ると差が大きい。麹町区と赤坂区では墓地移転が完遂し、京橋区は整理後の数値が得られていないため不明、日本橋区はそもそも寺院境内地が存在しない。区内で最も墓地が多い芝区の移転達成率は七割を超えるが、それに次ぐ浅草区の移転達成率は一・五%、深川は〇・三%に過ぎない。多くの寺院がある浅草区の場合、寺院側の抵抗が強かったと見られる。『帝都復興区画整理誌』は復興局と寺院側とのやり取りを問答形式で伝えている。

そもそも耕地整理法四三条（明治四二年法律三〇号）で寺社境内地および墳墓地は御料地、名勝地、旧蹟地、鉄道用地、軌道用地などと同様に、耕地整理の対象外と規定されていた。土地区画整理施行地内には約一〇万坪の寺院境内および墓地があり、これを区画整理対象地とするためには墓地管理者、すなわち寺院の同意が必要であった。この問題については寺院側が結束し、区画整理地への編入条件についての意見書を提出している。これにより一九二四年一一月、復興局と寺院側代表が懇談することになり、その内容が公開されている。

復興局と寺院側とのやり取り

寺院側の代表者名は明記されていないが、すでに仏教聯合会、東京護国団などが行政側に対して被災寺院の救済措置を要望する動きがあった。問答では仏教聯合会に区画整理の事前内示を求めていることから、これらの団体が中心となって復興局と交渉したことがわかる。なお、仏教聯合会は各宗派が連携する任意の全国組織であり、東京護国団はその下部組織である。ここでは一七ある問答から一部を引用しておく。カッコ内の数字は寺院側の問答番号である。

問（一）寺院を尊重して特別都市計画により除外せられしものなれば、特に特別都市計画に付て寺院に対する根本方針を確立せられたきこと。

回答　寺院に対する根本方針に付ては、東京市従来方針は墓地を郡部に移転、寺院は現状に存置すると言ふことを踏襲するに止り、別に局としての方針を有せず。

問（五）寺院が従前より享有したる特典利益は、その儘に継承せしめられたきこと、即ち境内は官有民有を問はず、墓地は寺有共有市共葬墓地の別なく、同一に補償をせられたきこと。

回答（前略）官有境内地の保証は民有境内地と同一になすべきや否やは、両者経済上の価値の程度に依り補償する外なかるべし、墓地の補償も経済上の価値の程度に依りて補償を与ふべし。墓地は現存以上増加せざる方針なり（以下略）

問（七）宗教に特別の由緒を有し、又は代表的寺院として教線分布の必要上、当該寺院の現状復興を要する場合には、特に路線を変更せられたきこと。

回答　区画整理に参加せざる場合に於ては、或る残存境内地が寺院として用を為さざる如きものを生ずるや計れざるも、参加するときは寺院が路面に沿ふ場合に於ても、成る可く寺院として用を為す丈けの換地を与ふるを以て支障なかるべし。

問答から浮かび上がる問題

次に、この問答から浮かび上がる問題点を摘記する。問の番号は原文のままとし、復興局側の回答は矢印（↓）で示した。

（九）寺院の残地大部分が路線に充当され、残地が寺院の用をなさない場合には残地を買収されたい。（↓）区画整理に参加すればそうした場合は生じない。

（一〇）寺院境内の換地では境内と墓地を分離しない。（↓）換地設計の方針では境内と墓地は分離しない方針である。

（一二）寺院跡地買収においては、復興局と直接交渉したい。（↓）直接交渉する。

（一四）区画整理に参加するとした場合、あらかじめ設計図を寺院側に内示されたい。（↓）区画整理員会に付議する以前に寺院側に内示することはできない。付議すると同時に寺院側へ示すよう取り計らう。

（一五）寺院代表を区画整理委員に選出するよう取り計られたい。（↓）委員選出はいまとなってはできないが、寺院側が不利益を蒙ることのないように留意する。

（一六）墓地の一部が用地に充てられた場合の残存墓地については移転料を支給し、跡地は寺院側へ無償交付されたい。（↓）残存墓地の整理方法は東京市の問題であり、復興局は関知せず。

（一七）寺院が区画整理編入に同意しない場合、当局の措置は如何。（↓）復興計画遂行上、止むを得ず土地収用か勅令による改正により、区画整理参加と同様の結果を得るほかはない。

以上のような交渉をもってしても各地区の寺院の了解は得られず、計画の実行に支障をきたした。そのため土地区画整理の対象となった寺院・仏堂は耕地整理法四三条にかかわらず地区編入できるよう法律改正を行い、大正一四年三月法律第四号をもって解決した。

区画整理事業と寺院移転の実際

以上のような経緯から、寺院移転の最大の問題は一般の換地対象と同様の措置で区画整理地区に編入することであり、これについての寺院側の抵抗が大きかったことがわかる。

東京市の『帝都復興区画整理誌』は整理事業の成果として、次のような数値を示している。

区画整理では対象地を六六区画に分け、道路幅員一二間以下については自治体が費用負担した。

資金負担の面から東京市六一区画、内務省五区画に分けられ、寺院・墓地移転もこの区画に沿って施行された。

墓地移転には総額二〇〇万円弱を要した。整理地の一坪あたり平均で二五円を交付し、墓碑解体および掘り起こし費、据え付け費については埋骨数、墓石の形態などにより規定を設け、遺骨、墓石などの運搬費についてはニトン積自動車を一日一回運転することを基準として算定した。有縁《うえん》・無縁の墓石の確定に必要な新聞広告料、通信費、回向《えこう》料などについては経費の二割五分〜三割五分を支給するとしている。

東京市では一九三〇年一〇月、遅くとも一九三一年一月をもってほぼ墓地移転は完了した。区画整理担当地区ごとの実施状況は表8－6の通りである。内務大臣担当地区は墓地面積、霊基数などの記載がなく、市役所担当地区についても数値の記載がない場合があり、そこは空白となっている。

項目	東京市施行	内務大臣施行	合計
寺院数	341	85	426
移転墓碑	82,080	15,851	97931
埋葬霊数	450,383	–	450383
移転費	1,669,445.07	315,707.34	1985152.41
一基当たり	18.91	19.92	19.415

表8－6　寺院・墓地移転状況
（東京市役所『帝都復興区画整理誌』第2編、1932年）

移転費はもちろん、寺院に対する救済・復興費ではない。すでに述べたように東京府の場合、被害を受けた神社に対しては二五万円という復興救済費の予算を立てたが、寺院にはこうした予算を立てていない。

3　東京市における寺院移転――浅草田島町浄土宗誓願寺塔頭の場合

真言宗智山派寺院の状況

では、被災寺院はいかにして復旧・復興したのか。関東四府県の真言宗智山派寺院についての考察から、被災した寺院は基本的に自力での復旧を余儀なくされたことが明らかとなった。真言宗智山派東京別院・真福寺《しんぷくじ》が被災寺院に対して復興への希望を問うたところ、寺院所有の寺林を伐採して資金を得る、備えた資金で復興するなどの回答もあったが、ほとんどの被災寺院は檀家の復興を待つと回答している。

震災当時、東京の真福寺に置かれた真言宗智山派東京別院が復興指令の元締めであったが、全国の智山派寺院からの義捐金を被害に応じて配分したほかは目立った援助をしていない。各寺院は本山に対して宗費の免除を願い出ているが、これも数ある支援策のひとつに過ぎない。

神社の倒潰、焼失などの被害については貸付金などの援助が与えられているが、寺院は行政サイドからの復興支援を受けていない。よって総額約二〇〇万円に及ぶ墓地移転費は震災支援金ではなく、あくまで区画整理事業に伴うものであったと考えられる。ここからは二つの事例を挙げ、移転の手続きを見ていく。

図8－1　浅草誓願寺・塔頭（「東京五千分壹実測図」内務省地理局、1887年）

誓願寺塔頭の墓地移転

震災前、浅草田島町《たじまちょう》誓願寺《せいがんじ》塔頭《たっちゅう》の境内地と墓地は図8－1のように、浅草田島町のほぼ半分を占めていた。震災で本寺および塔頭一四カ寺が焼失し、そのうち本寺を除く一一カ寺は北豊島郡上練馬村（現在は東京都練馬区）に移転し、現在に至る。

塔頭の墓地の一部は震災の三年前、一九二〇年九月にすでに墓地改葬の許可を受け、市区改正条例に基づいて無縁墓地を府下目黒祐天寺《ゆうてんじ》境内に移転しており、有縁墓地については墓地所有者の希望により、一部を寺院境内の隣接地に改葬していた。震災により改めて寺院境内地と墓地を移転し、無代下付を申請するにあたり、震災で焼失した関連書類の跡付けを行うことになった。

東京都公文書館の震災時墓地移転に関連する文書群に、その経緯を見出すことができる。墓地所有者の希望により、境内地に隣接する墓地に改葬した墓については多少手続き上の誤りがあり、一九二五年五月一二日の東京市墓地改葬規則により改めて改葬先変更の手続きを行い、墓地無代下付を申請した。

震災以前の改葬は図8－1の三二番地六六基と九〇番地一所在の七二七基、計七九三基の無縁墓基で改葬期間は一九二〇年九月二二日から一九二一年一月二五日であったが、改葬規則変更により一九二五年六月四日に改めて墓地無代下付を申請した。しかし九〇番地一の有縁墓地一五一基と三二番地有縁墓地一六基を新たに二八番地へ再改葬するため、墓地改葬先を変更した。これにより三二番地の墓地と九〇番地一の墓地の跡地は測量を経て墓地廃止となり、これを東京市長が承認して区画整理地へ編入され、土地登記されることになった。

共葬墓地で無税地であった土地は取引可能な土地として、土地登記価格評価が与えられた。評価額は三二番地一の坪数八五坪八八に対して登記価格評価坪あたり八五円、土地価格は七二九九円八〇銭であった。九〇番地一の坪数五〇二坪三九に対しては坪あたり一二〇円、土地価格は六万二八六六円八〇銭であった。

この金額をもって区画整理地へ編入されることになるが、その後のことを示す公文書群は見つからなかった。なお、誓願寺の塔頭一一カ寺は一括した墓域を持ち、移転先（練馬区練馬四—一五、一六）においてもこれを維持している。

ここで区外の目黒祐天寺に移転した無縁墓地以外で、墓地所有者の希望によって田島町の寺院の一角に改葬された三二番地、九〇番地の有縁墓地の再改葬の「理由書」を見てみる。すでに改葬していた「墓地跡地ハ広場ニ相成候為メ震災当時ハ付近住民ノ避難所トナリ災后区役所衛生課ト協議ノ上焼土ヲ置ク事ニ致シ現在山ノ如ク盛リ土アル事関知」と訴え、区画整理事業で周辺住民との紛争が起きていることに対して、寺中得生院《とくしょういん》住職の入西玄栄が区画整理委員会の補助委員となり、積極的に協力していると述べている。

この理由書を含め、誓願寺塔頭が東京市役所宛に提出した書類には「田島一山復興事務所」と印刷された罫紙《けいし》が使用されている。このことから、移転に際して田島山号を持つ誓願寺塔頭はまとまって問題の処理に当たったと推定される。

『得生院誌』に見る移転の経緯

誓願寺塔頭の得生院の当時の住職・入西玄栄《いりにしげんえい》は、塔頭がまとまって浅草田島町から練馬の現在地に移転する経緯を『得生院誌』に記している。ここでは田島一山復興事務所が成立した経緯とその後の復興事業の困難について詳細に記されており、寺院移転に関連した事項は次の通りである。

・震災直後、復興問題について一山がまとまり、現状復興か郊外移転復興かを議論し、満場一致で郊外移転が決定した。一九二四年二月、各寺住職から委員七名が出て誓願寺住職を委員長とし、田島一山復興事務所を開設した。

・事務所は本坊誓願寺跡地売買、末寺移転交渉、墓地改葬準備、檀家への交渉、区画整理対策、資金調達、官署折衝など全般にわたる事業を担当した。

・焼失した得生院では住職家族が一時郷里(山形県西郷村《にしごう》蓮化寺《れんげじ》)に避難し、入江住職のみ寺院処理問題の責任上、単身上京し、檀家の援助で焼跡にバラックを建てた。

・一九二八年一一月、墓地を練馬の北谷戸山《きたやとやま》(現在地)に移転し、翌一九二九年一〇月に堂宇建築を起工し、一九三〇年三月一四日浅草田島町仮屋から移転した。一九三三年、檀家からの寄贈により本堂庫裡を増築した。

得生院は一九三三年一〇月一〇日付で東京府に移転完了届を提出し、移転に関する「収支釈明書」を添付した。それによると一四カ寺の移転予算費は六四万七三四四円、一寺の割り当てはその一四分の一であった。旧地は区画整理地として編入されて一割八分の減歩を受けたうえに、金融不況により檀信徒からの多くの寄付を望めない状況であった。また、浅草公園の隣接地であるため墓地改葬、移転地買収などの請負ブローカーの介入により混乱し、移転先の地元民の移転計画反対など「一大支障ヲ来セシ事一再ナラズ」、資金欠乏に悩まされたが、塔頭一一カ寺が結束して事に当たったという。

寺院・墓地移転費用

得生院の境内地および墓地移転、堂宇建築費などの費用は、総額五万四九〇九円余である。このうち田島山一山共有地売却代金の一寺あたりの金額は三万五一三四円余だが、練馬への移転費一万三一〇二円余に墓地設定費・改葬費などの一一カ寺の分担額二万一九三六円余を加えると、

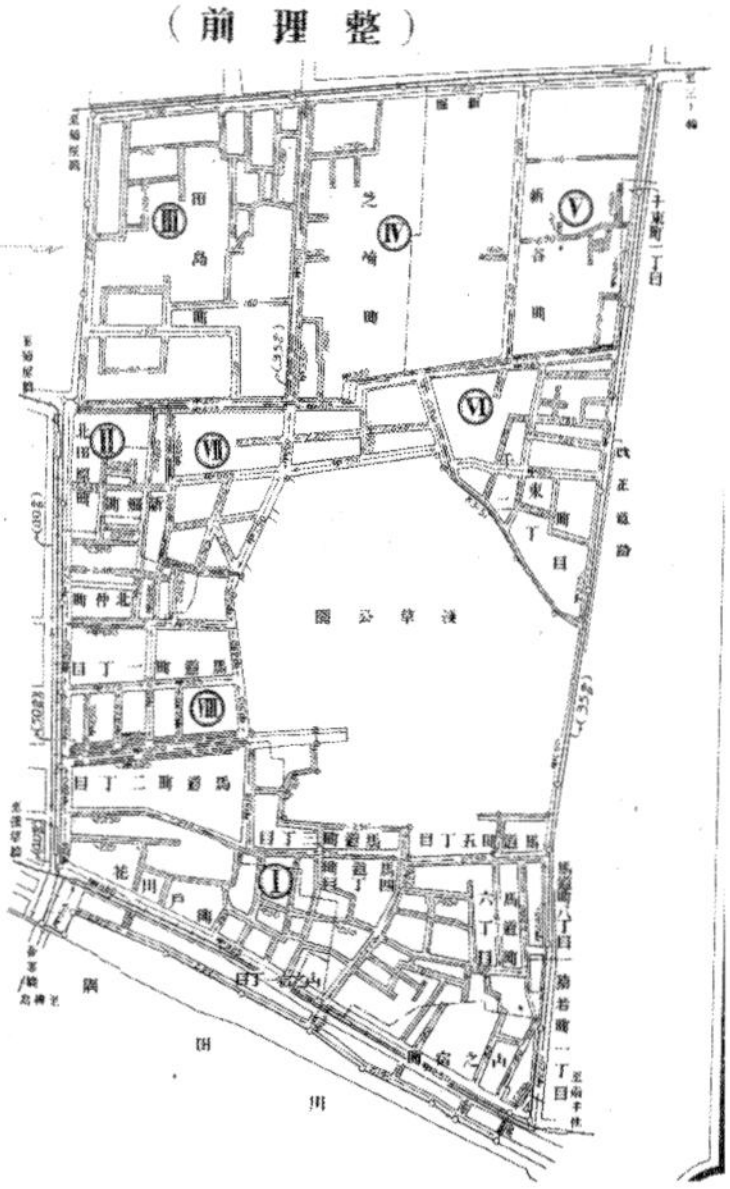

図8－2　第38区区画整理前図
（『帝都復興区画整理誌』第3編第3巻
東京市役所、1931年）

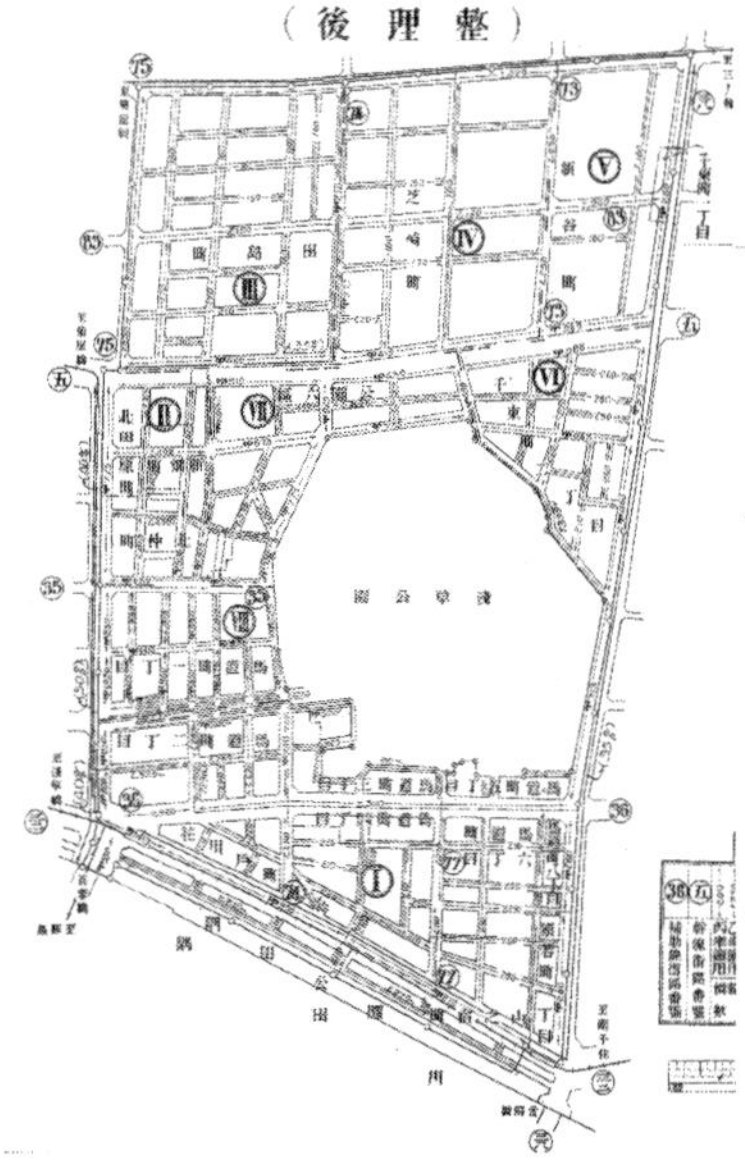

図8－3　第38区区画整理後図
（『帝都復興区画整理誌』第3編第3巻
東京市役所、1931年）

一山共有地売却代金とほぼ同額になる。

区画整理地区第三八地区は田島町の誓願寺に限らず、寺院が多数存在する地区であった。第三八区の震災前状況は図８－２に、区画整理後の状況は図８－３に示されている。

図８－２によれば、第三八区はさらに八区分されている。この図は区画整理図の引用であるから道路番号、借地権利割合、路線価指数、補助線番号などが書き込まれているが、誓願寺塔頭が田島町一帯を占めていたことが確認できる。

『帝都復興区画整理誌』によれば第三八区は寺院が多く、誓願寺、称名院《しょうみょういん》、九品院《くほんいん》の無縁墓地移転は予定期間内に終了しなかったという。そのためこれがモデルケースとされ、誓願寺塔頭一一カ寺の移転墓碑基数、埋葬霊数、移転費用が示されている。

移転が思うように進まなかったことは得生院住職・入西玄栄の苦労を倍加させただろう。塔頭一一カ寺の移転先とは異なり、誓願寺は単立寺院として多磨霊園正門付近に移転したが、周辺住民の区画整理への抵抗は非常に強かった。

寺院	墓地基数	埋葬霊数	移転費（円）	移転先
徳寿院	11	24	221.80	多磨霊園
仮宿院	29	112	646.70	練馬区
本性院	106	596	2,077.50	練馬区
宗周院	81	263	1,872.40	練馬区
誓願寺	677	1,671	12,520.43	多磨霊園
迎接院	98	502	2,138.20	練馬区
仁寿院	76	440	1,688.40	練馬区
林宗院	11	84	246.80	練馬区
称名院	313	857	6,063.80	練馬区
受用院	59	126	1,439.80	練馬区
長安院	26	154	568.90	練馬区
九品院	78	258	1,522.30	練馬区

表８－７　誓願寺寺中墓地移転
（『帝都復興区画整理誌』第３編乙）
＊練馬区へ移転した得生院、快楽院は本表に掲載されていない

花川戸《はなかわど》町付近に東武線鉄道の引き込み線を延長する計画と停車場の新設などがあり、宅地面積の減歩率が高く、区民の不満が高かった。千束町《せんぞくまち》は町内が移転促進派と延期請願派の二派に別れ、それぞれが嘆願書を出すなど住民の間でも意見が割れた。

馬道《うまみち》の住民は移転に反対しなかったが、浅草観音堂を中心として辛うじて生計を立てていた人たちはここを離れれば露頭に迷う恐れがあるとして、復興局に請願書を提出した。復興局はこれに対して「斯くの如き事由にて移転命令の発令を延期さるべきものではないと思料する」とし、区画整理を断行した。

4　東京市における寺院移転の実際――浄土真宗築地本願寺末寺の場合

築地本願寺末寺の被害状況

築地本願寺末寺は五八カ寺が本願寺別院境内に所在したが、このうち四七カ寺が震災後に移転した。築地本願寺の被害は大きくなかったものの、九月一日の夜以降、火災によって別院、末寺寺院五八カ寺、墓地が焼失した。そのうち四七カ寺がそれぞれ郊外へ移転し、築地に残り再建された寺院は東京別院および八カ寺であった。

図8－4は明暦の大火によって浅草御坊が築地の埋立地に移転してから三〇〇年という節目に出版された『築地本願寺遷座三百年史』から絵図をトレースしたものである。「8－5　應善寺」のように寺院に付した番号の意味は不明であるが、そのまま掲載しておいた。

烏山へ移転した善行寺

このうち、築地本願寺から烏山《からすやま》へ移転した五カ寺のひとつである善行寺《ぜんぎようじ》について、移転の経緯が東京都公文書館にある「墓地無代下付」（D八〇七）に綴られている。

善行寺は一九二四年一二月一六日に墓地新設の許可が下り、一九二五年五月六日、東京市長中

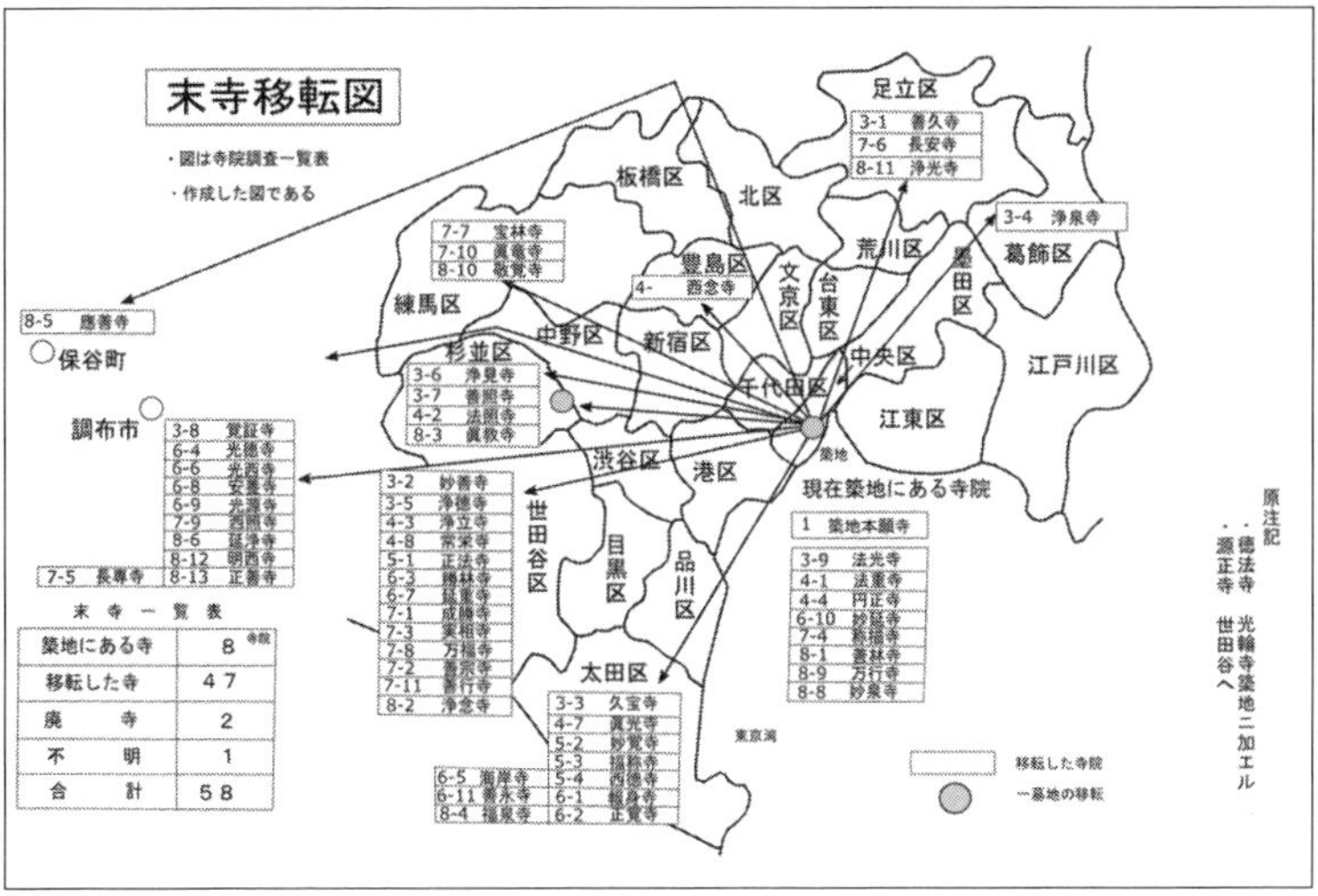

図8－4　『築地本願寺遷座三百年史』掲載の末寺移転図のトレース図

村是公に「墳墓改葬認可申請書」を提出した。墓地所在地は京橋区築地三丁目一〇八番地、墓地面積は一一歩、改葬墓地数は四四基、改葬先は東京府北多摩郡千歳村烏山字大野久保二二七六番地であった。東京市墓地改葬規則により、改葬期間は認可から三〇日間で、六〇日以内に終了と認可申請書に記されている。

この認可申請書は翌日の五月七日、市役所葬務掛長から公園課長宛で「実地調査ノ上処理スルモノトス」として処置されることになった。申請書に添付された書類には埋葬者の戒名、埋葬年月、墓地所有者、火葬土葬別が記されている。これによれば墓地所有者三九名、所有者不明六基、霊基数は一二五基で、不明六基を除く埋葬年月は大正期三八基、明治期六七基、慶応期一基、元治期一基、文久期二基、安政期七基、弘化期一基、文政期二基である。

明治期の埋葬者が全体の半数以上を占め、次に多いのは大正期の埋葬者で、明治以前は一〇基に過ぎない。明治維新から半世紀近くを経た震災時には、江戸時代の檀家とはすでに関係が途絶えており、寺院墓地には多くの無縁墓があったと推定される。ここには江戸・東京という都市の住民の流動性が反映されており、市区改正で墓地整理が課題となったこともうなずける。

改葬については次のように指示されている。ここでは原文を引用しておく（傍線部は引用者）。

改葬仕様書

一、改葬承認ヲ受ケタルトキハ所轄警察署ノ改葬許可ヲ受クヘキコト

一、墳墓ノ改葬ニ際シテハ警察官ノ臨検及所有者ノ立会ヲ受クヘキコト

一、墳墓ノ所在場所ハ平均六尺以上ヲ掘下ケ遺骨箱、甕等ノ残存セサル様丁寧ニ取纏メ墓石ト共ニ移転先ニ改葬スルコト

一、墳墓ノ所在場所以外ト雖モ墓地区域内全部ヲ一応発掘シ遺骨等ノ残存セサル様検査スヘキコト

一、改葬跡地ハ相当消毒ヲ行ヒ土地ヲ原状ニ回復スヘキコト

墓地跡地では遺骨を徹底的に除去することが求められた。これは換地後、一般の宅地として区画整理を行うためである。善行寺の墓地移転完了届は見つかっていないが、一九二四年の新設墓地認可、一九二五年五月の改葬許可を得て九〇日（認可から三〇日、着手から六〇日）後に改葬が

終了したとすれば、一九二五年中には墓地移転が完了したことになる。これは築地本願寺末寺のなかでは最も早く墓地移転が行われたケースであろう。なお、善行寺の墓地換地後の土地評価額についての公文書は見出すことができなかった。

大田区六郷町へ移転した真光寺

図８－４に示した築地本願寺末寺の移転図によれば、少なくとも四七カ寺は同時期に移転したように見えるが、実際にはそれほどすっきりと事が進んだわけではなかった。

地目	番地	坪数	備考
墓地1	築地3-19	14.25	築地総墓地77.33の内
墓地2	築地3-90	35.69	真光寺境内
墓地3	築地3-125ノ2	74.06	旧正満寺跡
宅地1	築地3-89	82.54	
宅地2	築地3-125ノ2	6.08	

表８－８　築地本願寺真光寺の宅地・墓地
（「真光寺記録」1924年3月1日の記録による）

番地	墓地基数	火葬骨	土葬骨	不明
90番地	171基	951人	4人	11基
125番地	197基	1,203人	1人	6基

表８－９　真光寺墓地
（「真光寺記録」）

真光寺《しんこうじ》の移転について、震災時の住職・多田賢修が残した記録がある。真光寺が区画整理のため、現在地（大田区萩中《はぎなか》一―三六―一）に移転したのは一九二九年九月である。震災で寺院境内地の建物、墓地が焼失し、一九二四年一二月一日に庫裡のあった京橋区築地三丁目八九番地に仮設木造トタン葺平屋（三三坪と一四坪二五の二棟）の建設許可を得て建設し、そこに居住していた。この間、前住職多田賢順が病気のため辞し、副住職だった賢修が住職となっている。

真光寺が復興局に墓地移転を申告したのは一九二八年三月二三日である。区画整理地への編入に関する交渉記録はなく、承諾後に作成された記録のみが残されている。真光寺の築地境内地の宅地・墓地は表8－8、墓地の霊墓数は表8－9に示した。

七月一一日に移転および新墓地設置に関する書類を作成し、六郷町《ろくごうまち》の同意書を添えて七月二四日に東京府に提出し、九月一七日に東京府知事・平塚広義から墓地新設の許可が下りた。新設墓地は荏原《えばら》郡六郷町大字八幡塚《はちまんつか》大沼四四七番地（宅地四四九坪）、四四四番地ノ二（畑四七坪）、四四四番地ノ一（六〇坪）、四一一番地ノ九（田一二六坪）であった（のちに町名変更）。

購入地の全面積一五四二坪九一で、そのうち墓地が六二八坪、境内が八六〇坪九一となった。一〇月六日に東京府知事から土地売買の許可が下り、一〇月一五日、売主の馬場英一郎、東京土地建物会社の立ち会いのもと、売買登記が完了した。移転先の土地買収代金は二万七七七円七六銭であった。

同時に、地形上の関係から八幡塚大沼四六九番地畑一〇五坪を住職が個人として二八三五円（一坪二七円）で購入している。墓碑、遺骨の移転に関して東京市役所・警察署へ提出した公文書を見出すことはできなかったが、墓地移転は順調に行われたと推測される。

寄付金が果たす役割

真光寺が移転する以前、築地本願寺元地での仮本堂・庫裡の建設に際しては、真光寺護持会による寄付金が果たした役割が大きかった。一九二四年度の護持会収支報告から真光寺復旧に関わる項目をみると、年忌法要、供養料など寺院が貯蓄してきた真光寺護持会基金から四〇〇〇円、住職個人から二七〇〇円を支出し、震災後、焼失跡地に建てた仮本堂・庫裡建設資金七七〇〇余円の大半をまかない、本山からの復興補助金は五〇〇円に過ぎなかった。

移転先の土地買収費二万七七七円については一九二三年度以降の護持会報告、「真光寺記録」から見出すことはできなかった。おそらく一九二八年九月一七日に墓地移転・新設墓地の許可が下りた段階で、元地と移転先土地の等価交換が行われたのだろう。土地売買については復興局、あるいは東京市から委託された東京土地建物会社が請け負ったと推測される。

図8－5　第22区区画整理現形図
（『帝都復興区画整理誌』第3編第1巻、東京市役所、1931年）

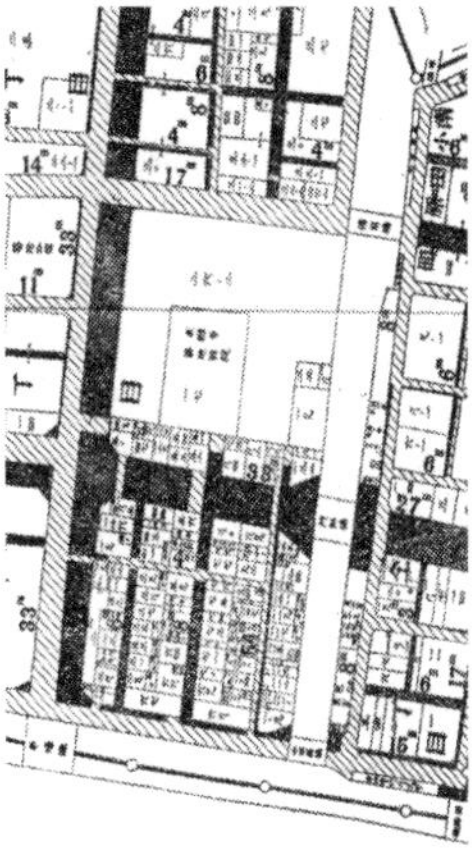

図8－6　第22区換地位置決定図
（『帝都復興区画整理誌』第3編第1巻、東京市役所、1931年）

区画整理後の換地状況

築地本願寺境内地を含む区画整理第二二地区の換地状況について『帝都復興区画整理誌』は一切触れていないが、『帝都復興史附横浜復興記念史』中巻は次のような状況を伝えている。

地区一般は魚河岸、青物市場を含む商業地で、整理前は宅地が一七万九一三四坪であったが、整理後は宅地が一四万五七四六坪となり、減歩率は一・八六に及んだ。これは主として、幹線道路や運河掘削などによるものであった。

図8－5、図8－6にあるように、築地本願寺前に三三メートル幹線第四号（海軍造兵廠前から日比谷交差点に至る）が設定され、真光寺北隣の西念寺《さいねんじ》（築地三―八七）が道路用地となったが、幸いにも真光寺（築地三―八九）の境内地はそれを免れたため、移転が開始される一九二九年まで仮本堂・庫裡が元地に留まることができた。

築地本願寺末寺五六カ寺の墓地二三六四坪にあった墓基はほとんど郊外に移転したが、「墓地跡に換地される事は一般に喜ばぬので、結局寺関係の人が入ることとなって無事に完了した」とされている。築地本願寺末寺のうち震災以前の廃寺は二カ寺、当時存在した寺院は五六カ寺であるが、震災後にはこのうち八カ寺が本願寺境内地に残った。

しかし第二二地区の換地状況から、郊外に移転した寺院の跡地がすべて換地対象として建物会社や東京市に買収されたわけではないことがわかる。寺院跡地に関連する第二二区の換地については、築地本願寺正門前道路南側と築地川沿い道路の東側墓地敷地内の露店商建物七〇坪余は所有権者四、五人に対して居住者が一〇四人で、一店舗一間口の床店《とこみせ》商人への換地交渉で復興局を悩ませた。占有者の抗争が激しく、築地本願寺としても手の施しようがなく、結局は強制移転によって退去させたという。

5　まとめにかえて

被災と復興を繰り返した都市寺院

誓願寺塔頭得生院の縁起によれば、本寺誓願寺は小田原攻略後の家康に請われて江戸神田豊島《としま》町に移転した。そこで一万坪の朱印地を与えられ、得生院を含めた塔頭六院が一山に加わった。明暦の大火（一六五七年）により神田から浅草に移転し、塔頭寺院は一四カ寺まで増えたという。また、二〇〇年後の安政江戸地震（一八五五年）には地震後延焼に遭っている。

真光寺の始まりは出羽国鶴岡で、江戸初期に武蔵国品川、一六二一年（元和七）に江戸浜町に移転し、明暦の大火により築地に移転した。浅草横山町から八丁堀地先清州の埋め立てを許され、移転した浄土真宗本願寺の寺中に加わったと推定される。

築地においては一七五六年（宝暦六）、一七八四年（天明四）、一八三四年（天保五）と江戸の大火の度に本坊、寺中ともに焼失し、一八七二年（明治五）には院内すべてが焼失する火災に見舞われた。関東大震災後、真光寺は移転先の大田区萩中で戦災の爆撃に遭い、本堂が焼失した。両寺は都市寺院として被災とそこからの復興を繰り返し、現在に至っていることを心に留めておくべきだろう。

寺院移転問題研究の今後の課題

本章では神社とは異なり、寺院への行政支援はなかったという点を踏まえ、東京市の焼失地域の区画整理に伴う墓地移転・境内地移転に焦点を当てた。

東京市の寺院移転はほかの震災県と異なり、帝都復興計画に基づく区画整理事業の一環として行われた。寺院墓地無代払下げとその買収が行われたため、行政が復旧資金を負担したかのように見えるが、実際には墓地無代払下げによって一般宅地に編入し、土地価格を付して区画整理地の対象とした。無代払い下げを受けた墓地は価格を付けて売却され、その代金が移転先の土地購入費に充てられた。

ここでは払い下げ墓地跡地の価格と移転先の取得土地代が等価となるよう設定されていたと推定される。郊外地取得は寺院側が直接行うのではなく、東京土地建物社など仲介業者が行った。これは巧みな行政操作により遂行された事業である。

寺院復旧・復興費の捻出方法については、得生院および真光寺の移転時の記録を参照した。こうした貴重な資料を閲覧できなければ、それは解明されないままであったろう。

田中傑の論考では寺院の移転先の取得について、東京都公文書館所蔵の公文書に基づいた分析も数例試みられている。ここで分析した事例はわずかであり、今後のさらなる調査が必要と考えている。

Ⅲ

濃尾地震——天野若圓と震災紀念堂

濃尾地震は一八九一年一〇月二八日の朝早く発生、死者は七二二三人、このうち、震源域の岐阜県は五〇〇〇人近い死亡者を出した。近代文明を取り込み、近代国家としての体裁を整えるべく邁進していた政府は、過去にも地震災害に度々襲われてきたことを認識し、今後に備えるべく、震災予防調査会を設けた。しかし、この地震で亡くなった人々への慰霊を記す記録も施設も国家としては作られなかった。現在あまり知られてはいないが、岐阜にはこの地震で亡くなった人を慰霊する震災紀念堂が建てられている。建立者は、天野若圓《じゃくえん》という真宗本願寺派の一僧侶である。今もなお、天野家の五代目子孫の天野賢敬氏に受け継がれ、維持されている。

Ⅲ部では、天野若圓の生涯を、残された日記や当時の新聞などからその軌跡を追うことにした。若圓は真宗本願寺派の僧侶としての修練を積み、説教にも巧みであり、遺族によれば、本山からの第一回帝国議会議員への立候補を薦められたという。当選を果たした一八九〇年第一回帝国議会では、政府寄りの吏党の立場に立つ大成会に属して、議会の解散を防ぐ「天野動議」を提案するなどの華々しい活躍を演じた。しかし、翌一八九一年には濃尾地震が起き、岐阜県では多くの死者が出た。政府は、議会での民党の反対を予想し、濃尾地震の総額五〇〇万円余にのぼる土木補助費を緊急勅令で発令し、この承認をめぐり、第二回帝国議会が紛糾した結果、解散となった。

再度の総選挙に立候補するも落選した若圓は、この間、濃尾震災紀念堂の建立に邁進した。この紀念堂に残された『死亡人台帳』は、濃尾地震の犠牲者のうち岐阜県の犠牲者四三五七人の名前が刻まれている。

震災紀念堂の存在は、若圓の政治、あるいは宗教活動とどのように関わるのか、まずはその経緯を明らかにする。

第9章　天野若圓の前半生

1　天野若圓とはどのような人物か

天野若圓と明治の仏教界

岐阜市若宮町《わかみやちょう》二丁目一〇番地にある震災紀念堂は、濃尾《のうび》地震（一八九一年）発生の二年後、天《あま》野若圓《のじゃくえん》（一八五一〜一九〇九）によって建立され、一一七年後の現在に至るまで天野家が個人として、若圓の意志を尊重し、震災紀念堂としての維持・管理を行っている。

天野若圓は岐阜県稲葉郡北長森村大字岩戸の真宗本願寺派善龍寺《ぜんりゅうじ》に生まれ、僧侶としての修行を積んだ。一八九〇年（明治二三）の第一回帝国議会選挙に際し、僧侶や教師などは立候補できないという選挙規定により還俗《げんぞく》して立候補し、当選し帝国議会議員となった。その後、総選挙に八回立候補して三回当選を果たした。還俗しての立候補であったが、真宗本願寺派の僧侶としての活動を停止したわけではなく、布教活動にも熱心であった。

明治の仏教界は受難の時期を経験した。神仏分離令後、明治国家の宗教策を束ねる中枢は神祇《じんぎ》官、神祇省、教部省と、わずか四年間でめまぐるしく変化した。ようやく一八七二年（明治五）に天皇を中心とする国体護持を説く三条の教則が制定され、明治国家の精神的支柱とすべく教導職が設けられた。

教導職を養成する機関として中央に大教院、各県に中教院、各市町村の寺院に小教院が設けられ、神官と僧侶はともに大・中・小教院の教師となったが、大教院下の宗教策は一層混乱した。まだ若く修行中の身であった若圓は、こうした宗教政策の混乱がほぼ終息に向かう時期に僧侶としての活動を開始するが、ここではある程度の自由度をもって実践的な布教活動ができる環境が整いつつあったと推察できる。

明治二〇年代に入ると帝国大学で宗教学を修めた井上円了、清沢満之《きよざわまんし》などの逸材が続々と登場し、その後の宗教哲学への道を拓くなどの動きが出てくる。明治期の仏教界の白眉たるこれらの人物については多くの研究があるが、地方で実践的な仏教活動を行った若圓のような人物についての研究はそれほど多くない。

本章では天野若圓の活動から、地方における宗教的実践と活動の一環として建立された濃尾震災紀念堂にはどのような意図が込められていたのかを考えることにしたい。

若圓の出自

天野若圓は一八五一年（嘉永四）五月一五日、岐阜県稲葉郡北長森村岩戸五二番戸善龍寺に生まれた。常陸国久慈郡松原の住人であった松原龍善が親鸞上人の帰路、美濃国までお見送りをした際に名号をいただいた。布教したことに始まり法統が引き継がれたが、戦乱によって尾張に引き移ったという。その後、新しく第七世龍起が一六九二年（元禄五）に岩戸村に寺を開き、善龍寺第一世と名乗る。

若圓は善龍寺第八世若空（一八一九—一八九七）、母露子の間に生まれた。兄若譚は岐阜県方県《かたがた》郡佛心寺、次兄吉十郎は林家に養子に入り、三男若圓は一八六九年（明治二）、一八歳で得度《とくど》して二二歳で善龍寺住職を継いだ（善龍寺蔵「過去帳」）。

二二歳で善龍寺住職となった若圓は父若空の薦めで牧野大安・船橋了要に宗学《しゅうがく》を学び、一八七八年（明治一一）に二八歳で本山大教普通科に入学し、二年後の一八八〇年（明治一三）六月に卒業した。この年の一〇月、越後高田《たかだ》教務所管事《かんじ》となったことが本人自筆の履歴書に記されている。

越後高田教区管事の多忙な日々

三〇歳になった若圓は管事として、新潟・長野両県の高田組に属する真宗寺院三六六寺（檀家三万九一二二戸）を管轄した。高田赴任後の三年間、一八八三（明治一六）九月から一八八四年（明治一七）三月までの「日記」が残されている。

日記には日時、天気、気温、来訪者、談義などの簡単なメモが記されている。しかし、おびただしい数の来訪者については名前のみが記載されており、人物との関係についての説明はまったくないため、どのような用件を相談し、話題としたのかは不明である。若圓は囲碁を親しみ、その後には「酒肴満酌」「至明不寝」などといった記述が散見されることから、「日記」は高田教授所管事としての公私の記録と見られる。

ここでは内容について詳しくは触れないが、「越後高田教務所管事」としての仕事について書かれているところをいくつか挙げておく。

一八八三年九月以降、一カ月間の日記に注目してみると、若圓は越後高田教区管事として教区から本山への上納金の徴収、この間の教区内の僧侶の勤務内容の監督、試補試験などの実務、さらには僧侶の死去による寺財産の処分や寺持続に関する事務処理など多岐にわたる業務をこなさねばならず、休む間もないほど多忙であったようである。さらには高田で教校の開場式、高等科の開設、新設された長野監獄の入仏式などを行った。

この日記の末尾には「信濃各組演説及用件」と題された箇条書が残されており、○政党のこと、○本山財政のこと、○冥加《みようが》献納のこと、△課財取り纏めのこと、△徴兵のこと、△鉄道加入のこと、△義捐金徴集のこと、△衆徒取調のこと、△書籍購入のこと、△冥加金取扱いのこととある。おそらく△は宗務活動、○は政党などそのほかの問題であろう。ここでは宗務のみならず社会的な問題を取り上げており、この後の帝国議会議員立候補などの政治活動への布石となっている。

本派本願寺「知堂」の活動

若圓自筆の履歴書によると、一八八五年（明治一八）に本山教学科長、同年一二月には名古屋および岐阜の黒野別院の知堂《ちどう》の座に就いた。「知堂」とは僧侶の勤式《ごんしき》の修行を終え、後輩僧侶に勤式を指導する立場にある者を指す。越後高田教務所管事の任務を終えた一八八四年三月以降の記録は残されていないが、一八八五年一一月一七日から始まり一八八七年（明治二〇）一月二六

年	月	教諭地	教諭場所	題	回数
18	12	細畑	真宗寺	妙来□大慈悲	4
18	12	黒野	別院	依祖師聖人化導	12
18	12	蔵前	願照寺	謹案浄土真宗	12
18	12	領下	吉兵衛	正信偈	4
18	12	革島	長右衛門	謹案浄土真宗	6
18	12	細畑	杢兵衛	謹案浄土真宗	4
19	1	領下	最乗寺	正信偈	6
19	1	土居	治左ヱ門	観経□	6
19	1	名古屋	別院	正信偈	22
19	1	岡崎	説教所	二種源信	12
19	2	岐阜	普賢寺	謹案浄土真宗	17
19	2	美園	重右衛門	浄土賛票列文	4
19	3	岡崎	説教所・正福寺	正信偈	32
19	3	名古屋	別院	正信偈・二種源信	58
19	3	花西村	花西村	徳和中上人化導	7
19	4	和合	＊1三河巡回	正信偈	185
19	4	名古屋	別院	冠頭□題	19
19	4		正覚寺	□偈□順題	14
19	4	三河	＊2説教所始	六字尺題	79
19	−	名古屋	別院	六字尺題	7
19	−		教専寺	六字尺題	14
19	−		宗円寺	六字尺題	13
19	−		別院	六字尺題	62
19	−	黒野	別院	六字尺題	13
19	−		覚願寺	六字尺題	4
19	−		法光寺	六字尺題	4
19	−		赤堀	六字尺題	4
19	−		真宗寺	六字尺題	4
19	−		淨慶寺	六字尺題	11
19	−		正覚寺	六字尺題	19
19	−	高田		依祖師聖人化導	8
				計算値（合計）	666

表9−1　「知堂」としての活動（明治18年11月〜20年1月）
＊1和合三河説教所：和合、大平、桑谷、土呂、野場、平原、荻原、中畑、鷲塚、長良、長瀬、宇頭、島村、小野、駒場、北野、米河内、小丸、伊賀、阿知和、能見、井口
＊2三河説教所：黒崎、伊賀、平地、□谷、福岡、海谷、上地、富山、味浜、中畑、西尾、鷲塚、西畑、同上山、船越、中頭、駒場
（「唱道日記」冊207）

日に終わる「唱道日記」なるものが残されている。これにより、若圓の「知堂」としての活動を探ることにしたい。

この日記の末尾に「明治十九年中総計六百三十座」とあり、一八八六年(明治一九)に六三〇回の説教を行ったことが記されている。説教の場所・論題などを簡単にまとめて表にした。

越後高田管事を務めていた時の日記とは異なり、ここでは教区の課財金や冥加金の徴収などについてまったく記されていないが、説教をした場所や論題、聴衆の数などについては記されている。ここでは六三〇座と記されているが、説教回数と推定される数字を合算すると六六六座となる。説教は朝、夜の二回が一般的だが、朝、日中、夜と一日三回の場合もある。これは相当にハードで、しかも聴衆も多い。一一月一七日、真宗寺で行った説教では報恩講《ほうおんこう》の「聴衆五十人計(ばかり)」、同日の夜には聴衆三〇〇人、一二月一二日の黒野別院の報恩講では聴衆八〇計名、翌日聴衆三〇〇名計、一四日聴衆五〇〇名計、一五日一五〇〇名計と記されている。

この時期の説教では越後高田管事を務めた五年間の厳しい冬の体験を踏まえ、親鸞上人の越後患難、角田《かくだ》浜孤《はまこ》猲《かつ》地獄をリアルなものとして語っている。また、報恩講中の若者を集めた説教では日本文明は進行中であり、行儀を改めるべきであることを悟らせるため、聴衆を三手に分けて活劇を演じさせるなどした。説教では工夫を凝らし、内容をわかりやすくしようと努めている。

また、大雨など天候の悪い日に集まった聴衆に対しては悪天候を押して説教所に通う努力を称揚するなど、その場に応じて聴衆を引き付けようとする努力も見られる。若圓はこのとき三七歳で、説教も円熟味を増していた。名古屋別院、岡崎別院などでの説教は僧侶を対象とし、教義の解釈などが中心となったようである。

維新前儒者盛ニシテ廃仏ト云神道者起テ翼ヲ延サントス、然ルニ耶ソ教及理学輸入シテヨリ霊意ノ滅セサルヲ知リ、宗教ニ入ルヲ欲ス、然ルニ仏・耶何レカ理ニ叶フヲ問フ哲学流行シテ仏教ノ信スヘキヲ知リ、之ヲ学フニ至ル、然ルニ又一患ヲ来セリ、唯理ニ走リテ翁嫗《おうう》ノ信ニ及ハス、ヨリテ若年タルモノ生死事大《しょうじじだい》無常迅速ヲ知リ未来ノ用意セヨヲ述

ここでは維新以来の社会の変化を仏教、神道、耶蘇教を軸として述べ、仏教と耶蘇教のどちらが理屈に適うかを理論的に問う哲学が流行したが、結局のところは理論ばかりが先行し、年寄りたちの信心にも及ばない状態であると当時の仏教界の動向を批判している。説教では一貫して仏教の力が強調されているが、「維新前後ノ時分ハ誠ニ仏法累卵《るいらん》ノ危キ」過酷な時代、フェノロサなども「帰仏《きぶつ》」（帰依）したことにも言及している。

説教でコレラ流行やノルマントン号事件を話題に

一八八六年（明治一九）八月五日には「流行病予防説諭ノ為愛知県知事ノ依頼ニ依リ、尾三両国へ出張」とある。この年、コレラによる死亡者は一〇万人にのぼり、愛知県は仏教者の説教を通じて予防を呼びかけることにしたのであろう。

若圓は七月三一日、愛知県では四一六人が罹患し、死亡者がこのうち二八四人とし、迷信的予

防策を禁じ、コレラ予防に祈禱、注連縄《しめなわ》は役立たないと説いている。八月五日、岡崎説教所では聴衆二五〇人を相手に、流行病（コレラ）の蔓延を防ぐため、巡査や役人は人民保護の目的で避病院などへの連行を促すのであり、巡査が人を殺すなどといった悪説を流してはいけないと説いている。

若圓が越後高田管事時代、長野の監獄、上田の監獄などで教誨師《きょうかいし》としての活動を行っていたことはすでに述べた。岐阜監獄でも一八八六年一一月二一日から一八八七年（明治二〇）二月末に至るまで、八回説教を行っている。

一八八七年三月以降の布教活動を記す「唱道日記第三編」の三月五日の日高別院（和歌山県御坊市本勝寺）から始まり、浄念寺（有田市）、光明寺（有田《ありだ》市）、光源寺（有田市）、妙願寺（日高町）、浄明寺（日高郡）、円満寺（御坊市）、浄国寺（御坊市）、安養寺（御坊市）、常照寺（御坊市）、浄行寺（田辺市）、勝徳寺（田辺市）、勝専寺（日高郡）、西光寺（海南市）など、同年一二月二三日まで各地で布教活動を行ったが、説教の内容には変化が見られる。なお、（）内の寺院所在地は現在の地名である。

一八八六年一二月末の黒野別院では、ノルマントン号遭難による溺死者とコレラによる死者の追弔供養会についての演説を行った。一八八六年一〇月二四日、横浜から神戸へ向かった英国船籍の貨物船・ノルマントン号は紀州灘で遭難し、英国人船員、インド人の火夫（ボイラーマン）などは救助されたが、船底にいた日本人二五人は救助されず、死亡した。これは裁判となったが不平等条約下の領事裁判では操縦船員の過失は問われず、罰せられなかった。世論は不当裁判の声で沸き立ち、不平等条約解消の機運が一気に高まった（北原、一九九八）。

一八八七年四月一日、日高群比井崎村の長覚寺での説教では法律を整えることが急務であり、徴兵・租税は君主のためでなく、日本人民の国家を守るためのものであると説いた。さらに翌日、同寺における説教で、インドは国を守る宗教心がなかったため、遂に英国の苛政に苦しめられる結果になったと述べている。この時期になると、こうした社会的事件への言及がかなりの頻度で見られるようになる。国会開設に向け、市町村制、税制など近代国家としての法的整備が急ピッチで進められていた時期でもあり、こうした状況に無関心であっては説得力を欠いたからであろう。

2　政界への進出

岐阜県政界の状況

これまでは日記類を中心として帝国議会議員以前の若圓の活動を見てきたが、帝国議会開設に向けて政治活動を開始する準備期に当たる一八八八年（明治二一）、一八八九年（明治二二）の日記は残されていない。一八八九年（明治二二）二月一一日、紀元節の日に大日本帝国憲法が発布され、その付属法として「衆議院議員選挙法」（法律第三号）が制定された。若圓は京都の本派

（西）本願寺本山の支援を受けて帝国議会議員に立候補し、この年の一二月には選挙活動を開始している。

では、若圓を取り巻く岐阜の政治状況はどうであったのか。明治一〇年代の岐阜県政界では中央の立憲体制論（改進党系）、民権論（自由党系）の政治構想に同調する動きは見られたものの、政治論争は低調であった。

しかし一八八二年四月六日、岐阜で懇親会に参加した自由党首・板垣退助が愛知県士族・相原尚褧《なおふみ》に襲われ、負傷する。このとき、板垣が叫んだとされている「板垣死すとも自由は死せず」という言葉は非常に有名である。

板垣は土佐民権運動を推進し、明治維新政府の参議も務め、伯爵という爵位を持っていたため天皇から見舞いの勅使が派遣され、自由党の副総理などが見舞いに訪れた。これを契機として、岐阜県内の自由党と改進党の対立が表面化したという（岐阜県、一九七二）。

一八八七年一二月末、政府は不平等条約交渉における外交権回復・地租軽減・言論の自由という三大建白運動を起こした自由党員らに対して保安条例を施行し、この運動の中心人物など五七〇名を皇居周囲三里以外に追放した。その結果、四分五裂であった民党は大同団結し、運動家が地方で政治運動を展開したため、皮肉にも地方政治が活況を呈することになった。岐阜県下で行われた政談演説会は一八八八年に六二回（演説者二三五人）、一八八九年に一〇八回（五〇八人）、一八九〇年に一七一回（六二一人）と急増した（岐阜県、一九七二）。

当時の若圓は本山教科長などの職務で紀州の本願寺系寺院で説教を行っており、こうした政治抗争とはほぼ無縁であった。若圓が政治世界に踏み出し、岐阜県政界で注目されるようになるのは立候補の意志を固めた時期、岐阜県内で演説会が開かれるようになってからである。

若圓にとって最大の問題は、衆議院議員法の規定に従えば僧侶の身分では被選挙権が得られないということであった。一八八九年二月一一日公布の「衆議院議員法」の選挙資格は男子二五歳以上、直接国税を一五円以上納付する者（第六条）、被選挙人は男子三〇歳以上、直接国税一五円を納める者（第八条）とされ、第一二条で「神官及諸宗ノ僧侶又ハ教師ハ被選人タルコトヲ得ス」とされた。

議員の任期は四カ年である。この法律の付録として、人口一二万人に対して議員一人という基準で全国の選挙区と議員数が規定され（小選挙区制）、岐阜県は七区で七人となった。

一八八九年から一八九〇年七月までの若圓の日記が残されていないため、ここからは『岐阜日日新聞』（以下、『岐阜日日』と略す）のから若圓関係の記事を抜き出し、立候補に至る動きを見ておく。日付は記事の掲載日を示す。

一八八九年四月二二日、岐阜の本願寺西別院で厚見《あつみ》郡六条村の真宗僧侶・塩谷源叡が岐阜県下三〇〇余の寺院を対象として、衆議院議員法第一二条についての大会議を開催した。ここには一〇〇余名参加したが、衆議院議員法第一二条に反対する者、立候補のための還俗は誤りとする者もいて、意見がまとまらず解散した。

『岐阜日日』（六月四日）の社説では衆議院選挙法第一二条について、両本願寺有志が全国三万の寺院に檄を飛ばしたこと、長野・滋賀の有志惣代は内閣へ建白書を提出する手続き中であること、富山県の僧侶四三三名の惣代は内務大臣に請願書を提出したこと、伊勢・美濃・尾張・三河・摂河泉の僧侶も同様の動きをしていることなどを報じている。しかしここでは僧侶は議員にならずとも、宗門のために宗教の回復を図るのが先であるとし、議員立候補に賛成していない。

同年岐阜県では町村合併が行われ、七月一日に岐阜町は岐阜市となった（岐阜県令三九号）。これにより選挙権を有する岐阜市公民数は一三二七人、このうち国税の納付額により一級六六人（一七二円三四銭～七円一九六銭）、二級二五九人（七円一七九銭～二円五〇四銭）、三級一〇〇二人（二円四九九銭～一銭）と報じられている。

八月二五日には西別院の土井善応、坂口若譚ら真宗本願寺派の諸士が不平等条約改正中止建白を準備中と報じられた。坂口若譚は天野若圓の兄で、岐阜方県郡木田村の佛心寺の住職である。

若圓の選挙運動始まる

一八八九年九月六日の『岐阜日日』の広告欄に「来る八日、岐阜西別院において本山教科長天野若圓による仏教演説会開催」の広告を出した。これが初めて出た若圓演説会の広告である。この演説会の弁士は天野若圓ほか二名、聴衆は一五〇〇名であったと報じられている。

一二月一七日付の紙面では若圓が聴衆三〇〇人余を前に「宗教家は政治とは相離るべからず。愛国心ある者は外教（耶蘇教）の侵入を防ぎ、帝室と国家に尽くすべし」と演説したと報じている。

次は一二月二五日付の紙面で、若圓が立候補の意思を固めたことを報じた記事である。ここでは議員としての公約も示されているので、引用しておく。

「天野若圓氏の公言

同氏を衆議院議員選挙に当たらしめんとする信徒の計画はかつて再三本紙に記したるが、未だ同氏が之を承諾するや否や、又之を承諾すれば如何なる意見を抱て之に応ずるかを知らざりしが、此程方県郡黒野村本派別院に於て報恩講を執行したりし節、同氏は知堂職なるを以て之に臨みたるが、其演説中、予は明年開設せらるる国会議員たらん事を法主《ほっしゅ》台下及び同流諸僧侶の依頼を受けたり、自らも又僧籍を脱して天晴その選に当たらんと欲するなり、曩《さき》に地価減額の事もありしが、自分が國会議員と為る時は岐阜県下の地価及び諸税の減ずるは無論のこと水防なり道路なり学校病院なり、県下僧俗諸士の利益と為る取扱を以て皆さんに満足を得せしむるは請合ひなり、願くば来年選挙の時には必ず拙者を選挙せられん事を云々と」

一八九〇年一月一〇日、衆議院議員選挙法施行規則（勅令三号）が発布され、七月一日に選挙が行われることが明らかになると、立候補者をめぐる報道は白熱した。『岐阜日日』は改進党の政治拠点として自派の候補者を支援していたため、敵対する他党派や若圓などの選挙活動に対して痛烈に批判した。しかし若圓の動きからこれに動揺する気配は感じられず、本山からの支援に自信を持っていたのではないかと推測される。

しかし、この間、若圓を取り巻く周辺の選挙運動は活発であった。

一月一三日には武儀《むぎ》郡藍見《あいみ》村大禅寺で政談演説会があり、二〇〇余名が参加した（一月一九日付記事)。同二五日には仙石保吉記者が「他府県の浪人や官吏の古手、僧侶の還俗者などではなく、純粋の人民より選挙せんと欲す」とし、『岐阜日日』主催の演説会を催す広告を掲載している。

二月五日、厚見郡加納《かのう》町玄龍寺《げんりゅうじ》にて若圓、吉田覚雲その他僧侶による仏教演説会が開催された。二〇日には二〇〇〇人が参加した政談演説会で仙石保吉が還俗僧侶の政治参与を批判した。記事を通して、両者が対立する様子が見て取れる。

三月に入ると『愛國新報』発刊のニュースが見られる。これは井上伴二郎が中心となり、坂田大八郎、堀口康五郎、堀部義徳とともに結成した地方団体に愛國協会の設立構想を持つ天野若圓・豊田光郷らが加わり、発刊されたものである。

三月二六日、若圓は「拙者儀今回都合ニ依り僧籍ヲ脱ス、此段辱知ノ諸彦ニ報道ス」とする広告を『岐阜日日』に出した。翌二七日の記事では本派本願寺護持会から赤松連枕が岐阜本派寺院に出張し、布教と学校設立のため二〇〇万円を目標とする寄付を募るため、一〇日余滞在すると報じられた。

七月一日の総選挙に向け、六月は選挙運動が一段と激しさを増した。選挙景況では「第一区は彼の還俗僧天野若圓師が数月前より各村落を説き廻り三世の調印までも得たるもの少なからざるよしにて、中々の勢力あるも、目下にては彼に賛成したる選挙人中、追々其の非を悟り、消印を申込者あるよし」としている(六月六日付記事)。

ここでは『岐阜日日』と『愛國新報』の選挙合戦の様相を呈した。総選挙の結果、七月四日には岐阜各区の得票数が得られ、第一区では投票総数一三九九票のうち、過半数の七二〇票を得た天野若圓が当選を果たした。

3　若圓、帝国議会議員となる

初の総選挙と議会の始動

第一回衆議院議員総選挙は一八九〇年七月一日に行われた。全国の有権者数は四五万八五二人、投票者数は四二万三四〇〇人、投票率は九三・九一％で、現在に至るまでなお最も高い投票率である。議員定数三〇〇人に対して候補者は八七二人であった。

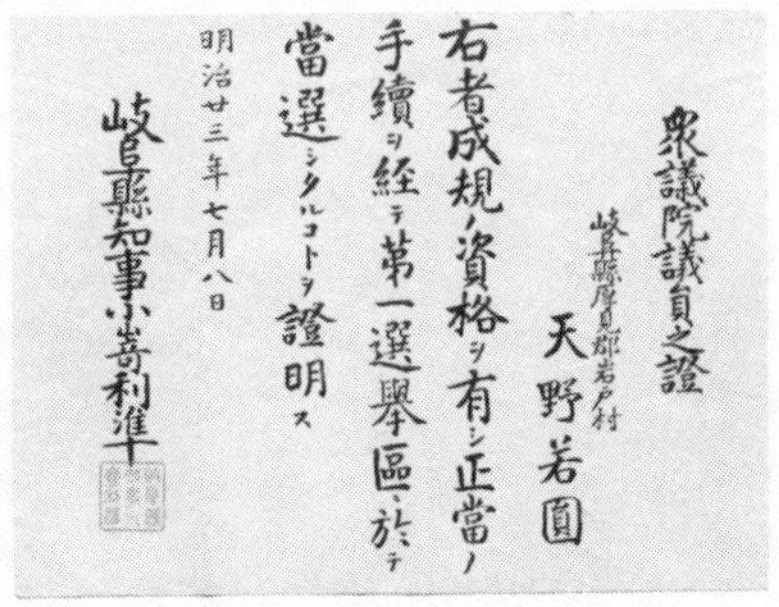
衆議院議員之證
岐阜縣厚見郡若戸村
天野若圓
右者成規ノ資格ヲ有シ正當ノ手續ヲ經テ第一選擧區ニ於テ當選シタルコトヲ證明ス
明治廿三年七月八日
岐阜縣知事小崎利準

図9－1　天野若圓の衆議院議員当選証書
天野家寄託資料（岐阜市立博物館蔵）

岐阜県の選挙有権者数（六区飛騨を除く）は九九七五人で、投票者数は資料がなく不明である。一人一区の小選挙区で、岐阜県は七区七人であった。すでに述べたように若圓は岐阜県選挙区第一区（厚見・方県・各務）から立候補し、一四〇二票のうち七二〇票という過半数の票を得て当選し、当選証書は七月八日付で交付された。

一八九〇年一一月二五日、帝国議会が召集された。一一月二九日に天皇臨席のもと開院式が行われ、帝国議会が始動した。

衆議院議員の党派別勢力は立憲自由党一三〇名、大成会《たいせいかい》七九名、立憲改進党四一名、国民自由党五名、無所属四五名で、民党と称される反政府勢力（立憲自由党、立憲改進党）が議員の半数を超え、反政府の動きが活発化することが予想される党派構成であった。

若圓、大成会に属す

立候補の経緯からもわかるように天野若圓は民党系には属さず、保守派あるいは「吏党」と称される大成会に属した。若圓の活動を公にするため、息子の堯撫《ぎようぶ》が編集発行人となって出版した『第一期衆議院議事提要』（明治二四年三月一六日出版、定価金一〇銭）によると、当選議員の党派別構成は立憲自由党一二五人、大成会七九人、進歩党四六人、諸派・無所属五〇人となっており、先に挙げた党派別議員数とは若干異なるが、これはそれぞれの会派・時期により多少の異動があったためである。

反政府派が多数を占めるなか、若圓は当初から「選挙終るや政党に籍を有せさる者数十名、所謂不偏不党の士」が集まって形成された大成会に属した。大成会は一八九〇年七月二〇日に初回の会合を持ち、二二日に規約を議決した。ここでは帝国議会衆議院の院内会派として結成されたことが明記されており、要点は次の通りである。

大成会規約

第二条　本会ハ衆議院議員中ノ同志者ヨリ成ル。
第三条　本会員ハ、政治上ノ実際問題ヲ研究シ、其結果ヲ以テ議政ノ方針ト為ス。
第四条　本会員ハ、部門ヲ分チ実際問題ノ調査ニ従事ス。
第八条　本会ノ経費ハ、会員之ヲ分担ス。

（大津淳一郎『大日本憲政史』第三巻、四五〇頁〜四五二頁）

各条では大成会の国会活動における方向性が示されており、第二条では大成会は衆議院議員で構成される院内団体であること、つまり同じ志を抱く者が院外から自由に入会できるような政党的結社ではないことを明言している。そして第三条では「政治上の実際問題」を扱うと宣言している。これは理念壮大な理想を追う民党系に反対の立場を表明したものであり、政治問題として浮上してきた具体的な事柄を扱うことを明らかにしている。第四条の規約に即し、五門（外交・軍務・教育、内治、財務、法律、農工・商務・逓信）にわたる政務調査機関を設け、会員からそれぞれ担当者を決めた。若圓は第一部の外交・軍務・教育に関する政務調査員となった。

予算案をめぐる議会の紛糾

議会では政府から提案された法律案や予算案の審議など、国家運営の基本に関わる問題が審議されるのは当然だが、最も議論が集中したのは政府が提案する翌年度の予算案であった。

予算案では議員各自の調査、政治構想に基づく議論が集中的に展開される。そのため、第一議会ではほかの委員会を圧倒する六三名が予算委員会に所属し、一二月二五日から政府予算案の査定を行った。そこで予算削減・増加に関する妥当性を調査して討議にかけ、承認するかどうか議論した。予算委員会の委員長、理事ともに立憲自由党、立憲改進党の議員が占め、査定方針が決められた。

民党は、政府原案八三〇〇万余円の一一％に及ぶ大幅な削減計画を打ち出した。多数派を占める民党のスローガンは「政費節減・民力休養」で、できるだけ予算を削り、当時の税金の大半を占める地租を二分五厘から二分に軽減し、民力を休養させるという意図を含んでいた。しかし当然ながら、政府はこれを認めない。大幅な削減額以上に問題視されたのは、行政権を統括する天皇の「大権」に属する官吏・官僚の俸給、任命権にまで抵触したことである。

各部門の査定案がまとめられ、貴族院に回される段階でこの問題をめぐる議論が沸騰した。法律で定められた三カ月の会期が終わろうとしていた二月二〇日、若圓によって緊急動議が提案され、解散の危機を救った（『第一期衆議院議事提要』）。

若圓はここで、予算権は貴族・衆議院両院に認められている権利であり、予算会議で十分に衆議院の意思を定めたうえで政府の同意を求めることが得策であるとした。

この天野動議と同様の趣旨の提案は以前にも出されていたが、すべて否決されていた。しかし議会の会期が終了に近づくなか、立憲自由党の一部、板垣退助の旧愛國公党系の議員である林有造、片岡健吉、植木枝盛《えもり》などの主要メンバー二五名が天野動議の賛成に回った結果、賛成一三八票、反対一〇八票となり、天野動議が可決された。これによりひとまず解散の危機は回避され、九日間の会期延長がなされて予算修正案が成立した。若圓自身はもちろんのこと、当時の世論もこの提案を高く評価した。

これについては国会議事録のみならず、研究書においても「天野動議」としてその経緯が説明されているが、若圓によるただ一回の動議で事が収まったというわけではない。政府側にも解散を避けたいという思惑があり、立憲自由党の内部も衆議院査定案を固守すべきという強硬意見で一致していたわけではなかったことが導いた結果である（佐々木隆、一九九一）。

4 愛國協会の設立と『愛國新報』

愛國協会設立の経緯

若圓は国会で活躍する一方で、選挙以前から地元で政治基盤を固めるための組織「愛國協会」を結成するなど、努力を怠らなかった。これは若圓のその後の活動の主な舞台となるため、協会設立に至る経緯を見ておく。

愛國協会が構想された時期についての記録はないが、一八九〇年（明治二三）三月一日に発起人会が開催されている。この会に際して正会員の印鑑料、賛助会員用紙三〇〇〇枚、印刷費、その他帳簿類などの諸経費が計上されていることから、これ以前に会の設立が構想されていたと推定される。

すでに触れたように、この時期には井上伴二郎、坂田大八郎、堀口康五郎、堀部義徳らに愛国協会から天野若圓、豊田光郷が加わり、『愛國新報』が発刊されており、若圓は僧籍を離脱・還俗し、帝国議会議員に立候補する意思を固めていた。

「愛國協会趣意書、並ニ仮規則」の趣意書には朱色で書き込みがあり、草稿段階と推定されるが、次に基本的な事項を摘記しておく。

愛國協会趣意書

凡ソ事物ノ興起スル一利アレハ一害、随テ生スルハ自然ノ常数ナリ、於是乎《ここにおいてか》世ノ志士タルモノ奮然起チテ躬《み》自ラ幾多ノ辛酸ヲ嘗《な》メ其害ヲ除キ其利ヲ進メ以テ同國人民幸福ヲ得サシメントスルハ亦勢ノ止ム能ワサルナリ、我国維新以来茲《ここ》ニ二十余年而シテ政事、文学、医術、工芸、其他百般ノ事物駿々乎トシテ進捗スル実ニ駿馬モ啻《ただ》ナラス、殊ニ昨年ハ空前絶後ノ憲法ヲ発布シ、本年ハ國会ヲ開設シテ代議ノ政度ヲ施行セラル、嗚呼《ああ》文化ノ進ム何ソ其速カナルヤ、然ルニ眼ヲ転ジテ内地ノ現状ヲ察スレハ実ニ長大息ニ堪ヘザルモノ一二ニシテ定ラサルナリ、曰ク政党の軋轢、曰ク道徳ノ衰頽、曰ク耶蘇教ノ伝播、曰ク欧米心酔、其他実業未タ進マス富源渇キ知識ノ程度低クシテ理想乏シク而シテ外交ハ未タ対等ノ条約ヲ結フ能ハス、人民ハ未タ自由ノ権利ヲ全フスル能ハス、加之《しかのみならず》國体ヲ破壊シ秩序ヲ紊乱《ぶんらん》セントスルノ恐ルヘキ悪ムヘキモノ往々排出セント、嗚呼吾国今日ノ現象、何ソ其レ危キヤ、凡ソ日本帝國人民ニシテ、苟《いやしく》モ愛國

ノ志ヲソンスルモノ、豈《あに》之ヲ傍観坐視スヘケンヤ
是ヲ以テ吾輩同志ノモノ今ヤ相結合シテ愛國協会ナルモノヲ組織シ政党以外ニ立テ國家ノ安寧ヲ祐ケ仏教高尚ノ理義ヲ研尋《けんじん》シテ内各自ノ道徳ヲ涵養シ、外洋教ノ伝播ヲ防キ忠君愛國ノ日本魂ヲ振起シテ國体ノ保持シ秩序ヲ履践《りせん》シ吾人本来享受スル平等、自由ノ権利ヲ全フセンコトヲ図ル、来《きた》レ愛國ノ志士ヨ、倶《とも》ニ与ニ合シテ國利民福ヲ増殖シ欧米ニ凌駕スルノ新世界ヲ組成セントス

趣意書の要点は次の通りである。

①維新以来二〇年が経過し、世の中は進歩し、今年は帝国議会が開設される。
②政党の軋轢、道徳の衰頽、耶蘇教の伝播、欧米への心酔の一方、実業の発展はなく、富も蓄積されていない。
③不平等条約はいまだ解消されず、人民の権利の保障もない。
④国体を破壊する者も出る現状は傍観できず、われわれは、仏教による道徳の普及を目指し、忠君愛国の日本精神を保持、平等、自由の権利の獲得のため、愛國協会を組織した。

この基本方針が進歩を標榜する諸政党のそれと異なるのは③の国体破壊者への警戒と忠君愛国の日本精神、④の仏教による道徳の普及を目指し、忠君愛国の日本精神を保持し、平等、自由の

権利の獲得するために「愛國協会」を組織したという点だろう。さらに雑誌を発行し、本部支部で毎月一回、仏教演説および学術・衛生などについての講談を開催する、会員には正会員・賛助員・特別会員があり、正会員は年会費五〇銭、賛助員は年会費三銭以上とするなどの細則が定められた。

この仮趣意書に発起人として記されているのは約二〇〇名で、仮趣意書に続く協会の正会員名簿で最初に名前が記されているのは、三月一〇日付の若圓自身であった。この名簿には三月一〇日から翌年一〇月まで、会員番号一〇二二までの氏名、居住地、入会期日が記されている。そのうち、三月に会が発足してから若圓が議員となる一八九〇年七月までの会員数は二四〇名であるから、大半は若圓が国会議員としての活動を開始してから入会したことになる。愛國協会は濃尾地震発生以降、震災遺族も含めた大組織となるため、後に改めて触れることにする。

保守主義者鳥尾小彌太とのつながり

「仮趣意書」の表紙裏には後筆と推定される、以下のような重要なメモ書きがある。

本会役員

会長　得庵居士　鳥尾小彌太

副会長　無倫居士　天野若圓

幹事　重田光郷

神山梅吉
戸崎増太郎

愛國協会の会長・鳥尾小彌太《とりおこやた》（一八四七〜一九〇五）は奇兵隊に参加した長州閥の政治家にして陸軍中将、子爵で、「保守中正派」の仏教信奉者として政界でも一目置かれた存在であり、第一次帝国議会貴族院議員に選出されている。

天野若圓とどういう経緯で結び付きがあったのか、いまのところ詳細は不明である。両者は貴族院・衆議院の違いこそあれ、欧化主義に基づく進歩思想を抱く者が多いなかで、仏教を通して社会道徳を改善しようとした点で響き合うところがあったのかもしれない。

若圓が帝国議会議員としての活動を開始する前、一八九〇年の時点で鳥尾が愛國協会の会長就任を承諾したとすれば、両者を結ぶ糸は保守中正を説き、全国を席巻せんと鳥尾が岐阜市に来たあたりからであろうか（『岐阜日日』明治二三年五月二五日付）。

帝国議会開設前後からの鳥尾小彌太の政治的な動きは、若圓の政治活動に少なからず影響を及ぼしたと推定される。

鳥尾は帝国憲法発布直前の一八八九年（明治二二）一月、雑誌『保守新論』を刊行し、そこでは保守とは何かを論じ、保守党中正派としての政治的活動の理念を述べた。

それによれば、政党を大別すれば、一種は一個人主義の上に国家を置き、国家の利害を主とするのに対して、もう一種は一個人の利害を国家の利害の上に置くだけでなく、国家の利害に頓着なく人間普通（普遍）の理論（理想）を主張するものとした。「保守中正」というところに鳥尾の政治的力点が置かれ、欧化主義・進歩主義に基づく政治主張が横行する風潮への強い反発が鳥尾を立党へと駆り立てた。これは必ずしも民党だけに向けられたものではなく、政府の欧化主義政策への反発も含んでいた。

若圓と『愛國新報』

この時期の『愛國新報』の原紙はないが、幸いなことに一八九〇年一〇月三〇日（一四八号）から一八九一年三月一日まで欠号があるものの、東京大学法学部付属明治雑誌新聞文庫に原紙が残されており、これによって国会開設以降の若圓の活動を追うことができる。『愛國新報』の発行所は岐阜市上竹町《かみたけまち》、発行兼編集人は山本為治、印刷人は土屋専治郎である。発刊された創刊号の原紙は残されておらず、発刊の意図を捉えることはできないが、二〇〇号記念号である一八九一年（明治二四）正月元日号では新年を寿ぐ社説に続き、同紙発行の目的三条を掲げている。

第一　本紙は宇宙万有を総該する仏教を以て国を愛護し道徳を涵養す
第二　本紙は公平不抜にして真理を経とし世論を緯として政治法律経済上の利害得失を論評す
第三　本紙は農工商業を奨励し衛生教育の進歩を図る

これはまさに、若圓の「愛國協会」の趣意に同調している。これに続き、新年を目出る祝詞として、天野若圓は東京から「愛國新報深淵の初刊を祝し併て郷友諸兄に告ぐ」と題する書簡を寄せている。ここでは仏教を道徳の基本とし、社会道徳を図ることを明言する。

帝国議会が開催されると、『愛國新報』の紙面の大半は貴族院、衆議院の議事録で占められた。紙面は新聞紙二枚の裏表、すなわち四頁であるが、そのうち第一頁は社説、雑報欄（政治関係記事）、帝国議会の動向、第二面も引き続き東京特報欄と帝国議会の動向で、第三面は小説（「初子姫」）と雑報欄（岐阜地方の事件中心）、第四面は全面広告欄であった。

広告欄には電車の時刻表、岐阜市を中心とする出版社、東京の博文館など大手出版社の出版広告などが掲載されている。広告欄を除けば、記事の大半を占めるのは論評を交えない両院の議事録であり、議会の最新情報を地方に知らせる重要な媒体として機能したと思われる。官報を別にすれば、当時はこういった役割を担うメディアは新聞しかなかった。

『愛國新報』（明治二四年二月二四日付）の雑報欄には「天野氏の緊急動議成立の始末」と題する記事が掲載された。それは次の通りである。

> 同氏は兼て政費節減地租軽減には頗る熱心なる論者の一人にして、彼の違憲違法といわれたる査定案が将に議場を通過し了り政府と議会との間に一大衝突を見んとするに際し憤慨自ら禁せず起って憲法第六十七条により先づ政府に向って同意を求むるの緊急重大動議を提出せんと、之を本月十五日の大成会総会に諮るに連戦連敗の折柄とて又応ずるもの無く僅に岡治郎太郎氏の応援を得て翌十六日の議会に提出せしに往々冷笑罵倒するものさへあり、殆んと其成立を期

すべからざるの感ありしが、偶々十八日に至りて板垣伯が之と意見を同ふするに会ひ旧愛國公党の議員二十余名率ひて来り加はる、此に於てか大勢の赴く所大成会も亦沛然として動く、則ち同夜に於て全く血戦の準備を整へ翌々二十日午後二時正々堂々鼓を鳴して天野氏は壇上に登り連敗の余を受け勇闘激戦茲に始めて勝機を握る

ここでは大成会が立憲自由党などの主流派に対して弱体であったこと、若圓の緊急動議の様子が語られている。すでに述べたように、若圓緊急動議は板垣退助の旧愛國公党系議員二五名が賛成に回ったことにより票を得た。ここでは立憲自由党の内部抗争が表面化し、離脱した土佐派は自由倶楽部を結成するなど、四分五裂の政党構図が形成されることになる。議会の議論が必ずしも客観的なものではなく、政治巧者の意見に左右されるものであったことを示している。

第10章
濃尾震災紀念堂

1　濃尾地震

濃尾地震の被害と政府の対応

帝国議会衆議院第一回議会があわや解散という危機に陥ったとき、「天野動議」によって解散が避けられ、一八九一年（明治二四）三月七日に無事閉院した。

この年の一〇月二八日に濃尾地震が発生する。これは内陸地震では最大級のマグニチュード八という大きな揺れをもたらし、犠牲者は岐阜県が四九九〇人と圧倒的に多く、愛知県の二四五九人がこれに次ぐ。地震被害は近畿、東海、北陸の各県に及び、死者は全体で七二七三人、負傷者一七一七六人、損潰《そんかい》家屋二四万二八二三戸という大きな被害を蒙った。

地方官会議で東京に出張していた岐阜、愛知、福井県などの各県知事（当時は地方長官と称された）は急遽地元に帰り、現場の指揮に当たった。この間、総理大臣は山県有朋から松方正義に代わっていたが、早くも一〇月三一日に東京を出発し、現地視察に向かった。

また、天皇の代理として侍従三人も視察のため現地に派遣された。岐阜・愛知両県への恩賜金は当初三〇〇〇円、次いで各一万円が下賜され、さらに皇太后から一〇〇〇円が下賜された。

この震災では近代化の象徴であったレンガ造りの紡績工場、電信電報局、開通を果したばかりの東海道線の長良川鉄橋などが破壊され、写真師が撮影した倒潰した近代構造物の無残な写真が巷間に流布した。それまでの版画などで伝えられたものとは異なる生々しい災害現場の惨状は多くの人に衝撃を与えた。

当時、日本の地震学は揺籃期にあり、地震の原因については地すべり、断層など諸説をめぐる議論が交わされた。政府は帝国大学理科大学のみならず、国家の関連機関を挙げての調査態勢を敷き、土木、地質、建築（当時の呼称は造家《ぞうか》）などの調査吏員、帝国大学の教員、お雇い外人教師、さらには教育的な意味を込めて学生までが現地に派遣された。この地震が契機となり、国家の地震研究機関として震災予防調査会が設置された。

以上は、濃尾地震とその被害状況の概観だが、近代国家として「文明化」に邁進する矢先の震災による激甚的被害は政府に救済策と同時にインフラの復旧への並々ならぬ意欲をもたらした。次にその経緯を見ておきたい。

各地の被害と行政の支援策

まず濃尾地震の被害と救済について、若圓の活動に関連する点を見ておく。震災では地上ににわかに露出し、人々を驚かせた根尾谷《ねおだに》断層だけでなく、いくつかの断層が動いた。表10－1は岐阜県各郡の死者と全半潰戸数の被害、図10－1はそのグラフである。

この表によれば、各郡の被害に差があったことがわかる。市町村制が敷かれた直後で、岐阜には市制が敷かれていた。岐阜は人口集住地でもあったため火災による焼失戸数が二一八三戸で、火災発生による被害が大きかった。全半潰戸は三九三六戸で安八《あんぱち》郡の一万四八六二戸、厚見郡八一八一戸、羽栗《はぐり》郡七二二二戸、本巣《もとす》郡六七九一戸などには及ばないが、焼失戸数を加えた被害率は七三％で、被害の大きさは歴然としている。

郡市名	死者	全潰戸数	半潰	全半潰戸	焼失
岐阜市	245	942	2,994	3,936	2,183
厚見郡	721	5,371	2,810	8,181	34
各務郡	74	1,765	2,528	4,293	1
方県郡	327	3,113	2,828	5,941	2
羽栗郡	797	5,982	1,240	7,222	1,133
中島郡	210	3,437	460	3,897	2
海西郡	54	1,093	884	1,977	
下石津郡	39	577	1,771	2,348	
多芸郡	109	1,663	1,503	3,166	
上石津郡	1	0	4	4	
不破郡	30	503	896	1,399	
安八郡	1,213	11,271	3,591	14,862	915
大野郡	116	2,104	1,798	3,902	1
池田郡	21	596	1,633	2,229	
本巣郡	515	5,567	1,224	6,791	
席田郡	19	513	226	739	
山県郡	358	2,746	1,728	4,474	
武儀郡	106	950	4,054	5,004	143
郡上郡	1	1	4	5	
賀茂郡	20	1,307	1,989	3,296	
可児郡	12	545	700	1,245	
土岐郡	2	79	203	282	
恵那郡	0	0	17	17	
合計	4990	50,125	35,085		4,428

表10－1　岐阜県濃尾地震被害表
（村松郁栄『濃尾地震』古今書院、2006年）

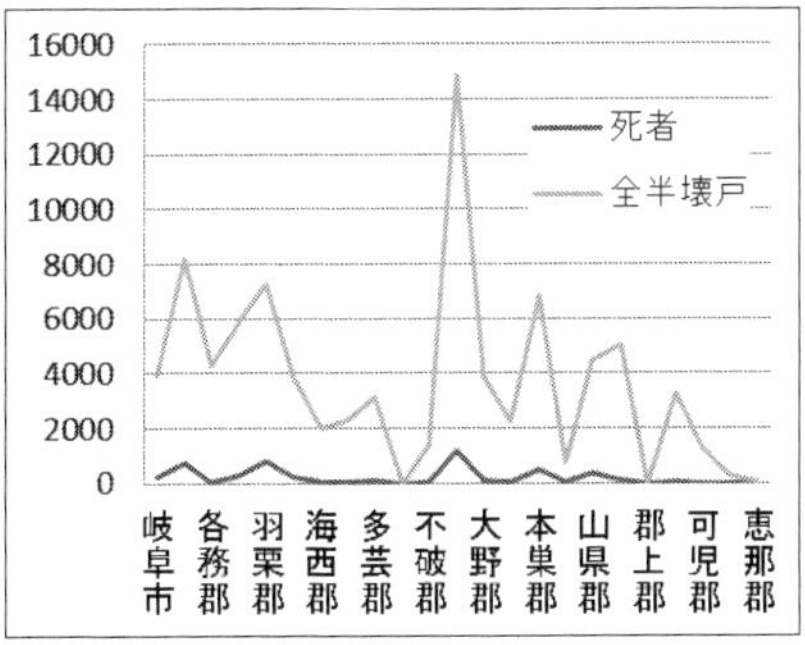

図10－1　岐阜県の死者と全半潰戸数

山岳部の飛驒国を除く三大河川流域の低地郡部では軟弱地盤による被害が家屋倒潰を招き、被害率は各郡平均で五〇％を上回る。ここからは、マグニチュード八という揺れによる被害の大きさがよくわかる。

濃尾地震に対する行政府の救済は早かったと言える。この地震による甚大な被害は、政府の近代化を急ぐ施策が一時的に頓挫せざるを得ないほどの衝撃を与えた。天皇皇后からの恩賜金が下賜され、明治政府始まって以来の大災害として積極的な災害応急対策が講じられた。

救援医療としては帝国大学医科大学の教授、学生、陸軍の軍医、世界赤十字国際連盟に加入したばかりの日本赤十字社の医員、看護婦を長期間派遣した。西洋医学を学んだ学者・医学生などが手術などの処置をし、漢方など伝統的医療を担う在地の医師たちはその後の長期にわたる治療を支える活動を行った。

マスメディアの報道と義捐金

各新聞とも被害の様相を逐次紙面で伝えた。写真を紙面に掲載する技術はまだ開発されていなかったが、現地に乗り込んだ写真師撮影の写真が新聞広告や巷で販売された。そこでは上下に六メートル、左右に二メートル動いた根尾谷の地表に現れた地震断層の写真などもあった。

多くの人々がメディアを通じてこの災害を知ることとなり、新聞社は紙面を通じて義捐金を募集し、義捐者名簿と義捐金額が日々報道された。地震の被害状況、この災害で起きた哀話を収録したドキュメンタリー・タッチの小冊子も発刊され、日本全体が災害報道に関心を寄せるという社会現象も生まれた。また、海外からも多くの義捐金が寄せられた。近代化日本の形成途上の大災害に対して、国も社会も必死に対応したと言える（北原編、二〇〇六年）。

備荒儲蓄金法の適用

この大災害に対して、当時の災害救済法であった備荒儲蓄金法《びこうちょちくきんほう》が適用された。愛知県を含めた人・家の震災被害に対する救済金を表10－2にまとめた。

被害の数値は、典拠とするものにより若干の相違がある。救済名目で支給されるものとしては備荒儲蓄金、救済金、恩賜金、義捐金などがある。備荒儲蓄金は支給すべき救済金が府県の儲蓄金の五％を超えた場合、政府の中央貯蓄金から補助金が出されるという規定であった。中央儲蓄金も含めた備荒儲蓄金の総額は岐阜県で八八万円余、愛知県で六三万円余であった。

備荒儲蓄金については食料三〇日（一日男三合、女二合）、小屋掛料一戸一〇円以内、農具・種穀料二〇円以内などといった規定があるが、各県ともこの規定に沿った支給枠で実施していない。備荒儲蓄金には地方儲蓄金からの支出も含まれているため、県議会が発足してからは県議会による条例改変の承認を経て、救済金配分率が決定されるという仕組みであった。

しかし救済金をめぐり、紛争も起きている。岐阜県では備荒儲蓄金の配分率をめぐり県会が紛糾し、一八九一年一一月二四日、県初の民衆騒動として知られる西別院事件が起きた。震災以前からの県議会における山岳地帯選出議員と木曾三川に囲まれる輪中《わじゅう》地帯を中心とする水場派議員の対立に、織物・陶磁器製造を基盤とする新興の商工閥の抗争が絡み、商工閥との連携が強い知事、参事官ら県政の中核との三つ巴の抗争に発展した（重松、一九八八）。

備荒儲蓄金と同様に、恩賜金も岐阜と愛知では異なる配分方法を採った。両県とも第一回の恩

岐阜県		愛知県	
項目　被害数	救済金額	被害数	救済金額
全焼戸数　5,349戸		86戸	
全潰家屋　42,945戸		34,494戸	
半潰家屋　15,606戸		23,968戸	
現住戸数　181,322戸		318,496戸	
その他の被害建物あり		他に被害土蔵，社寺，学校・病院などあり	
死者　4,901		2,459	
負傷者　7,967		6,736	
現住人口　916,338		1,476,138	
備荒儲蓄金支給総額			
小屋掛料　83,917戸	513,898円23		355,905円850
食料　383,726人	266,194円93		11,302円567
農具・種穀料　566戸	267円46		1,492円218
総計	780,360円62		530,383円920
備荒儲蓄配分基準			
小屋掛料　全焼全潰７円(４人<)10円(５人>)；半焼５円(４人<)７円(５人>)		３円(１人)～10円(８人以上) １円50銭(１人)～５円(８人以上) 50銭(１人)～１円80銭(８人以上)	
食料　30日間男女とも１日３銭		全焼戸30日，半焼戸15日	
種穀料　家屋焼失戸１円86銭(１町>)，93銭(５反>)，46銭(１反>)，24銭８厘(１反<)		59銭(１戸宛)	
農具　家屋焼失戸７円46銭(１町>)３円73銭(５反>)，１円86銭(１反>)，93銭(１反<)			
救済金　勅令205号	100,000円	勅令205号	100,000円
恩賜金　１戸均等15銭	14,000円	被害率配分	14,000円
義捐金　被害率配分	220,321円	被害率配分	80,000円

表10－2　濃尾地震の政府による救済金、義捐金
(『官報』明治24年11月17日号〔11月12日調査の被害数値〕、『震災予防調査会報告』第２号、明治27年)

賜金三〇〇〇円、第二回の一万円、皇太后恩賜金一〇〇〇円の計一万四〇〇〇円で、被害の軽重にかかわらず同額であった。岐阜県では被害者すべてに対して均等に一戸一五銭を配分した。

海外からの義捐金

外国からの義捐金額は二万二六八八円余で、シーボルトの息子であるアレクサンダー・ジーボルトが一八九二年一月から四週間、ベルリンの美術博物館で義捐金を集めるために開催した美術展覧会の収益金二八七三円余を日本赤十字社に送金したという事例もある（「愛岐一件」）。国内各地からは金銭のほかに、多様な生活用品が寄せられた。

これらは救済委員会の規定に沿って配分されたが、罹災者が多数であったため、被災者一戸あたりの義捐金配分額は家屋が全焼した場合でも五回分を合わせ、四円三銭九厘に過ぎなかった（「震災誌草案」）。この金額では、家屋再建ができるはずもない。しかし義捐金は備荒儲蓄金や政府からの救済金などとは異なり、支給規定については各県の自由裁量が許されたため、多様な義捐物資は被災者の生活回復に大いに役立った。

2　帝国議会の動き

震災復旧土木費補助をめぐる議会の紛糾

破壊された鉄道、道路、堤防などの復旧工事には、これまで述べた救済金とは異なる多額の費用が必要となる。政府がお雇い外人、外国留学から帰国したばかりの新鋭官僚らの知恵を結集し、建設に力を注いできた鉄道、道路、河川堤防などに甚大な被害を与えたこの地震は、政府中枢の震災復旧、復興への関心を一挙に高めた。

これは帝国議会開設直後の時期に当たり、民党が過半数を占める衆議院では震災復興への多額の予算外支出が懸念された。そのため議会での議論を経ず、明治二四年一一月一一日には勅令二〇五号をもって震災救済費および土木補助費二二五万円支出の措置が取られた。

第二回帝国議会（開期一一月二一日～一二月二五日）はこの議案やそのほかの政府提出議案をめぐり、紛糾する。一八九一年一一月二一日、衆議院議長中島信行によって議会成立が宣言され、議員三〇〇名の席次が抽選で定まり、天野若圓は第六部一九〇番の席次を占めた。

二二五万円の震災土木補助費は法律上、議会の承認を得ずとも支出が可能であったため、一一月一七日には岐阜県に一五〇万円、愛知県に七五万円の救済費および土木補助費が公付され、堤防の修復工事が開始されていた。このことが第二回議会の進行に困難をもたらした。

第二回帝国議会で政府は二〇五号勅令案に続き、道路や用悪水路《ようあくすいろ》などの復旧工事費としてさらに岐阜県に二〇八万円、愛知県に一一六万円の土木補助費の支出案を提出した。これに対しては民党のさらなる批判が予想され、政府は議論の末、議会解散を目論むことになった。

第二回帝国議会の解散

一二月二三日の予算委員会（総会）では岐阜・愛知両県の震災土木補助費だけでなく、富山・福岡両県の水害についても国庫剰余金から補助することが政府から提案された。では、岐阜・愛知両県への三二四万円余の土木補助費についてはどうであったのか。

続く二四日の予算委員会（総会）では第二回議会で提案された多額の補助費について、次のような意見が出された。すでに二〇五号で補助費の支出があるため、三分の一あるいは二分の一に減額支給すべきである。そもそもろくに調査もせず、予算支出を提案する政府は信用ならず、これを認めることは国家百年の計に関わることであるから議案を廃却する。災害で窮迫する人民を救うため、政府はこの議案を一旦撤回し、改めて正当な議案を提出する必要がある。

これらの意見についてはそれぞれ採決され、三分の一支出、半額支出、原案賛成はすべて同意者少数で否決となった。また妥協案、政府原案もともに否決された。原案が否定されることを見込んでいた政府は議会の解散をもくろみ、一二月二五日に解散となった。政府は民党と対立したまま、再び勅令二四七号をもって政府原案通り、震災援助・土木費援助の金額を交付するとした。

若圓、本山の支援ならず落選

濃尾地震の二回にわたる緊急勅令による五〇〇万円余の土木費補助の支出をめぐり紛議が収まらず、第二議会も一八九一年一二月二五日に解散した。この結果、若圓は議席を失った。

当時の政治状況を『岐阜日日』を中心に見ていくことにしたい。『岐阜日日』は、政治的には改進党系と目される民党側に属する立場であったから、仏教勢力の支援を受けた若圓が第二回総選挙に再び立候補するか否かには並々ならぬ関心を寄せていた。当時の新聞は、政治的主張を明確にすることが当然視されていた時代であり、そのことは次の記事からうかがい知れる。

まず、一八九二年（明治二五）一月一一日付『岐阜日日』雑報欄には「天野法師の周旋人」と題する記事が掲載された。その要旨は、前代議士の天野若圓は今回の選挙運動にも出馬するであろうと予測して、第一回総選挙で若圓の選挙運動に奔走した支援者一九名のうちの一三名は寺院の住職であり、「皆是れ円顧《えんこ》社会」の人物、つまり、支援の主力は仏教団体だと、政教分離の観点から批判した。同年一月一一日の勅令で、二月一五日に第二回総選挙が行われる旨公布され、いよいよ選挙運動開始となるはずだった。同紙一月二一日付の雑報欄で、今回の総選挙で本願寺は政治に超然主義をとり、選挙競争には一切万事干渉をしないことを決定したと報じた。さらに、県下各寺住職に対して「僧侶たる以上は各々その本分の存する所を確守し、必ず選挙上の事件には関係す可からず、若し萬一これに背戻し心得違ひのある場合にはそれぞれ相当の処分をも行ふべしと厳達」したと伝えている。この事実については、『本願寺史』第三巻に該当する記事は見当らない。

ちなみに、第一回衆議院議員選挙に仏教関係者が二〇名立候補した。当選者一四名のうち、宗派の判明する本願寺派住職は五名、同派門徒二名、大谷派は二名立候補のうち同派門徒一名が当選した。本派本願寺の僧侶にして還俗して議員となったものは、岐阜県天野若圓、広島県金尾稜厳、兵庫県堀善証、島根県菅丁法、広島県赤川霊厳であった（辻岡、二〇一〇）。

天野若圓が第一回総選挙に立候補する際には、本山はこの選挙に還俗して立候補する僧侶を積極的に支援し、たとえば末寺に選挙への支援要請などを行っていたと推定されるが、第二回総選挙に際しての対応は違っていた。

当時一線で活躍していた仏教ジャーナリスト大内青巒《おおうちせいらん》主宰の仏教各宗派の動向を伝える隔日発刊の仏教新聞『明教新誌《めいきょうしんし》』には、一八九二年二月四日付六面に「議員選挙に関し本願寺の意向」と題する記事を『日出《ひので》新聞』から引用して掲載した。内容を略述すると以下のようであった。

本願寺が支援する議員候補者の再選の旗色は悪い。議員を一名でも選出されないと不都合ではないかとの意見あるが、二、三名出したところで何の効能もないばかりでなく、還俗議員などと名指しされ新聞屋の批判の的になる位に過ぎない。選挙には関与しない方がよいとの意見もあり、病気療養中の法主《ほっしゅ》に、その可否を尋ねたところ、法主は「非干渉」説を唱えた。そこで「成るべく選挙に干渉せざる様内訓を発することに決した」とした。

『岐阜日日』とは多少ニュアンスの違いがあるが、当面の問題に限れば、『岐阜日日』の記事では本山の意向に反すれば処罰するとされている。暗に若圓派の選挙運動に不利な情報をもたらす意図もうかがわれる。

しかし、若圓は第二回総選挙にも立候補した。若圓は当選せず、第一区は大野亀三郎が当選した。本山の意向を意に介せずとしたのだろうが、管轄域の寺院は恐らく本山の意向に沿ったため、第二回総選挙で若圓は落選した。

若圓は帝国議会の議員になることに終始こだわっていたことは、以下の事実からわかる。

天野若圓の帝国議会選挙立候補履歴を一九一二年の『衆議院議員総選挙一覧』によってみると、以下の通りであった。

岐阜第一区（得票／総数）

第一回総選挙　一八九〇年七月一日、天野若圓（七二二／一五四一）

第二回総選挙　一八九二年二月一五日、天野若圓（一九一／一四三八）

第三回総選挙　一八九四年三月一日、立候補せず

第四回総選挙　一八九四年九月一日、天野若圓（三〇四／七九七）大野亀三郎当選

第五回総選挙　一八九八年三月一五日、天野若圓（二五／一二一二）大野亀三郎当選

第六回総選挙　一八九八年八月一〇日、天野若圓（六六三／一四八五）

＊大野亀三郎六七四票獲得当選、但し、なんらかの問題で、後日次点の天野が補欠当選

第七回総選挙　一九〇二年八月一〇日、天野若圓（一〇四七／二〇八一八）
＊第七回は岐阜県の選挙区は岐阜市を一区定員一人とし、郡部全体を第二区定員七人とし、若圓は郡部から立候補、落選。
第八回総選挙　一九〇三年三月一日、天野若圓（一九九五／二〇三二二）当選
第九回総選挙　一九〇四年三月二〇日、天野若圓（八八五／一五〇二三）落選

これによれば、第二回総選挙に立候補して落選、二年後の第三回総選挙には立候補していないが、その後の選挙に五回立候補、当選二回を果たしている。したがって、議会政治への意欲はかなり強いものがあったとみられる。若圓における「政治」とはどのようなものであったのかについては後にみることにし、ここでは、本山の意向に反して第二回総選挙で落選し、第三回総選挙にも立候補しなかった期間、彼は何をしていたのだろうか。ここではそれをみておきたい。

3　震災紀念堂建立を目指す

震災紀念堂建設の新聞広告

第二回総選挙では、落選の憂き目に遭い、帝国議会議員になる事を断念しなければならなかっ

た若圓の心中を綴る記録はない。しかし、震災一周忌に向けた動きから推すと、若圓は政治世界ではなく、自己の宗教活動の基盤である愛國協会の組織を固め、震災紀念堂を建立する活動に邁進したのではないかと思われる。あるいは、次の機会が到来するまでの雌伏の時と考えていたのかもしれない。この一八九二年一〇月二六日には、愛國協会の事務所を置く岐阜の上加納《かみかのう》圓徳寺《えんとくじ》において各宗派を招聘して大追弔法会《だいついちょうほうえ》を行い、二八日、すなわち、濃尾地震一周年の日に、震災紀念堂建設の新聞広告を出している。

震災一周忌にあたる一〇月末に向けて、岐阜の各地では各宗派による追弔法会が行われ、また、記念碑の建設なども目論まれている。

それらを『岐阜日日』の記事から拾うと、相当数に上るが、ここでは主なものを挙げておこう。

一〇月二日　仏教演説会（池田郡本郷村）五〇〇名参加
　五日　方郡黒野村　本願寺別院の仮御堂落成
　九日　震災記念碑建設　不破《ふわ》郡岩手村祥光寺住職発起
　一一日　震災死亡者一周忌法会　方県郡下鵜飼《うかい》大字洞《ほら》村
　　　　　笠松仏教青年会　震災追弔会
　一二日　養老公園にて二七、二八日一周忌供養執行予定
　一三日　池田郡有志者　二七、二八日池野村にて供養予定
　一四日　信州善光寺　二八日天台寺院協議、導師比叡山管長

二〇日　笠松町追弔、各区協議中、木曾川堤防上にて立柱
二一日　一周忌追弔　曹洞宗大本山総持寺（能登）
二六日　震災祈念祭　高山町、二七、二八日両日
　　　　震災紀念堂建設事務所　上加納圓徳寺にて各宗派招聘法会
二七日　震災紀念堂建設事務所の広告

一〇月二七日の『岐阜日日』の広告欄には、すでに震災紀念堂建設のための事務所が上加納の圓徳寺に置かれていることがわかるが、広告の内容は二八日の震災記念日には午前九時から追弔法会があると伝えている。さらに注目しておきたいのは、翌二八日、つまり震災発生一周忌当日の「震災記念談話会」の広告である。この広告主体は震災紀念堂建設事務所であるから、若圓の活動の一環と考えてよい。広告文面に注意したい（『岐阜日日』明治二五年一〇月二八日）。

「広告
今二十八日は吾人の脳中に無量の驚愕と無限の悲想を深く印したる紀念日なるを以て此の災厄中を左避右遁して今日まで無事に余生を保つ我々相会合し当時の惨況を談じ共に悲哀の境遇を踏み来りたる艱苦の状を語り災後一ケ年間の積鬱を散せんとす」
として、同感の諸士は、当日午前九時より萬松舘、濃陽舘の二カ所へ来たれ、無料、茶菓を提

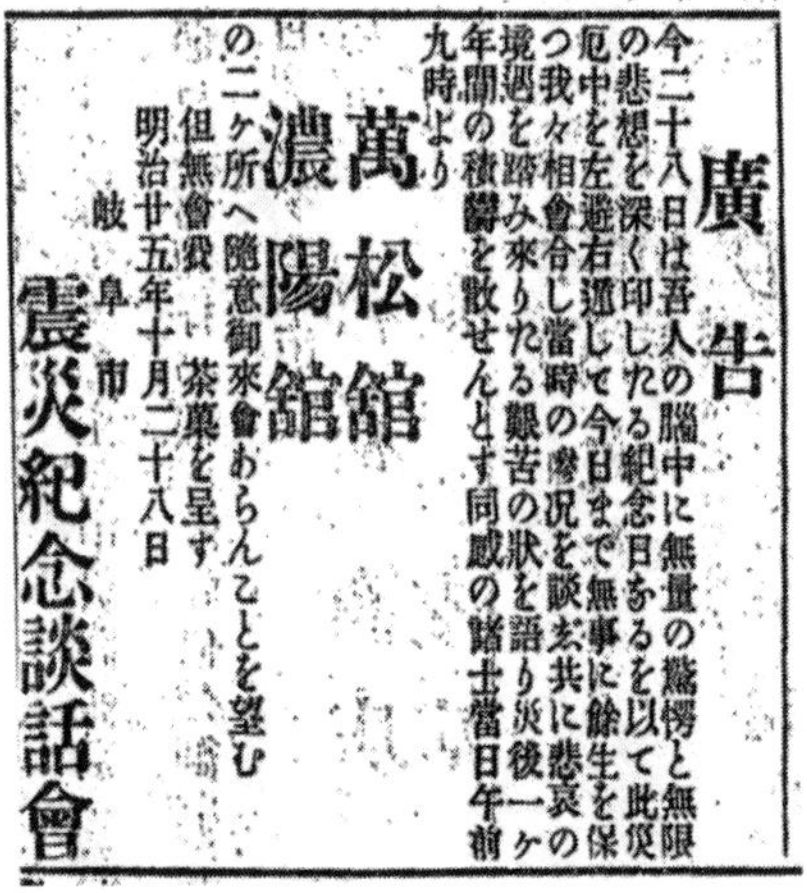
廣告
今二十八日は吾人の腦中に無量の驚愕と無限の悲想を深く印したる紀念日なるを以て此災厄中を左避右遁して今日まで無事に餘生を保つ我々相會合し當時の慘況を談じ共に悲哀の境遇を踏み來りたる艱苦の狀を語り災後一ヶ年間の積鬱を散せんとす同感の諸士當日午前九時より
萬松館
濃陽館
の二ヶ所へ隨意御來會あらんことを望む
但無會費　茶菓を呈す
明治廿五年十月二十八日
岐阜市
震災紀念談話會

図10－2　震災1周年談話会広告（「岐阜日日」明治25年10月28日）

供すると広告している。供養や慰霊ではなく、被災者自身の悲惨な体験をお互いに語り合い、心に鬱積している被災後の苦しみをともに語り合おうというのである。今にいうところの「心のケア」にあたる場所を提供する趣旨であり、一連の供養や慰霊の他の新聞記事や広告では触れられていない内容である。本山からの意向に反して議員選挙に立候補し敗れた若圓が思い至った新たな道ではなかったかと思われるのである。この犠牲者の慰霊や供養だけでなく、むしろ被災者した人々や遺族の苦難を共に語るという試みを打ち出したのは、恐らくは僧侶としての新潟以来の説教の経験から生み出された実践的な道筋であったと思われる。

　果たして、京都の本山はこれを評価した。

一八九三年二月着工、一〇月竣工の震災紀念堂の開堂式の様子を伝える『愛國』一一号（明治二六年一一月号）の「震災紀念堂開堂式次第」は以下のようであった。なお、震災紀念堂の着工と同時に、若圓は自らが主催する雑誌『愛國』を発刊し、愛國協会の機関誌と位置づけた。

一〇月二七日、二八日両日の開堂式は、震災法要三回忌に併せて一八九三年六月の水難溺死者の法会も兼ねた法要として、真宗、浄土宗僧侶による大無量誦経《じゅきょう》、禅宗天台宗による読経が行われた。式当日には、京都の本山から、香川一等巡教使が臨席し、以下のような演説を行っている。

「特に日本に於て従来の西南戦争若しくは元寇等の大事変あるに当りて**該紀念の為に石碑又は銅碑などを建設したるも堂宇を立て仏像を安置し紀念と為すは斯堂を嚆矢とす**、是れ道徳上は勿論宗教家本分の行為にして実に喜敷慣例」（太字は引用者による）

大事変に際して、記念碑などを建てる例はあるが、堂宇を建てたというのは、震災紀念堂をもって嚆矢とすると絶賛したのである。

二七日の開堂式の様子は以下に掲げた写真からも推し量れる。西は甘田町、東は美園町に数千の紅灯（岐阜提灯か）を釣り、西南の空地に餅棚と神楽台を設け、午後四時より一二時まで奏踊と、『愛國』一一号が伝える賑やかなものであった。翌二八日には午後一時からの説教の後、岐阜県知事曾我部《そがべ》道夫《みちお》、警部長などの参詣、読経の後、五〇余棚の餅蒔きがあり、岐阜市近隣から人々が集まり、立錐の余地もないほどの盛況であったという。

写真には、右手の門柱に「愛國教……」の看板が掲げられている。まさに、震災紀念堂に先立って建設計画が出されていたのが、若圓の活動の拠点となる愛国協会の事務所であった。いったい、こうしたいわば大事業を支える主体はなんであったのか。若圓の活動を支えた「愛國協会」の組織について触れておきたい。

図10－3　明治26年10月　瀬古写真館撮影の震災紀念堂開堂式の模様（震災紀念堂蔵）

「愛國協会」と若圓

「愛國協会」については一八九〇年三月、帝国議会の開設に先立つ四カ月前に設立され、貴族院議員となる鳥尾小彌太を会頭に据えて出発した団体であり、若圓の議員としての政治活動を支える組織であったことはすでに述べた。この団体の活動が最も勢いのあった一八九六年五月一七日に執行された七周年記念行事の若圓の演説から、その後の発展の様子をうかがうことができる。

「虔《つつしみ》て　大恩教主釈迦牟尼仏、大悲願王阿弥陀如来に告白す、抑々吾人先に宇内列国の大勢を通視し、帝国千載《せんざい》の長計に於て深く考慮するところありて、同士の徒と相謀り、愛國協会なる国家的団体を組織し……」（『愛國』四一号）

と表白文は格調高く始まる。内容を摘記すると、以下のようである。

①一八九〇年三月、国家的団体として「愛國協会」を組織し、仮事務所を上加納圓徳寺におい

た。
②同志を募り、遊説した結果、その年のうちに千余名の会員を獲得した。
③一八九一年一〇月には未曾有の大災害に遭い本会会員の拡張は停滞したが、一八九二年には同志と計らい、愛國協会の本部建物を建設することにした。
④一八九三年一月に起工、一〇月に上棟式を挙行、真宗本派本山から香川巡教使の臨席を賜った。
⑤一八九四年の日清戦争では国民愛国の熱が高まり、本会員も著しく増加。各地方支部一五〇余、会員三万人に達した。
⑥ここに七周年の記念行事を執行、満足である。今後ますます本会の趣旨である国民忠愛、邪教の防御、国体保持、道徳の涵養に努める。

以上によって、愛國協会の存在が若圓の活動を支えるバックボーンであったことがわかる。では、発足当時千人余であった会員が四年後に三〇倍にも達した要因とはなんであったのか。もちろん、日清戦争による会員増加だけがその要因だったわけではない。雑誌『愛國』の記事からは、地方への春秋年二回の巡回説教が重要な会員獲得の機会であり、会員維持に相当な力が注がれていたことがわかる。その一端を地方巡回の記録から追ってみた。

以下は、一八九三年四月一日〜二三日の約一カ月の間の若圓の巡回演説の経過である（『愛國』四号、明治二三年四月二〇日）

四月一日加茂《かも》郡伊沢最条寺→二日武儀郡菅田《すがた》村禅宗林専寺→三日郡上《ぐんじょう》郡岩瀬村東林寺（真宗）→四日益田《ました》郡村長の個人宅→五日中原村（個人宅）→六日下呂《げろ》村本光寺（今まで足を踏み入れず今回二〇名同盟員）→七日同郡福応寺（真宗、五〇余名の会員）→九日大野郡久々野《くぐの》村説教所（入会一一〇余名）→一〇日吉城《よしき》郡古川《ふるかわ》一向寺（真宗）

一二日古川から宮川沿いに河合《かわい》村専勝寺（真宗、いまだ一人も会員もなきに今回の演説にて一四〇余名の入会員）→一三日袖川《そでかわ》村大国寺（真宗）会員続々→一四日船津《ふなつ》町真宗説教所、同地これまで会員一〇名、今回は一〇〇名に達し、支部を設けることに決す→

一五日古川町円光寺（真宗）聴衆満場、盛会→一六日国府《こくふ》村西念寺（同地は自由党員多く加入せざる者多し、天野氏の演説にて続々加入）、一七日は高山祭礼に付き休み→一八日久々野説教所→小坂《おさか》村浄福寺→一九日萩原村妙覚寺→二〇日間瀬村小林源右衛門宅、正会員二〇名→下呂→中原村（学校生徒旗を持ち歓迎、雨のため若圓生徒に会えず）→二二日武儀郡金山《かなやま》町、尽力家四名ありといえども会員発展せず、人々眉をひそめる→二三日帰郷

以上の行程から、説教、演説会場は必ずしも真宗寺院に限らず個人宅なども利用している様子がうかがえる。この説教演説を以て地方を巡回し、会員を獲得する姿は、新潟の越後高田管事時代の「説教巧者の若圓」を彷彿とさせる。

「愛國協会」の会員

会の発足後四年にして会員三万人を超える「愛國協会」の会員獲得は、若圓の説教演説による地方巡回によるものであった。では、どういう人々が「愛國協会」の会員になったのか、ここでは、『愛國協会正会員簿』によって会員の構成をみておくことにしたい。

この名簿に記された会員の入会期日と場所を追うと次のようになる。これによって判明した点は、震災発生以前に、愛國協会には正会員が多数入会しており、その数は震災以後の会員数よりも多いことがわかる。つまり、愛國協会は、震災紀念堂設立目的で結成された団体ではないということになる。しかし、震災後の大事業として震災紀念堂建設建立が目指されたわけであるから、震災前の愛國協会入会と震災後では入会意図も異なることが想定される。そこで、震災前一八九〇年(明治二三年三月〜二四年一〇月末)と震災後一八九一年(明治二四年一一月〜二六年七月)とに分けて、正会員の入会状況を表10−3に表した。これを各郡界の地図に落とすと図10

各郡	震災前	震災後	合計
安八	80	2	82
恵那	102	0	102
大野	42	3	45
各務	96	2	98
方県	130	19	149
可児	69	2	71
加茂	51	10	61
岐阜市	37	3	40
多藝	11	0	11
土岐	19	1	20
中嶋	16	0	16
羽栗	51	6	57
不破	90	10	100
武儀	49	3	52
席田	1	0	1
本巣	20	0	20
厚見	140	6	146
郡上	49	0	49
益田	94	62	156
山県	14	1	15
吉城	111	22	133
池田	1	1	2
飛騨大野	52	8	60
上石津	1	1	2
合計	1326	162	1488

表10−3　愛國協会正会員各郡分布

－4のようになる。

ここで、注目したい第一は、愛國協会員は震災以前から会員入会の募集がおこなわれていたこと、第二には震災後の会員募集は震災前に比べ、岐阜県内に限れば一割二分にも満たないこと、第三にはこの各郡の間での正会員の分布数を震災被害の全潰戸数や死亡者の出た郡との関係でみれば、一目瞭然、震災被害の少ない飛騨地方に圧倒的に会員が多いという点である。震災被害が激甚の安八郡を筆頭に二〇〇〇戸以上の倒潰家屋のあった羽栗、本巣、中嶋《なかしま》、多藝《たぎ》などの各郡の会員数をみると、わずかな人数しか会員になっていない。この点は、被害激甚地の被災者には震災後一年ほどを経てもいまだ仏教の説教などに耳を貸す余裕はなかったと解釈することもできる。しかし、震災以前の会員数をみれば、愛國協会の基盤は飛騨地方を第一とするということは否めない。つまり、濃尾地震で被害を受けたいわゆる

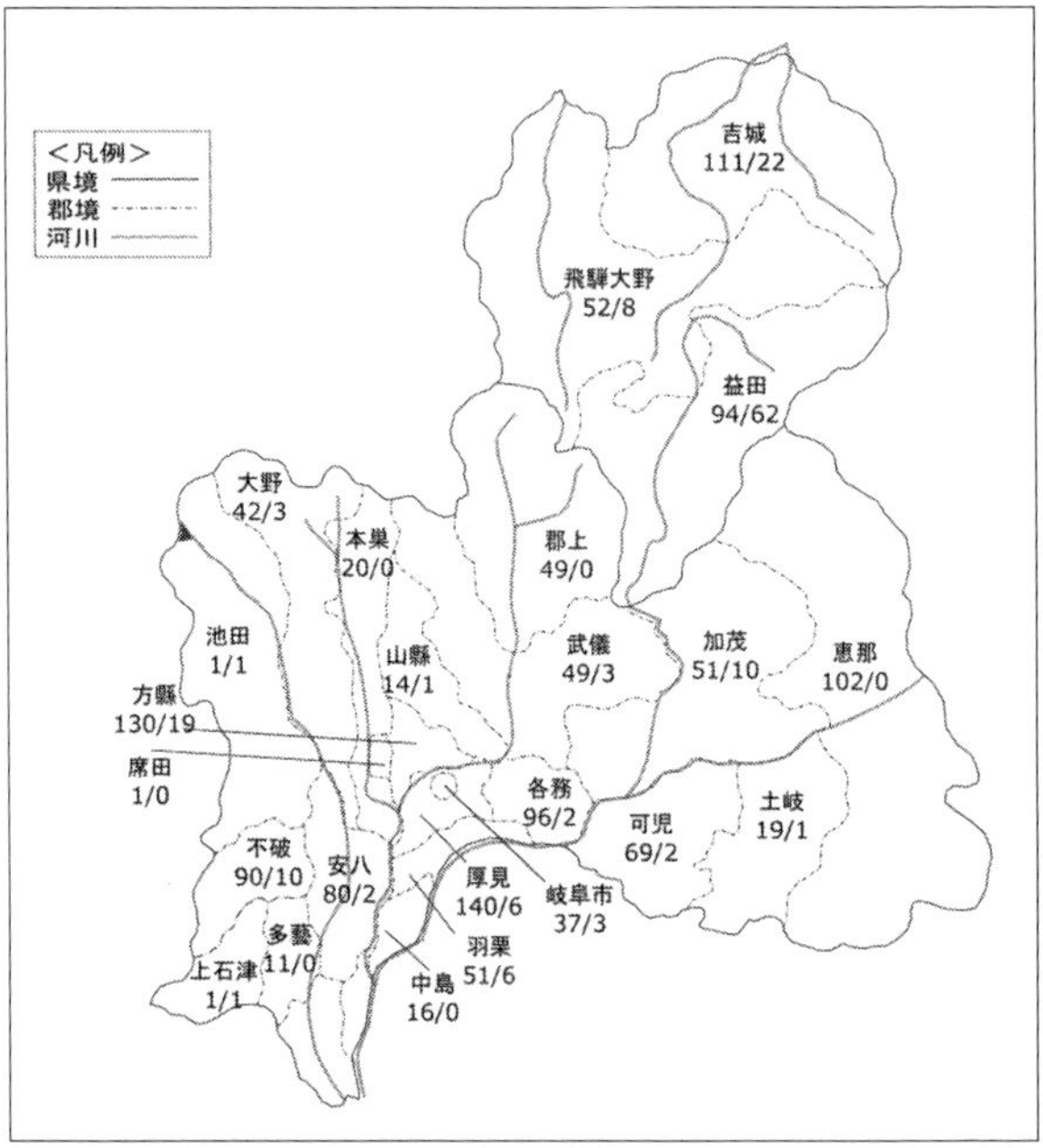

図10－4　愛國協会正会員数（震災前／震災後）

低地「水場《みずば》」地域はそもそも若圓の活動基盤ではなかったということになる。

しかし以上は岐阜県内の動向であって、愛國協会の幹事長天野若圓の行動は全国に及んでいたことに注目する必要もある。このことを、全国の震災前と震災後の会員数の動向から比較した表10－4の合計値では、岐阜県の近隣県としての愛知、滋賀での会員獲得が目立つ。東京は、国会議員活動で接触できた衆議院議員や貴族院議員などの特別会員を多く獲得した地である。大阪は堺市が会員の中心を成している。しかし、岐阜県の会員数を除く全国各県での会員数はむしろ、震災以前の一四三人に対して震災後は三六一人と、二・五倍以上増加している。この点を勘案すれば、震災後の岐阜県内での被害地の愛國協会会員獲得は憚られる状況であったから、県外での愛國協会普及活動に重点を置いたと推定することもできる。いずれにしても岐阜県内の正会員が若圓の政治と宗教を支える要であったことに変わりない。

府県	震災前	震災後	合計
長崎	1	1	2
大分	1	0	1
佐賀	0	1	1
熊本	4	0	4
宮崎	1	0	1
山口	1	0	1
島根	1	0	1
鳥取	1	2	3
広島	4	4	8
兵庫	2	3	5
愛媛	1	0	1
大阪	45	62	107
奈良	0	1	1
和歌山	4	0	4
京都	4	2	6
三重	1	2	3
福井	1	0	1
富山	3	0	3
滋賀	11	53	64
愛知	37	198	235
岐阜	1326	162	1488
長野	2	0	2
新潟	0	2	2
東京	15	22	37
静岡	1	2	3
埼玉	0	1	1
群馬	0	1	1
茨城	2	3	5
宮城	0	1	1
合計	1469	523	1992

表10－4　全国愛國協会会員分布（震災前／震災後）
（「正会員簿」冊3、冊4）

「愛國協会」特別会員

若圓の帝国議会議員としての在任期間は通計するとわずか一年五カ月ほどであった。これは、三回の当選を果たしたものの、議会は政府と民党系議員の抗争によって、開院後直ちに解散などの事態を免れなかったからである。「愛國協会」の会員規定のうちには、特別会員の制度が設けられていた。特別会員名簿は五冊のこされている。

一号から五号の名簿は、一八九〇年三月から四二年二月にわたる。主に貴族院・衆議院の議員と僧侶が中心メンバーであった。入会期日、署名は自筆による綴りである。総計すると、衆議院議員九六名、貴族院議員一〇名を併せ一〇六名の議員が会員となっていた。

全体を通じて寺院関係者は一六三名であり、議員関係者を凌ぐ入会者を獲得している。妙法院門跡《もんぜき》（京都）、建長寺管長（鎌倉）、曹洞宗大本山総持寺、黄檗《おうばく》宗大本山萬福寺、京都金閣寺、知恩院門跡、東京金地院《こんちいん》、増上寺、真宗高田派管長、青蓮院《しょうれんいん》門跡など、名だたる著名寺院の管長や住職などの入会がみられる。また、一八九一年一月には島地《しまじ》默雷《もくらい》、同年三月仏教学者の南條文雄《なんじょうぶんゆう》、同年七月赤松連城、一八九三年一二月仏教学者井上円了、さらには、再度衆議院議員となった時期には、大隈重信（一九〇〇年六月）、清浦圭吾《きようらけいご》（一九〇一年二月）、犬養毅《いぬかいつよし》（同年三月）などの政治家へも入会を口説いた。

愛國協会の規約によれば、特別会員は随意の義捐金などの寄付金はともかくも、会費を支払う義務はなく、むしろ愛國協会から雑誌を送り、協会の趣旨を社会に広めることを狙った一種の広告塔としての存在と位置付けられる。したがって、著名人、著名政治家などの入会に熱心であった理由は理解できる。しかし、彼らがその意図を理解したかどうかの確証はなく、むしろ、請われて入会のための署名を果たしたという程度ではなかったかと推測される。この点に、彼が帝国議会議員としての存在にこだわった理由の一つはある。地方の巡回説教に際しては、国家社会に広く名の知れた権威が多数入会している団体として、地方の人々が入会する動機付けになると位置付けていたからであろう。

雑誌『愛國』の終焉と若圓の死

これまで若圓の足跡を辿ってきて、では、若圓の政治と宗教における活動をどう位置付けるかという問題に至る。

若圓の思想と行動の記録ともいうべき雑誌『愛國』は現在所在が確認できるものは、東京大学法学部政治学研究科付属明治新聞雑誌文庫に所蔵される創刊号の一八九三年（明治二六）二月から二七年一二月二五号までの二四冊（八号欠号）、と「天野家文書」に残された一八九五年（明治二八）八月三一号から一九〇三年（明治三六）七月刊の九〇号までの四〇冊（欠号あり）及び一九〇九年（明治四二）二月の再刊二号の計六五冊である。再刊二号の二頁には、以下のような断り書きがあり、一年ほどの休刊があって、再刊したものであることがわかる。

「記者云本会愛國雑誌は昨春第一号以来引続き発行致すべき所幹事長天野氏大患にて死に瀕する数回たるを以て遺憾ながら休刊罷り在りしに……健康に復せられたるを以て今回の雑誌は原稿の

大部分を病後の天野氏に請ひ以て之を編纂せしもの」だという。若圓が病に臥し、雑誌の刊行は一年ほど停止していた事情が語られている。この年の一二月四日若圓は死去し、その後は雑誌の刊行が続けられた形跡がない。

再刊二号には、寄稿を請われた若圓の戊申詔書（一九〇八）に関する原稿が掲載され、「天野幹事長の略歴」という項が設けられ、さらに若圓の生まれ、生い立ち、僧侶としての履歴、三回にわたる帝国議会議員の経験、兄弟や妻、子供などについても言及されている。末尾には愛國協会の現今会員数として、総数一一万四五〇四名、内特別会員九三七名、正会員一万九六〇〇名、賛助員九万三二二二名という数値が挙げられているところなどから推して、周囲は若圓の病状から死の近いことを予測し、雑誌の廃刊をも予想したのではないかと想像する。恐らくは、本号を以て雑誌『愛國』の終刊となったと推定される。いずれにしても、若圓は、明治も終わりに近づいた明治四二年の末に五九歳の生涯を閉じた。若圓の死を以て、雑誌『愛國』も廃刊になったのである。

現在閲覧できる雑誌『愛國』の巻頭言を一覧すると、撫櫻処士と名乗る人物（息子堯撫と推定）の署名記事七件を除くと、ほぼすべて若圓が執筆していたと推定される。ここから若圓の宗教者としての思想と行動を探る作業はいまだ未着手である。愛國協会発足以来、一三年を経過した九〇号（一九〇三年七月）の段階に至っても、創刊号以来の雑誌刊行の趣旨であった「仏教の真理を愛揚し国民の元気を振起し忠孝の士を養ひ道徳の回復を図り帝国特有の倫理を保持せんが為めに発行する」とする点は変わらなかった。しかしながら、これらの主張は若圓が独自に打ち出したものではなく、まさに一八七二年(明治五年)教導職が設けられ、教部省から下された敬神愛国、天理人道、皇上奉戴・朝旨遵守の三条の教則に沿ったものであることがわかる。この三条教則は、明治初年以降、社会において僧職であり続けようとした者にとっては選択の余地はなかった課題であり、仏教哲学への道を拓いた宗教学者なども敢えてこれに抵抗する論理を展開していない。現代社会の一般的な見方からすれば、こうした教則なるものは、宗教のみならず政治活動への足枷と捉えられるが、むしろ、逆に、当時にあっては、三条教則を踏まえれば一定の「自由」な活動が保障されるとみることができたのではないかと思われる。残された雑誌『愛國』の六五冊の各号の巻頭言のうち、宗教を以て社会改革を唱える記事は二八件以上に及び、若圓が仏教倫理を軸に社会的道徳を主導しようとしたことは疑いない。巻頭言中に時局を論ずるものが一八件と目立つが、政治を論じて仏教の徳に言及するなど、それぞれ内容を切り離すことのできない相互に絡み合う論点が展開されている。

これらの内容について現在は分析、考察を加える余裕はないが、ここでは、本稿が濃尾地震を契機に建立された震災紀念堂をテーマに掲げていることを踏まえ、巻頭言のうち「近年何ぞ災害の多きや」(一八九三年九月)、「天災地妖」(一八九六年八月)の災害を話題にした巻頭言を取り上げる。災害が多発したこの時期を若圓はどう考えていたのかを見ていきたい。

「近年何ぞ災害の多きや」(『愛國』九号)は、一八九三年八月二三日に木曾三川《きそさんせん》の下流部、岐阜県南西部の海西《かいさい》郡成戸《なりと》村木曾川、安八郡今尾村揖斐川《いびがわ》、各務郡芥見《あくたみ》村長良川でそれぞれ六メートル以上の洪水禍に見舞われ、一市五六三町村が被害を受け、死者八一人、浸水家屋一万三四二六戸に及んだ水害についての記事である。九月七日には築地本願寺別院の焼失、福島県吾妻山の破裂を例に七年前の磐梯山噴火、十津川の洪水、愛岐両県の大震災（濃尾地震）、富山・福岡・兵庫・高知県の水害など、当時世上の話題となった災害を列挙する。こうした災害もまた起こるべくして起きたのであり、それは人情軽薄道徳敗退の結果だと単純には言えないものの、「今日吾帝國國民の実相を観察すれば亦思ひ半に過ぐることもあらん」とする。これに続いて議会の政権争奪は国家全体と多数人民の不利をきたすと批判の矛先は政治の現状に及ぶ。

「天災地妖」（『愛國』四三号）では、近時一〇年間の天変地妖として、先に九号で挙げた災害に加え、一八九六年の三陸津波、同年の各地の水害、特に岐阜県下のほぼ全域が木曾三川をはじめ、小河細流にいたるまで氾濫、堤防決壊、濁水に田畑居宅埋没し、回復に四、五年がかかると予測されるほどの被害だとした。前者の九号の記事ではみられなかった点は、国家の救済が必要であり、責務でもあると指摘していることである。しかしながら、いずれの記事においても、「近十年の災殃は実に我國上下自ら招て自ら受けたるの冥罰なり」とするが、結論部分では先皇の遺詔に則り人倫の徳義を守るに如かず、神仏に頼るに如かずとさらに議論を飛躍させる。この結論部分は、雑誌『愛國』が持続するための自衛策でもあったが、説教上の実践を通して社会に対峙した一仏教徒としては、人倫の徳義を守る以外に有効な途を示すことができなかった当時における限界でもあるのだろう。

若圓死後、紀念堂がどのように運営されてきたのかについては紀念堂の維持存続を担ってきた西村道代氏（若圓四代目の継承者）は、戦後、震災記念日には犠牲者の次世代以後の方々が紀念堂に集まり法会の後は一日中にゆるりと過ごす場所であったと、紀念堂の果たしてきた役割を伝えている（西村、二〇一五）。現在、濃尾震災紀念堂は、代表天野賢敬と親族の方々によって、毎年、濃尾地震発生の一〇月二八日には法会が執行された後に防災に向けた講演会などが催され、さらに月命日の二八日にも法会の執行が続けられている。東日本大震災以後は、特にこの堂が長期にわたって果たしてきた「癒しの役割」に注目する動きもみられる。若圓の震災紀念堂に託した「癒し」の意図は遺族によって受け継がれているのである。

4　まとめにかえて――震災紀念堂の「死亡人台帳」について

震災紀念堂には、濃尾地震の犠牲者についてまとめられた『死亡人台帳』が収められている。この台帳の表紙は濃紺の布製、「明治二十四年十月二十八日　震災死亡人台帳　岐阜市紀念堂」と墨書され、最初に「岐阜県下震災景況」と題して震災の概況及び最初に当時県がまとめた市町村別の「岐阜県か震災被害一覧表」（明治二四年一一月三〇日調、活版刷り）と、火災が発生した岐阜、大垣、笠松、竹ヶ鼻、関町の略図に続き、当時話題となった「震原及び震裂波動線略図」が綴じ入れられている。次いで、岐阜市、厚見郡、各務郡と各郡ごとに犠牲者の名簿が記されている。その特徴は、生年月、町村名・父兄名、姓名の三欄に亘る犠牲者名簿という点である。一例を示すと、「文政十一年十月二十九日、矢島町・真一母、箕浦けい」という体裁である。

この『死亡人台帳』に掲載された死亡者四三七五人を分析した人見佐知子氏と小山真紀氏は、岐阜県が震災報告として作成した「震災史付録一」に掲載された死亡者四九九〇人、全半潰戸数四四七七戸などと比較・分析した（人見・小山、二〇一八）。圧倒的に死亡者の多い安八郡死亡者一二一三人が、『死亡人台帳』では五四九人と六六四人もの差があり、合致しないが、これを除くほかの郡の死亡数については、『死亡人台帳』は「震災史付録一」の死亡者数をほぼカバーしているとした。この安八郡の死亡者数が欠けている点は今後の研究に委ねるとしている。そのほか、女性の死亡者が男性に比べ多いことなども指摘されている。さらには、村名、郡名などから判断して、『死亡人台帳』が整理統合された時期を一八九〇年頃と推定した（人見・小山、二〇一八）。

安八郡の一死亡者が圧倒的に多いにもかかわらず、『死亡人台帳』にその事実が反映されていない点については、すでに荒川宏氏も疑問を呈され、震度分布との関係を踏まえた死亡者の分布を地図に表している（荒川、二〇一五）。

表10－2に各郡の震災死亡者を示したように、地盤の軟弱な輪中地帯の安八郡は、岐阜県全体の震災死者四九九〇人のうちの約四分の一にあたる一二一三人を占め、県下最大の被害地でもあった。いずれの分析結果からも、震災紀念堂の『死亡人台帳』で安八郡の死亡者が五五〇人にも及ばない点が指摘されているが、その理由は依然として不明とされた。

しかしながら、わたしは『死亡人台帳』が、生年月日、戸主との続柄を記入している点に注目したい。死亡者数が合致しないことはさておき、この点には、若圓が説教をしつつ、「愛國協会」の会員を募る旅を続けたことと密接な関連があると考えるからである。『死亡人台帳』の死亡者は、誰々の息子、あるいは娘といった形ではあるが、単なる数値としてではなく、個人としての存在が確認されているのである。その確認の作業に、遺族と若圓の接触は当然想定される。もちろん、当時の社会における個人の死は家族に包摂されていたのだともいえるが、少なくとも、生まれた年と、死亡者が属する家族の一員であったことが記載されている意味は大きい。

では、そうした情報はどのように得られたのか。この点は若圓の説教活動を通じてしか得られない情報だと考えてよい。つまり、個人を慈しんだ家族から聞き取る行為があり、その行為が成り立つ関係性の上に得られた情報だからである。若圓の僧侶としての振舞もあったであろう。「愛國協会」を基盤とする活動を、若圓の選挙運動母体と位置付けるか、宗教活動の母体と位置付けるか、議論が分かれるところである。若圓が「愛國協会」を設け、政治活動の基盤としたことは事実である。濃尾地震が発生する以前、説教で巡る地域の愛國協会会員も若圓の宗教的政治活動を支援する立場であったことは否定はできない。しかし、震災紀念堂建立後の震災地を巡る説教の旅に参加した聴衆は、若圓の説教を震災犠牲者への慰霊と受け取り、死亡人台帳への記載を望んだ。そしてその結果残された『死亡人台帳』には、統計的に処理された犠牲者数ではなく、個としての死の存在を刻まれたのである。

わたしにとっては、若圓の宗教史上の位置付けは困難だが、少なくとも、地方にあって政治と宗教を地域の人々に語り掛け、四〇〇〇人以上の人々の死を個として捉える関係を築いた人物として、評価しておきたい。

あとがき

数えてみれば、災害社会史という方向性を意図して『安政大地震と民衆』(三一書房、一九八三年)を出版してから、ほぼ四〇年にもなろうとしている。この間、磐梯山噴火(一八八八年)、濃尾地震(一八九一年)、明治三陸津波(一八九六年)、関東大震災(一九二三年)などの大震災について興味の赴くままに調査をしてきた。その都度、新しい史料に出会う機会を得て、様々な視座からの分析を試みてきた。いずれの場合も自然災害によって大量の死者が出ていたにもかかわらず、死者を対象に考察してきたことはなかった。しかし、一〇年前の東日本大震災の調査では、死者の行方がリアルな形で身に迫り、この問題が「史料のなかの死」ではなくなったのである。なぜ今までこの問題について考えてこなかったのか、不思議にすら思えた。災害社会史を標榜する以上、これは最後に行き着いた問題として考えなければならないと感じた。

このきっかけを作っていただいたのは、岩手大学を拠点に山崎友子代表によって組織された「災害文化研究会」で二〇一九年の秋に講演を頼まれたことであった。ちょうどその頃、東日本太平洋沖地震による津波で大量の溺死者が発生した宮城県沿岸部の自治体の関係者にこの問題に関する聞き取りを行っていた。前例のない調査であったためか、おいそれと応じていただけるわけでなく、人を介して調査の目的を伝え、許諾の返事を待つためには時間を要した。しかし、一〇年間には、自治体の職員の異動や退職などがあり、実際にこの問題に対応された方々にお会いできる機会はそう多くはなかった。そのため、自治体の震災記録誌を頼りに、事実がどうであったのかを問うということをきっかけに聞き取りをした。

おうかがいする事柄が自治体で発生した死者のその後に関わることであったため、実際に遺体の処理に関わった職員の方が当時を思い出して苦しむ様子に、聞いているわたし自身もいたたまれない気持ちになった。また、退職後に語ることにしていると言われたこともあった。それぞれの方々にとって、一〇年を過ぎる今に至るまで脳裏から消え去ることのないほどの過酷な体験であったことは十分推し量ることはできた。しかし、この際、わたしにできることは語られた事実をそのままに記録しておくことだと考えたのである。

第5章の内容はほとんどが自治体の職員の方のご協力をいただいたからこそまとめることができたものであり、ここにお名前を挙げることは省かせていただくが、現地を車で案内していただき、キーパーソンとなる方々をご紹介いただくなど、数えきれないほどのご厚意を賜った。

Ⅰ部はこの聞き取りから得られた事実を中心に、東日本大震災での死者の行方について考察した何篇かの論文を中心に編んだ。Ⅱ部、Ⅲ部は東日本大震災発生以前に、関東大震災の寺院被害や東京市の震災焼失跡地の都市計画事業での墓地移転や、濃尾地震の死者の供養のために震災紀念堂を建てた真宗本願寺派の一僧侶の生涯を追った。当時は震災の死者について考えることを直接意図してはいなかったが、今考えると、どこか心のうちで災害史として死者に繋がる一連の問題群と捉えていたのかもしれない。

Ⅱ部第7章で考察した真言宗智山派智積院の史料の閲覧に際しては、成就院（栃木県鹿沼市）住職故小笠原弘道氏、常福院（宮城県白石市）住職伏見英俊氏に便宜をはかっていただいた。第8章で考察した築地本願寺末寺の移転問題では、得性院（東京都練馬区）住職入江智彦氏、真光寺（東京都大田区）住職多田恵章氏、副住職多田修氏に貴重な史料の閲覧の機会を賜った。Ⅲ部第9、10章の濃尾震災紀念堂建立と天野若圓に関する史料について、天野家、および西村道代氏に史料閲覧に関する多大のご配慮をいただいた。

なお、この調査には、東北大学災害国際研究所准教授蝦名裕一氏の研究プロジェクトに参加させていただき、研究上の便宜を図っていただいたことも申し添えておきたい。図版作成には、いつもながら歴史地震研究会会員の木下恭子氏の手を煩わせた。

数えきれないほどの方々のご協力やご好意をいただいたからこそ、震災と死者についてここに一冊の本にまとめることができたことに今更ながら深く感謝したい。

末筆ながら、筑摩書房の松田健氏には、折々の原稿を一冊の本にまとめることに、編集者の力がどれほど大きいものか示していただいた。改めて感謝の一言に尽きる。

北原糸子

参考文献

第1章

財団法人日本消防協会編『消防団百二十年史』近代消防社、二〇一三年
財団法人日本消防協会編『消防団の闘い――三・一一東日本大震災』近代消防社、二〇一四年

第2章

名取市『名取市史』一九七七年
北原糸子『関東大震災の社会史』朝日選書、二〇一一年
全日本仏教会「東日本大震災における日本仏教各宗派教団の取り組みに関するアンケート調査」二〇一二年
津久井進「被災地の宗教的施設の再建支援と政教分離原則」『宗教法』第三二号、二〇一三年
真言宗智山派宗務庁『東日本大震災記録誌』二〇一六年
金菱清編『私の夢まで、会いに来てくれた』朝日新聞出版、二〇一八年

第3章

＊以下の仏教系メディア各紙誌（大正大学附属図書館蔵）の閲覧対象時期は以下の通り。
『寺門興隆』一九七四年七月に『月刊住職』という誌名で創刊、二〇一五年一月に『月刊住職』の誌名復活、月刊誌、興山舎発行、二〇一一年三月～二〇一八年一二月まで閲覧
『仏教タイムス』昭和二一年七月第三種郵便物承認、週刊誌、仏教タイムス社発行
二〇一一～一五年一二月まで閲覧、A2版、一二面～八面、ときにより増減
『中外日報』明治三〇年郵便物認可、隔日刊、郵送配布、中外日報社発行
二〇一一年三月～二〇一五年一二月まで閲覧、A3版、六面～一八面、ときにより増減
『大法輪』月刊誌、一九三四年発刊、大法輪閣発行、二〇一一年～二〇一八年まで閲覧

北村敏泰『苦縁』徳間書店、二〇一三年
増田寛也編著『地方消滅――東京一極集中が招く人口急減』中公新書、二〇一四年
鵜飼秀徳『寺院消滅――失われる「地方」と「宗教」』日経BP社、二〇一五年
牛山素行「二〇一四年末時点の資料にもとづく東日本大震災死者・行方不明者の特徴」『津波工学研究報告』三二号、二〇一五年
鈴木岩弓「『臨床宗教師』の誕生――公共空間における宗教者のあり方」磯前順一・川村覚文編『他者論的転回――宗教と公共空間』ナカニシヤ出版、二〇一六年
碧海寿広「震災後の仏教に対する評価――メディア報道から読み解く」『佛教大学総合研究所共同研究成果報告論文集』第六号〔現代社会における宗教の力〕、佛教大学総合研究所、二〇一八年
総務省消防庁、『東日本大震災記録集』第三章災害の概要、二〇一八年度版
舟山一寿「大規模災害における検案―東日本大震災での経験から―」第一回新潟市医師会警察医研修会の内容から一部抜粋・加筆、(二〇一八年）新潟県医師会HP掲載
門廻充侍・今村文彦「東日本大震災における宮城県内での犠牲者住所・遺体発見場所およびそのタイプの分類解析」第38回自然災害学会学術講演会、一・三・二、二〇一九年
島薗進『ともに悲嘆を生きる――グリーフケアの歴史と文化』朝日選書、二〇一九年
北原糸子「付論・山奈宗真像の再検討」『人の記録と自然の記憶』〔歴史が導く災害科学の新展開Ⅱ〕東北大学災害科学国際研究所、二〇一九年
淑徳大学アジア国際社会福祉研究所日本仏教社会福祉学会東日本大震災対応プロジェクト委員会『東日本大震災を契機とした地域社会・社会福祉協議会と宗教施設（仏教寺院・神社など）との連携に関する調査報告書』淑徳大学藤森雄介研究室発行、二〇二〇年

第4章

『Jimonkohryu』（興山舎）二〇一一年九月号
公益財団法人東京都公園協会公園事業部霊園課「東日本大震災における瑞江葬儀所の火葬協力」『都市公園』一

九四号、二〇一一年
上田耕蔵『東日本大震災　医療と介護に何が起こったのか──震災関連死を減らすために』萌文社、二〇一二年
株式会社清月記『3・11東日本大震災　清月記活動の記録』二〇一二年
「東日本大震災における東京での火葬支援の真実　上」『SOGI』（表現文化社）一四〇号、二〇一四年
「東日本大震災における東京での火葬支援の真実　下」『SOGI』（表現文化社）一四一号、二〇一四年
東京都『東日本大震災　東京都復興支援総合記録誌（平成二三年三月一一日から平成二六年三月三一日まで）』二〇一五年
星野英紀「被災地寺院の四年八ヶ月」『大正大学研究紀要』第一〇一輯、二〇一六年
北原糸子「若者の未来志向と死者の行方」『歴史学研究』第九七六号、二〇一八年

第5章

気仙沼市『気仙沼市復興計画』二〇一一年
亘理町『亘理町震災復興計画』二〇一一年
石井光太『遺体──震災、津波の果てに』新潮社、二〇一一年
岩手県『東日本大震災津波に係る災害対応検証報告書』二〇一二年
君塚良一監督映画『遺体　明日への十日間』二〇一三年
岩沼市『東日本大震災　岩沼市の記録』二〇一三年
井口経明『「千年希望の丘」のものがたり』プレスアート、二〇一五年
岩手県『岩手県東日本大震災津波の記録』二〇一三年
亘理町『亘理町東日本大震災活動等記録集』二〇一三年
釜石市『釜石市鵜住居地区防災センターにおける東日本大震災津波被災調査中間報告書』二〇一三年
名取市『東日本大震災　名取市の記録』二〇一四年
陸前高田市『陸前高田市東日本大震災検証報告書』二〇一四年
東松島市『東松島市東日本大震災記録誌』二〇一四年
名古屋学院大学総合研究所『震災関連死研究会調査報告書』二〇一四年、Discussion Paper No.100より

女川町『女川町　東日本大震災記録誌』二〇一五年
釜石市検証委員会『釜石市　東日本大震災検証報告書』二〇一五年
宮城県『東日本大震災―宮城県の発災後一年間の災害対応の記録とその検証』HP、二〇一五年三月一七日更新
本郷隆博「思」（真言宗智山派の被害報告『東日本大震災五年間の記録』真言宗智山派宮城教区宗務所、二〇一六年
釜石市『東日本大震災　釜石市証言・記録集』二〇一六年
山元町震災復興記録誌『復興の歩み』二〇一八年
石巻市『東日本大震災　石巻市のあゆみ』二〇一七年
『東松島市東矢本駅北地区および野蒜北部丘陵地区における復興事業のあゆみ』二〇一八年
女川町『女川　復幸の教科書』二〇一九年

第6章

富岡町企画課『東日本大震災・原子力災害の記憶と記録――2011.3.11―2014.3.31』二〇一五年
大熊町企画調整課『大熊町震災記録誌』大熊町、二〇一七年
富岡町企画課『東日本大震災・原子力災害の記憶と記録Ⅱ――2014.4.1―2081.3.31』二〇一九年

第7章

安東信慧編『真義真言宗智山派宗典』智嶺新報社、一九〇六年
芙蓉浄淳等編『智山派宗典』一九二三年
伊藤由三郎編輯『全国寺院名鑑』全国寺院名鑑発行所、一九三〇年
千葉県罹災救護会編『大正大震災の回顧と其の復興』上巻、一九三三年
東京市役所編『帝都復興区画整理誌』東京市役所、一九三一年～一九三二年。
智山派宗典編集部『寺院明細帳』一九三五年
世田谷区郷土資料館『烏山の寺町』一九八一年
文化庁文化部宗教課編『明治以降宗教制度百年史』（明治百年史叢書）第三二八巻、原書房、一九八三年
築地別院即如上人伝灯奉告本堂建立五十周年記念慶讃二法要記念事業特別委員会出版部会編纂『真宗築地別院

史』本願寺築地別院、一九八五年
辻岡健志「関東大震災と築地本願寺の復興」『浄土真宗総合研究』第一一号、二〇一七年
千葉一輝他「東京の寺町に関する研究その一、〈寺町の今日的意義と現状〉」、『日本建築学会大会学術講演梗概集』、一九九〇・一九九一年
松本泰生他「東京の寺町に関する研究その三、〈寺院の移転と寺町の形成について〉」『日本建築学会大会学術講演梗概集』一九九一年
地質調査所、一〇〇万分の一日本地質図第三版CD－ROM版、数値地質図G－一、一九九五年
諸井孝文・武村雅之、関東地震（一九二三年九月一日）による木造住家被害データの整理と震度分布の推定『日本地震工学会論文』二、三、二〇〇二年
真言宗智山派宗務庁『真言宗智山派寺院・教会名鑑』二〇〇九年
田中傑「関東大震災後の寺院の経営と再建」『関東都市学会年報』一三号、二〇一一年
北原糸子『関東大震災の社会史』朝日選書、二〇一一年
北原糸子「関東大震災における避難者の動向」『災害復興研究』Vo.4、二〇一二年
坂口英伸『モニュメントの二〇世紀』吉川弘文館、二〇一五年
鈴木勇一郎「近代東京における寺院境内墓地と郊外墓地」『日本歴史』第八一七号、二〇一六年

史料（以下、真言宗智山派総本山智積院宗務庁所蔵）

『大震災被害調査表』
『震災害慰問調査　派出報告書』
『智嶺新報』二七二号～二八二号、一九二三年～一九二四年。
『大震災害後策に関する上申書』
『救護団及聯合会通牒綴』

第8章

真光寺蔵「真光寺記録」

伊藤由三郎編輯『全国寺院名鑑』全国寺院名鑑発行所、一九三〇年
復興調査協会編『帝都復興史　附横浜復興記念史』第二巻、復興調査協会、一九三〇年
東京市役所『帝都復興区画整理誌』第二編総説、甲第三章土地及土地に関する権利の調査、一九三二年
東京都編纂「府下寺院明細帳」『東京市史稿』市街篇第五四、東京都、一九六三年
築地本願寺『築地本願寺遷座三百年史』一九五八年
世田谷区郷土資料館『烏山の寺町』一九八一年
築地別院即如上人伝灯奉告本堂建立五十周年記念慶讃二法要記念事業特別委員会出版部会編纂『新修築地別院史』本願寺築地別院、一九八五年
『御府内寺社備考』名著出版、一九八六年～一九八七年
千葉一輝他「東京の寺町に関する研究その一、〔寺町の今日的意義と現状〕」『日本建築学会大会学術講演梗概集』、一九九〇年
松本泰生他、「東京の寺町に関する研究その三、〔寺院の移転と寺町の形成について〕」『日本建築学会大会学術講演梗概集』一九九一年
中嶋久人『首都東京の近代化と市民社会』吉川弘文館、二〇一〇年
田中傑「関東大震災後の寺院の経営と再建」『関東都市学会年報』第一三号、二〇一一年
練馬区立石神井公園ふるさと文化館『練馬の寺院』二〇一二年
鈴木勇一郎「近代東京における寺院境内墓地と郊外墓地」『日本歴史』第八一七号、二〇一六年
辻岡健志「関東大震災と築地本願寺の復興」『浄土真宗総合研究』第一一号、二〇一七年

第９・10章

岐阜県編『岐阜県史』通史編　近代下〔8〕、岐阜県、一九七二年
本願寺史料研究所編纂『本願寺史』第三巻、浄土宗真宗本願寺派発行、一九七〇年初版、一九八四年第四版
重松正史「初期議会における地方政治状況——濃尾震災前後の岐阜県政」『歴史学研究』五七七号、一九八八年
村上重良『国家神道』岩波新書、一九七〇年
佐々木隆「議会開設期の憲法六十七条問題」『聖心女子大学論叢』七七号、一九九一年

羽賀祥二『明治維新と宗教』筑摩書房、一九九四年
安丸良夫『神々の明治維新』岩波新書、一九七九年
北原糸子「ノルマントン号事件と義捐金問題」『メディア史研究』七号、ゆまに書房、一九九八年
小川原正道『大教院の研究――明治初期宗教行政の展開と挫折』慶應義塾大学出版会、二〇〇四年
末木文美士『日本宗教史』岩波新書、二〇〇六年
北原糸子編著『日本災害史』吉川弘文館、二〇〇六年
辻岡健志「僧侶から政治家へ――金尾稜厳の洋行・政界進出・議会活動」『本願寺史料研究所報』第三九号、二〇一〇年
羽賀祥二・濃尾震災紀念堂保存機構編『濃尾震災紀念堂――歴史を繋ぐひとびと』二〇一五年
西村道代「紀念堂とともに――天野若圓以来一二〇年」『歴史地震』第三〇号、二〇一五年
荒川宏「明治二四年震災死亡人台帳から作成した死亡人分布図についての速報」中部歴史地震研究懇談会『中部「歴史地震」研究年報』第三号、二〇一五年
吉田久一『近現代仏教の歴史』一九九八年、ちくま学芸文庫収録、二〇一七年
長谷川雄高「濃尾地震における浄土宗の活動について」『歴史地震』第三三号、二〇一八年
人見佐知子・小山真紀「岐阜県における濃尾地震の被害実態に関する研究ノート：「震災史附録一」と「死亡人台帳」の分析から」『岐阜大学地域科学部研究報告』四二号、二〇一八年）

史料

「震災紀念堂関係資料」（天野若圓が残した日記、その他の関係資料は、紀念堂代表天野賢敬氏より岐阜市立博物館に寄託され、マイクロフィルムでの閲覧が可能、マイクロ化された史料は冊〇〇と番号が付され、目録が利用できる）
『愛國新報』（原紙は部分的に東京大学大学院法学部政治学研究科附属近代日本法制史料センター〔明治新聞雑誌文庫〕に明治二三年一〇月三〇日～同二四年三月一日までの間が断片的に所蔵されている）
雑誌『愛國』（創刊号明治二六年二月～同二七年一二月まで二四冊が東京大学大学院法学部政治学研究科附属近代日本法制史料センター〔明治新聞雑誌文庫〕に所蔵され、明治二八年八月～同三六年七月まで四〇冊と最後

の再刊二号（明治四二年二月）が震災紀念堂資料に納められている）
「善龍寺過去帳」（若圓が住職であった岐阜市善龍寺の所蔵）
『明治廿四年岐阜県震災誌草案』岐阜県歴史資料館蔵
「愛岐一件」（品川弥二郎文書）国会図書館蔵
『岐阜日日新聞』（岐阜県立図書館において閲覧できる）

初出一覧（本書収録にあたって適宜改稿した）

I

第1章「消防団員の東日本大震災」（『地域防災』三〇号、二〇二〇年二月）
第2章「若者の未来志向と死者の行方」（『歴史学研究』増刊号、二〇一八年一〇月）
第3章「東日本大震災と仏教系メディア——死者をめぐる記事を中心に」（『メディア史研究』二〇二〇年二月）
第4章「東日本大震災における死者をめぐる問題群」（『歴史を未来につなぐ——「3・11からの歴史学」の射程』東京大学出版会、二〇一九年）
第5章　書き下ろし
第6章　書き下ろし

II

第7章「関東大震災の寺院被害と復興——関東圏における真言宗智山派寺院の場合」（『歴史地震』三三号、二〇一七年）
第8章「関東大震災と寺院移転問題——誓願寺と築地本願寺末寺の場合」（『年報首都圏研究』七号、二〇一八年）

III

第9章・第10章「天野若圓と震災紀念堂」（『中部「歴史地震」研究年報』七号、二〇一九年

北原糸子 きたはら・いとこ

一九三九年生まれ。専門は災害社会史研究。津田塾大学学芸学部英文科卒業。東京教育大学大学院文学研究科日本史専攻修士課程修了。神奈川大学特任教授、立命館大学教授、国立歴史民俗博物館客員教授を歴任。災害社会史の開拓者としての功績により二〇二〇年春、南方熊楠賞を受賞。著書『日本震災史』（ちくま新書）、『関東大震災の社会史』（朝日選書）、『江戸の城づくり』（ちくま学芸文庫）、『地震の社会史』『津波災害と近代日本』（以上、吉川弘文館）、『日本災害史』（編著、吉川弘文館）など多数。

筑摩選書 0203

震災《しんさい》と死者《ししゃ》 東日本大震災《ひがしにほんだいしんさい》・関東大震災《かんとうだいしんさい》・濃尾地震《のうびじしん》

二〇二一年一月一五日　初版第一刷発行

著　者　北原糸子《きたはらいとこ》

発行者　喜入冬子

発　行　株式会社筑摩書房
東京都台東区蔵前二-五-三　郵便番号　一一一-八七五五
電話番号　〇三-五六八七-二六〇一（代表）

装幀者　神田昇和

印刷 製本　中央精版印刷株式会社

ISBN978-4-480-01721-5 C0336

筑摩選書
0029

農村青年社事件
昭和アナキストの見た幻

保阪正康

不況にあえぐ昭和12年、突如全国で撒かれた号外新聞。そこには暴動・テロなどの見出しがあった。昭和最大規模のアナキスト弾圧事件の真相と人々の素顔に迫る。

筑摩選書
0035

生老病死の図像学
仏教説話画を読む

加須屋誠

仏教の教理を絵で伝える説話画をイコノロジーの手法で読み解くと、中世日本人の死生観が浮かび上がる。生活史・民俗史をも視野に入れた日本美術史の画期的論考。

筑摩選書
0047

災害弱者と情報弱者
3・11後、何が見過ごされたのか

田中幹人　標葉隆馬
丸山紀一朗

東日本大震災・原発事故をめぐる膨大な情報を精緻に解析、その偏りと格差、不平等を生み出す社会構造を明らかにし、災害と情報に対する新しい視座を提示する。

筑摩選書
0059

放射能問題に立ち向かう哲学

一ノ瀬正樹

放射能問題は人間本性を照らし出す。本書では、理性を脅かし信念対立に陥りがちな問題を哲学的思考法で問い詰め、混沌とした事態を収拾するための糸口を模索する。

筑摩選書
0066

江戸の風評被害

鈴木浩三

市場経済が発達した江戸期、損得に関わる風説やうわさは瞬く間に広がって人々の行動に影響を与え、政治経済を動かした。群集心理から江戸の社会システムを読む。

筑摩選書
0075

SL機関士の太平洋戦争

椎橋俊之

人員・物資不足、迫り来る戦火――過酷な戦時輸送の重責を、若い機関士たちはいかに使命感に駆られ果たしたか。機関士OBの貴重な証言に基づくノンフィクション。

筑摩選書
0127

分断社会を終わらせる
「だれもが受益者」という財政戦略

井手英策　古市将人
宮崎雅人

所得・世代・性別・地域間の対立が激化し、分断化が進む現代日本。なぜか？　どうすればいいのか？「救済」から「必要」へと政治理念の変革を訴える希望の書。

筑摩選書
0131

「文藝春秋」の戦争
戦前期リベラリズムの帰趨

鈴木貞美

なぜ菊池寛がつくった『文藝春秋』は大東亜戦争を牽引したのか。小林秀雄らリベラリストの思想変遷を辿り、どんな思いで戦争推進に加担したのかを内在的に問う。

筑摩選書
0133

憲法9条とわれらが日本
未来世代へ手渡す

大澤真幸　編

憲法九条を徹底して考え、戦後日本を鋭く問う。社会学者の編著者が、強靭な思索者たる井上達夫、加藤典洋、中島岳志の諸氏とともに、「これから」を提言する！

筑摩選書
0135

ドキュメント　北方領土問題の内幕
クレムリン・東京・ワシントン

若宮啓文

外交は武器なき戦いである。米ソの暗闘と国内での権力闘争を背景に、日本の国連加盟と抑留者の帰国を実現した日ソ交渉の全貌を、新資料を駆使して描く。

筑摩選書
0136

独仏「原発」二つの選択

篠田航一
宮川裕章

福島の原発事故以降、世界の原発政策は揺れている。激しい対立と軋轢、直面するジレンマ。国民の選択が極端に分かれたEUの隣国、ドイツとフランスの最新ルポ。

筑摩選書
0139

宣教師ザビエルと被差別民

沖浦和光

ザビエルの日本およびアジア各地での布教活動の跡をたどりながら、キリシタン渡来が被差別民にもたらしたものが何だったのかを解明する。

筑摩選書 0141

「働く青年」と教養の戦後史
「人生雑誌」と読者のゆくえ

福間良明

経済的な理由で進学を断念し、仕事に就いた若者たち。知的世界への憧れと反発。孤独な彼ら彼女らを支え、結びつけた昭和の「人生雑誌」。その盛衰を描き出す！

筑摩選書 0142

徹底検証　日本の右傾化

塚田穂高 編著

日本会議、ヘイトスピーチ、改憲、草の根保守、「慰安婦報道」……。現代日本の「右傾化」を、ジャーナリストから研究者まで第一級の著者が多角的に検証！

筑摩選書 0146

帝国軍人の弁明
エリート軍人の自伝・回想録を読む

保阪正康

昭和陸軍の軍人たちは何を考え、どう行動し、それを後世にどう書き残したか。当事者自身の筆による自伝・回想・証言を、多面的に検証しながら読み解く試み。

筑摩選書 0149

文明としての徳川日本
一六〇三―一八五三年

芳賀 徹

「徳川の平和」はどのような文化的達成を成し遂げたのか。琳派から本草学、蕪村、芭蕉を経て白石や玄白、源内、崋山まで、比較文化史の第一人者が縦横に物語る。

筑摩選書 0150

憲法と世論
戦後日本人は憲法とどう向き合ってきたのか

境家史郎

憲法に対し日本人は、いかなる態度を取ってきただろうか。世論調査を徹底分析することで通説を覆し、憲法観の変遷を鮮明に浮かび上がらせた、比類なき労作！

筑摩選書 0152

陸軍中野学校
「秘密工作員」養成機関の実像

山本武利

日本初のインテリジェンス専門機関を記した公文書が新たに発見された。謀略研究の第一人者が当時の秘密戦工作の全貌に迫り史的意義を検証する、研究書決定版。

筑摩選書 0153

貧困の戦後史

貧困の「かたち」はどう変わったのか

岩田正美

敗戦直後の戦災孤児や浮浪者、経済成長下のスラムや寄せ場、消費社会の中のホームレスやシングルマザーなど、貧困の「かたち」の変容を浮かび上がらせた労作！

筑摩選書 0160

教養主義のリハビリテーション

大澤聡

知の下方修正と歴史感覚の希薄化が進む今、教養のバージョンアップには何が必要か。気鋭の批評家が鷲田清一、竹内洋、吉見俊哉の諸氏と、来るべき教養を探る！

筑摩選書 0161

終わらない「失われた20年」

嗤う日本の「ナショナリズム」・その後

北田暁大

ネトウヨ的世界観・政治が猛威をふるう現代日本。アイロニーに嵌り込む左派知識人。隘路を突破するには何が必要か？ リベラル再起動のための視角を提示する！

筑摩選書 0163

骨が語る兵士の最期

太平洋戦争・戦没者遺骨収集の真実

楢崎修一郎

玉砕、飢餓、処刑――太平洋各地で旧日本軍兵士を中心とする約五〇〇体の遺骨を鑑定してきた人類学者は何を見たのか。遺骨発掘調査の最前線からレポートする。

筑摩選書 0165

教養派知識人の運命

阿部次郎とその時代

竹内洋

大正教養派を代表する阿部次郎。『三太郎の日記』で栄光を手にした後、波乱が彼を襲う。同時代の知識人との関係や教育制度からその生涯に迫った社会史的評伝。

筑摩選書 0171

「抗日」中国の起源

五四運動と日本

武藤秀太郎

建国の源泉に「抗日」をもつ中国。この心性は五四運動を起点とするが、当初は単なる排外主義ではなかった――。新史料をもとに、中国のジレンマを読み解く。

筑摩選書 0175

林彪事件と習近平

中国の権力闘争、その深層

古谷浩一

世界を驚かせた林彪事件。毛沢東暗殺計画の発覚後、林彪は亡命を図るが、搭乗機は墜落。その真相に迫る。習近平の強権政治の深層をも浮かび上がらせた渾身作！

筑摩選書 0179

南方の志士と日本人

インドネシア独立の夢と昭和のナショナリズム

林 英一

インドネシア人初の日本留学生たる二人は独立の志士。戦前から戦後にかけて「親日」と「反日」の間を揺れ動き、壮絶な人生を送った彼らと日本人との交流を描く。

筑摩選書 0181

天皇と戸籍

「日本」を映す鏡

遠藤正敬

日本人たることを〝証明〟する戸籍、戸籍をもたない天皇家。いずれも「血統」等の原理に支えられてきた。両者の関係をあぶり出し、「日本」を問い直す渾身作！

筑摩選書 0184

明治史研究の最前線

小林和幸 編著

政治史、外交史、経済史、思想史、宗教史など、多様な分野の先端研究者31名の力を結集し明治史研究の最先端を解説。近代史に関心のある全ての人必携の研究案内。

筑摩選書 0186

皇国日本とアメリカ大権

日本人の精神を何が縛っているのか？

橋爪大三郎

昭和の総動員体制になぜ人々は巻き込まれたのか。戦後のアメリカ大権を国民が直視しないのはなぜか。戦前の聖典『国体の本義』解読から、日本人の無意識を問う。

筑摩選書 0187

明智光秀と細川ガラシャ

戦国を生きた父娘の虚像と実像

井上章一　呉座勇一　フレデリック・クレインス　郭南燕

なぜ光秀は信長を殺したか。なぜ謀反人の娘が聡明な美女と伝わったのか。欧州のキリスト教事情や近代日本でイメージが変容した過程などから、父娘の実像に迫る。

筑摩選書
0188

徳川の幕末
人材と政局

松浦玲

幕末維新の政局中、徳川幕府は常に大きな存在であった。それぞれの幕臣たちが、歴史のどの場面で、どのような役割を果たしたのか。綿密な考証に基づいて描く。

筑摩選書
0189

プロ野球 vs.オリンピック
幻の東京五輪とベーブ・ルース監督計画

山際康之

幻となった昭和15年の東京五輪と草創期の職業野球で、なぜ選手の争奪戦が繰り広げられたのか。未知の世界に飛び込んだ若者と、球団創立に奔走した人々を描く。

筑摩選書
0190

知的創造の条件
AI的思考を超えるヒント

吉見俊哉

個人が知的創造を実現するための方法論はもとより、大学や図書館など知的コモンズの未来像を示し、AI的思考の限界を突破するための条件を論じた、画期的な書！

筑摩選書
0191

3・11後の社会運動
8万人のデータから分かったこと

樋口直人
松谷満
編著

反原発・反安保法制運動には多数の人が参加した。なぜ、どのような人が参加したのか、膨大なデータから多角的に分析。今後のあり方を考える上で示唆に富む労作！

筑摩選書
0192

アジア主義全史

嵯峨隆

アジア諸国と連帯して西洋列強からのアジア解放を目指したアジア主義。その江戸時代から現在までの全史をたどりつつ、今後のアジア共生に向けて再評価する試み。

筑摩選書
0195

メガ・リスク時代の「日本再生」戦略
「分散革命ニューディール」という希望

飯田哲也
金子勝

パンデミック、地球温暖化、デジタル化の遅れといった巨大リスクに覆われ、迷走する「ガラパゴス・ニッポン」。いかに脱却するかの青写真を提示した希望の書！

筑摩選書
0197
生まれてこないほうが良かったのか？
生命の哲学へ！
森岡正博
人類2500年の歴史を持つ「誕生否定」の思想。古今東西の文学、哲学思想を往還し、この思想を徹底考察。反出生主義の全体像を示し、超克を図った本邦初の書！

筑摩選書
0198
記憶のデザイン
山本貴光
フェイクニュースが飛び交い、かつてない速度で記憶が書き換えられていく現代社会にあって、自分の記憶をどう世話すればいいのか。創見に満ちた知的愉楽の書！

筑摩選書
0199
社会問題とは何か
なぜ、どのように生じ、なくなるのか？
ジョエル・ベスト
みんなが知る「社会問題」は、いつ、どのように社会問題となるのか？　その仕組みを、六つの段階に分けて平易に解説。社会学の泰斗による決定的入門書！

筑摩選書
0200
ずばり東京2020
武田徹
日本橋、ペット、葬儀、JRの落し物……。かつてと比べ東京は何が変わったのか。コロナ禍に見舞われるまでの約2年を複眼的に描き出した力作ノンフィクション。

筑摩選書
0201
保守思想とは何だろうか
保守的自由主義の系譜
桂木隆夫
ヒューム、諭吉、ナイトという三つの偉大な知性が、近現代の黎明期に見出した共通の主題「保守的自由主義」を抽出。保守思想と自由主義の相克を超える道をさぐる。

筑摩選書
0202
盆踊りの戦後史
「ふるさと」の喪失と創造
大石始
敗戦後の鎮魂の盆踊り、団地やニュータウンの盆踊り、野外フェスブーム以後の盆踊り、コロナ禍と盆踊り……その歴史をたどるとコミュニティーの変遷も見えてくる。